新时代 北京卷
教育文库

北京市正泽学校

# 正本泽根

## 促进学生全面发展的课程实践与探索

李　烈◎主编

中国言实出版社

**图书在版编目（CIP）数据**

正本泽根：促进学生全面发展的课程实践与探索 /
李烈主编. -- 北京：中国言实出版社，2023.1

（新时代教育文库.北京卷）

ISBN 978-7-5171-4352-9

Ⅰ.①正… Ⅱ.①李… Ⅲ.①课程—教学研究—中小
学 Ⅳ.①G632.3

中国国家版本馆CIP数据核字（2023）第004257号

## 正本泽根——促进学生全面发展的课程实践与探索

责任编辑：代青霞
责任校对：张　丽

出版发行：中国言实出版社

　　　　　地　　址：北京市朝阳区北苑路180号加利大厦5号楼105室
　　　　　邮　　编：100101
　　　　　编辑部：北京市海淀区花园路6号院B座6层
　　　　　邮　　编：100088
　　　　　电　　话：010-64924853（总编室）　010-64924716（发行部）
　　　　　网　　址：www.zgyscbs.cn　　电子邮箱：zgyscbs@263.net

经　　销：新华书店
印　　刷：徐州绪权印刷有限公司
版　　次：2023年4月第1版　　2023年4月第1次印刷
规　　格：710毫米×1000毫米　　1/16　　20.75印张
字　　数：350千字

定　　价：89.00元
书　　号：ISBN 978-7-5171-4352-9

## 本书主编简介

李烈，北京市正泽学校校长。正高级职称，数学特级教师。原北京第二实验小学校长。

现任国家教材委委员、国家督学、教育部基础教育教学指导委员会副主任委员、中国教育学会学术委员会常务副主任、中国教育学会小学教育专业委员会理事长、教育部名校长工程实践导师、北京师范大学兼职教授。

获得全国劳模、享受国务院政府特殊津贴专家、北京市有突出贡献专家、香港柏宁顿"孺子牛金球奖"杰出奖等荣誉。

出版《我教小学数学》(教育部"中国特级教师文库")、《李烈讲怎样学好小学数学》、《给生命涂上爱的底色》(教育部"中国当代教育家丛书")三本个人专著，并有《双主体育人思路探索与实践》《在尊重个性和规律中追求教育质量》等多篇论文获奖及在核心期刊上发表。

# 文库编委会

主　任：顾明远

编　委：（以下按姓氏笔画排序）

尹后庆　代蕊华　朱卫国　朱旭东

李　烈　李有毅　吴颖民　陈如平

罗　洁　姚　炜　唐江澎　韩　平

褚宏启

# 本书编委会

主　　　编：李　烈

副　主　编：冯　红　胡荣堃

编委会成员：（以下按姓氏笔画排序）

马丽英　王　坤　王　辉　乔　辰

刘　宇　李立雪　李爱丽　汪　洋

张永岐　陆宇平　陈　艳　陈兆烽

周晓超　赵宇航　段川燕　施银燕

崔　蕾　梁学英　董安美

基金项目：北京市教育科学"十三五"规划 2018 年度校本研究专项课题"全人教育理念下小学课程体系建设的行动研究"（课题编号：CBDB18111）

# 总 序

党的二十大报告中指出，"高质量发展是全面建设社会主义现代化国家的首要任务"、"教育、科技、人才是全面建设社会主义现代化国家的基础性、战略性支撑。必须坚持科技是第一生产力、人才是第一资源、创新是第一动力，深入实施科教兴国战略、人才强国战略、创新驱动发展战略，开辟发展新领域新赛道，不断塑造发展新动能新优势"。为深刻领会以习近平同志为核心的党中央作出这一战略部署的深义和赋予教育的新使命新任务，加快建设教育强国，加快推进教育高质量发展，展示新时代我国基础教育的发展变革和取得的重大成就，中国言实出版社策划、出版了"新时代教育文库"丛书。

进入新时代以来，教育系统全面贯彻党的教育方针，落实立德树人根本任务，培养德智体美劳全面发展的社会主义建设者和接班人；促进教育公平、提升教育质量，加快推进教育现代化，办好人民满意的教育。教育的中国特色更加鲜明，教育面貌正在发生格局性变化。新时代以来，我国教育普及水平实现了历史性跨越，更好地保障了人民受教育的机会；教育服务能力稳步提升，为国家重大战略实施和经济社会发展提供了强大的人才和智力支撑；教育改革开放持续深化，服务全民终身学习的教育体系进一步完善。"新时代教育文库"丛书记录了、见证了基础教育事业的发展变革，对研究我国基础教育具有一定的史料价值。

本丛书选题视野开阔，立意深远。丛书以地区分卷，入选学校办学特色鲜明、教学教研成果突出，既收录了办学者、管理者高水平的理论研究创新成果，也收录了一线教师对课堂教学的真实感悟案例，收录了一线管理者的成功经验总结，这些，对基础教育工作者、研究者具有一定的参考价值。

是为序。

著名教育家，中国教育学会名誉会长、北京师范大学资深教授

2022 年 12 月

# 目 录

## 全人发展的课程建设

## 素养导向的教学实践

# 以生为本的课堂探索

北京市正泽学校
—— BJZZ SCHOOL ——

全人发展的课程建设

# 对小学教育中个性与共性辩证统一关系的思考及探索

李　烈　胡荣堃

随着我国基础教育的持续改革和不断发展，人们普遍认识到学生的个性发展是学校教育目标的题中应有之义，基于学生个体差异的"因材施教"才能培养出真正的人。于是，在小学教育领域，很多学校和教育工作者都把实施个性化教学或教育，作为自身教育实践努力的方向和目标，甚至认为只要贴上了"个性"的标签，就是参透了教育的真谛。然而，无论是现实的问题还是理性的分析都在提醒我们，小学教育不能一味地只强调"个性"，还必须兼顾共性的发展规律和发展要求，在两者的辩证统一中促进学生的全面发展。

## 一、小学教育现实引起的思考

对个性与共性关系的思考，一方面来源于在学校中看到的当前独生子女学生身上存在的问题，另一方面来源于对当前基础教育改革呈现出的个性化教育导向的理性反思。

### （一）小学中独生子女学生存在的问题

我国的独生子女政策形成了当前独特的"4+2+1"家庭模式。这种家庭在对待孩子上存在两个突出问题：一是对孩子过度关注，一是对孩子关注不够。前者较为常见。这样的孩子在家中被全方位保护起来，各种需要都能得到满足，处处以我为主，很少为他人考虑，极易形成一种"以自我为中心"的心理。这种心理一方面可以让人表现得更为自信、有个性，但同时在生活和交往中会显得比较自私，缺乏责任感，甚至颐指气使、恣意妄为。比如，在小学低年级，如果学生没有带齐学习用具，他们的第一反应往往不是觉得自己没有尽到学习的责任，而是埋怨家长："都怪妈妈（爸爸），她（他）忘记给我带了！"再比如，有的学生在家父母有求必应、百依百顺，到学校也我行我素、不守纪律，甚至在受到老师的批评后会利用家长的偏听偏信去"报复"老师……这些看似是小事，但如果任其发展，不加以规范和引导，将来培养出的很可能就是一群"精致的利己主义者"。

在对孩子关注不够的家庭中，父母往往由于工作或个人原因很少陪伴孩子成长。这样的家庭一般能够满足孩子的物质需要，却无法满足孩子所需的心理关怀，有的家长甚至很少与孩子交流。学校里不乏这样的孩子，他们不是自闭症患者，他们智力发育正常，却不会与他人交流和交往，内心世界无法和外界沟通，形成了另一种形式的"以自我为中心"。如果不加以正确的干预，长此以往这些孩子很有可能会逐渐形成冷漠、残忍的情感和不良的人格，甚至在其成年后造成难以挽回的错误。

面对以上这些现象，学校教育绝不能让他们"任性"发展。如果仅是顺应孩子自身的"个性"，而不加以正确引导，那反而是起到了不利的作用，丧失了教育促进人的健康成长的根本价值和意义。

## （二）当前我国基础教育改革的走向

随着我国基础教育领域改革的深入发展，个性化教育已经获得了基础教育领域的广泛认可，成为当前改革的一个方向性理念。在政策层面，"实施个性化教育是促进教育改革创新的一个重要抓手，是实施素质教育的重要措施，是教育贯彻以人为本科学发展观的生动体现"。《国家中长期教育改革和发展规划纲要（2010—2020）》就提出，要关心每个学生，为每个学生提供适合的教育。在学术领域，相关研究也日益增多。笔者以"个性化"和"教育"为篇名搜索关键词，在中国学术期刊全文数据库搜索了1997—2017年的学术文献[①]，发现此领域的研究在近20年整体呈现逐年递增的趋势（见图1），涵盖从基础教育到高等教育各个阶段，这从一个侧面显示出当前我国教育领域的发展趋势。在实践领域，不少中小学都在努力践行个性化教育，"在教育中特别注意受教育者的能力、心理结构特征，以及个人的兴趣、动机和要求上的差异，进行因材施教，加强他们的自主学习，培养学生的个性特征，更大地发挥学生的积极性和主观能动作用，充分发展相互间多种多样的交往，加强师生间的情感

---

① 已排除医疗健康方面的文献。

联络和交流，从而增强自学、观察、分析、判断的能力和自我识别、自我评价及自我控制能力，提高教育效果”。

应该说，个性化教育的改革方向对于我国基础教育无疑是十分必要的。尤其随着改革开放和社会主义市场经济的逐步发展，整个社会环境对个体与个性价值的日益肯定，加上先进国家注重个体与个性发展教育理念的不断输入，我国教育领域逐渐作出了一系列改革。从素质教育改革的提出，到新课程改革，再到今天的中高考改革，都是这种努力的体现。然而，由于我国没有像欧美国家一样经历 18 世纪“理性时代”的洗礼，加上社会发展的后发性与跳跃性，并没有对“个性”形成全面而深刻的思考和认识，在教育实践中便会出现矫枉过正的现象，“从对‘个性’的漠视或压抑转而成为对学生的放纵”，以致在一些学校中学生“碰不得”、对学生“不敢碰”。

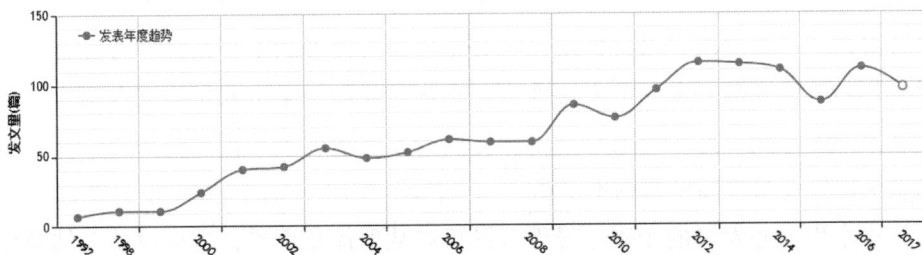

图 1　1997—2017 年期刊发表年度趋势图

综上所述，对于个体自我发展与个性形成关键期的小学阶段，每一个教育者都需要思考：学生发展的个性与共性之间是什么关系？应如何做？

## 二、小学教育要坚持学生发展个性与共性的辩证统一

唯物辩证法认为，共性即普遍性，是不同事物的普遍性质，决定着事物的基本性质；个性即特殊性，是一事物区别于其他事物的特殊性质，表明了事物之间的差异性。两者相辅相成，不可分割，是辩证统一的关系。任何事物都是共性和个性的统一，个性体现在共性之中，再特殊的事物也要服从于这类事物的一般规律；共性又寓于个性之中，并通过具有不同个性的事物表现出来；在一定条件下两者能够互相转化。

因此，对于小学阶段的学生发展，学校必须坚持个性与共性的统一。这一

是源于对此阶段学生身心发展规律的把握；二是基于教育目的价值取向的辩证统一；三是由于小学教育应有的育人功能和意义。

### （一）小学阶段学生身心发展规律的内在要求

儿童的身心发展具有普遍的规律性。小学阶段是儿童身心快速发展的关键期，其规律性既体现在基本的共性特征中，又体现在个别的差异性上。此阶段儿童发展的基本共性特征主要包括顺序性、阶段性和不平衡性。顺序性指个体的身心发展整体上具有一定的顺序，是一个由低级到高级、由量变到质变的发展过程。例如，小学生的身体发育遵循从上到下、从中间到四肢、从骨骼到肌肉的顺序，认知发展也是一个由具体思维到抽象思维的过程。阶段性指个体的整个发展过程表现出若干连续的阶段，在不同的发展阶段表现出独特而相对固定的总体特征和主要矛盾。比如，根据皮亚杰的理论，小学阶段儿童的认知发展会经历前运算阶段、具体运算阶段和形式运算阶段；道德发展大致经历自我中心阶段、权威阶段、可逆性阶段和公正阶段。发展的不平衡性一方面是指不同的年龄阶段在某一方面的发展速度不平衡，比如小学生和成年人在语言发展速度上的不平衡；另一方面是指不同方面的发展速度不平衡，比如小学高年级学生生理发育与心理发展的不平衡。

小学生身心发展的个别差异性，既可以从群体角度看，也可以从个体角度看。从群体角度看，首先是男女性别的差异，这不仅是自然性上的差异，还包括由性别带来的生理机能和社会地位、角色、交往群体的差别。因此，在小学最普遍的现象就是女生生理和心理发育较快，更多地被认为是"好学生"。从个体角度看，这种差异会表现在身心发展的所有构成方面，有些是发展水平的差异，有些是心理特征表现方式的差异，共同构成了一个个生动、独特的个体。这种差异不仅是由于个人的先天素质、内在机能的不同，还受到后天环境、主体在发展过程中的努力程度和自我意识与选择的影响。

在小学阶段，正是以上的共性特征和个别差异共同构成了小学生身心发展的基本规律，这本身就体现出共性与个性辩证统一。就个体而言，其身心发展必然会体现出特定阶段的共性特点，同时又会因各种先天、后天因素的影响而展现出自身的独特之处，是普遍性和特殊性相统一的结果。可见，虽然在小学阶段，每个孩子都有自己不同于别人的个性，但他首先是一个小学阶段的儿童，遵循此阶段儿童发展的一般规律，有着此阶段儿童发展的共同特点。

### （二）教育目的价值取向的辩证统一

教育目的是人们对教育活动所要达到结果的期望或预期，可以具体化为一系列的教育目标。纵观历史，教育目的呈现出两大基本价值取向：个人本位和社会本位。个人本位强调个人价值和个体的能动性，认为教育活动的根本目的是发展人的本性和本能，应主要根据个人自身完善和发展的需要来决定。社会本位强调社会价值和社会秩序的稳定性，认为教育的目的是使人认同社会、服务社会，教育的根本目的是培养社会所需要的人。在历史上，个人本位论盛行于 18 世纪和 19 世纪上半叶，其时正值资本主义兴起，与封建主义矛盾尖锐的时期，特别是在文艺复兴以后，它倡导人的个性自由解放，对于打破宗教神学和封建专制对人的束缚，促进教育回归到人本身，起到了重要作用。而到了 19 世纪下半叶，资本主义制度已经建立，需要通过教育培养资本主义社会需要的人，巩固资本主义的社会秩序，因而更强调教育为社会服务。可以说，在不同的历史时期，每一次人们在这两者之间作出的选择虽有所侧重，但都是当时历史条件下社会发展的客观需求，"是不同的教育思想家为解决人的发展和社会发展、个人利益和社会利益的矛盾而给教育开出的不同'处方'"。

然而从理论上讲，二者都具有自身的合理性与局限性。个人本位凸显个人的发展和能动性，体现出对个体需要和个性的最大尊重，但如果不加限制地个性化有可能让人无节制地追求个人利益，甚至破坏社会的整体利益和秩序。社会本位突出社会整体的发展要求，体现出一个时期对人才培养的共性要求，但若过分强调社会规范而对个性形成了压制，把个体消解于整体，成为社会需要的工具，那反而破坏了构成社会整体的个体的能动性和多样性。因此，历史上很多学者在这两者之间不过是厚此薄彼或厚彼薄此，绝对或无条件地反对社会或反对个人的教育思想家可以说是不存在的。多数教育家都力图通过以个人或社会价值为基点，把两种取向在不同程度上统一于教育目的和教育活动之中。

可见，个人发展和社会发展其实是辩证统一的两个方面。包括小学教育在内的各阶段学校教育，都应满足这两个方面的发展需求，只强调其中的任何一方都是片面的。

### （三）小学教育应有的育人功能与地位

就教育功能而言，小学是个体社会化的关键阶段，要兼顾儿童的个性与社会性发展。对于学校教育的功能，不同的学者有不同的看法，但大体上都趋向于一个基本观点，即学校的教育功能包括个体的个性化和社会化两个方面。虽然对两者的具体内涵和相互关系观点不一，但也都有一个共同点，就是都涵盖共性的要求和个体的差异。从哲学意义上讲，共性的要求更多地体现为人的社会性发展，比如所应具备的社会交往、道德品质、思维水平等方面的基本素养；而个体的差异通常就是所说的"个性"，往往是个体在天赋能力、思维方式、行为习惯等方面的独特性。学校教育的功能就是促进这两方面的和谐健康发展。作为学生社会化的关键期，小学教育尤其要注意两者兼顾。进入小学前，儿童更多地遵循人的自然性生长发育，学前教育和家庭教育也都更为侧重儿童的身心保护和养育。进入小学后，孩子们真正开始集体生活，建立最初的人际关系，并随着思维水平和自我意识的发展，在与他人的交往中，逐步形成自我认知以及独特的个性。如果在这个最初的阶段，没有做到两者兼顾，或放松共性要求，或压抑个性发展，都是教育的偏颇，都会对学生今后的社会化产生不良的影响。

就教育地位而言，小学教育具有突出的基础性地位。对于个体，小学教育是个体终身发展的基础，是一个人一生所必须接受的最必要的、最基本的学校教育。小学生正处于身心生长发育、整体素质发展的奠基阶段。在此阶段对学生身体素质、思想品德、思维品质、心理品质、行为习惯等各方面素养的启蒙和培养，是其他任何阶段的教育都无法做到的，会对学生以后学习、生活、做人、做事产生极大的影响和作用。对于整个教育体系，小学教育是国民教育体系中最为基础的部分。作为义务教育的第一个阶段，小学教育是后续所有阶段学校教育的基石。"它是以提高国民素质为目标而进行的非定向、非专门的教育，它不是为某一行业，而是为社会所有行业培养人才打基础。"因此，在小学阶段要为学生在道德品质、智慧品质、个性品质、身体发展等方面打下坚实的基础。

综上所述，小学教育不能一味追求和要求"共性"，也不能只是顺应或满足"个性"，而应该在坚持个性与共性的辩证统一中促进学生的健康发展。

## 三、在共性发展的基础上促进学生的个性化成长

基于以上思考，北京市正泽学校在自身的办学实践中进行了探索。北京市正泽学校是一所九年一贯制非营利性国有民办学校。学校地处北京市西城区，采取"政府支持、企业运营、教育家办学"的新型办学模式，于2017年9月

正式开学。学校以"正本泽根、正己泽人"为追求，在办学宗旨中明确提出要让学校成为最具人性、最有利于学生实现全人成长与个性发展的地方，强调"以全面发展为基石、以因材施教为追求"，在实践中坚持在共性发展的基础上促进学生的个性成长，主要体现在以下四个方面。

### （一）促进学生全面发展和个性成长的培养目标

现阶段，促进学生德智体美劳全面发展是党的教育方针，是小学阶段学生发展的需要，也是小学教育基础性地位的要求。同时，作为有计划、有组织、有目的地培养人的机构，学校应该遵循每个学生发展的特点，把学生培养成有个性、有主体性的人。

基于此，正泽学校提出了"培养兼具智慧与美德的大气灵动之人"的培养目标。其中，"智慧"和"美德"分别代表了一个人智力和道德的发展，是个体健康发展的两大基石；"大气"代表了个体所展现的人生境界，是人发展的各个方面综合形成的一种格局；"灵动"融合了健康身心和艺术情操，是一个人的内在于外表现出一种气质。这四个方面涵盖了学生全面发展的核心要义，规定了学生发展的内容维度，是学生全面发展的基础结构。同时，培养目标最后落脚到"人"，是指学校培养的是活生生的人，是一个又一个鲜活的个体，不是标准化的"产品"。每个学生在以上四个维度的发展，不是标准化或一刀切的，而是根据其自身的特点和节奏，以多样化的组合方式，最终共同塑造出一个个独特的个体。这是对人性的尊重，对学生的个体差异和个性成长的尊重。

### （二）融合丰富性和选择性的课程设置

课程是指学校中的学生所应学习的学科总和及其进程与安排，是实现学校培养目标的途径和手段。根据正泽学校的培养目标，学校的课程需要满足学生的共性和个性发展。因此，在课程设置上，正泽学校体现出突出的丰富性和选择性。

丰富性是指课程的种类、科目尽可能地丰富多样，为学生提供充分的学习体验。这是学生全面发展的客观要求，是选择性的基础。小学生的生活经验相对较少，如果没有完全而充分的学习体验，他们根本无从发现自身的特点，形成主动和积极的个性化发展。因此，学校在小学阶段首先确保国家课程内容的全覆盖，开设了道德与法治、语文、数学、英语、科学、体育、艺术、社会实践等各方面的课程。其次，学校通过开发和增设特色课程，特色化地实施国家课程，来保证全面发展目标的落实。比如，结合学科内容形成系列主题，采用思维导图、项目学习等方式方法，倡导多学科融合和跨学科学习，让学生在活动和探究中形成高阶思维，增强解决问题的能力；在常规体育课之外，进行体能训练和特色项目体验，让学生发展基础体能的同时，尽可能多地尝试各类体育项目，为发展自身兴趣和特长奠定基础。

选择性是指在课程体系中设置学生可自主选择的课程，给学生自主发展的空间。这是促进学生个性成长的重要条件，是在丰富体验的基础上，培养学生自主发展，形成自身独特性的必然要求。为此，学校一方面在正规课程中开设平行选修课，让不同特点的学生综合考虑自身的兴趣和水平、课程内容的主题和难度，在同一科目下选择不同的学习内容；另一方面开设课后兴趣班，让学生完全根据自身的兴趣、爱好、特长进行选择，进一步满足个体发展需要，实现个性化发展。

### （三）融合整体要求与个体需要的教学组织

就教学而言，学校根据学生的实际情况，从组织管理和教学方式两个方面着手，力求既满足学生整体发展的需要，又照顾到个体之间的差异。在组织管理上，学校首先注重充分发挥班级授课作为教学基本组织形式的功能，凡是学生发展的整体要求都通过课堂教学来落实，让学生在与同伴的互动中获得激励与发展。第二，坚持小班化教学。学校严格控制班级规模，一个班最多不超过30人，从而确保学生有充足的学习和交往空间，同时也保证教师能够在教室中关注到每一个人。第三，除了前文提到的平行选修课，学校还允许学生单科跳级，让在某个科目学习水平超前的学生能够学习高年级的内容，使其特长获得充分的发展。

在教学方式上，学校依据小学阶段学生整体的认识发展和道德发展规律，倡导教师广泛采用体验式教学方式和小组合作学习方式，着力培养全体学生形成必备的思维品质和道德品格。比如，在开学前，学校组织全体新生进行了一天的破冰营会，通过一系列精心设计的游戏、活动，让孩子顺利度过了幼小衔接期，并潜移默化地形成了所需的规则与安全意识、行为礼仪和集体意识。同时，学校鼓励教师根据学情，采用分层教学或分层任务与作业设计，以满足不同学生的学习需要。比如，学生差异较大的英语课和数学课，老师都会布置不同难度的课堂学习任务或作业，并通过分组或个别指导，帮助学生选择适合自身水平且具挑战性的任务或作业，在确保学生自信心和学习兴趣的基础上，尽可能为每一个孩子提供适合的教育。

### （四）兼顾基线标准和个体差异的学习评价

在学习评价上，学校首先要求各科明确学习效果的基线标准，即全体学生学习后都能达到的效果指标。这是面向全体学生，要求每一个学生在学习后都能达到的效果目标。其中，既有定量的认知性指标，如语文的识字量、数学的运算能力、英语的词汇量、基础体能的各项达标数据等，又有定性的非认知性指标，如语文中承载的传统美德、数学和科学中蕴含的学生习惯培养、体育中蕴含的规则和品格培养等。在此基础上，各科允许有弹性标准，即学生可以在基线标准之上根据自身实际情况，在老师的指导下确定合适的达标速度和最终的学习效果指标。

在评价方式上，一是依据发展性评价的理念，从一年级开始就坚持自主评价与他人评价相结合。例如，学校推行"十小星"活动，从十个方面提出要求以帮助学生养成良好的生活与学习习惯，促进学生个性与社会性的健康发展。学生会根据评价标准定期进行自我评价，同时老师和家长也会作出评价，并帮助他们正确地评价自己的行为。二是坚持过程性评价和总结性评价相结合。学校借助人工智能和信息技术，为每一个学生建立了在线成长档案，全方位记录学生各个方面发展的情况，同时结合总结性评价的目标作用，要求各科均研发形成具有自身特色的总结性评价指标和方式。三是强调表现性评价的广泛运用。在各科学习中，学校都要求给学生设计各种展示活动和任务，让学生在自我展示中增强自信，运用和展现所学，形成能力和素质，真正做到以评价促发展。

# 思维品质的培养
## ——对小学智育的思考与实践

李　烈　胡荣堃

在 2018 年教师节举行的全国教育大会上，习近平总书记强调，我们的教育要培养德、智、体、美、劳全面发展的社会主义建设者和接班人。这不仅为新时代我国教育事业的改革与发展进一步指明了方向和目标，也再次促使我们广大的基础教育工作者重新审视自身对构成人全面发展的各育的内容与关系的理解。

## 一、智育的本质是发展智慧

一提到智育，人们最容易想到的就是学习知识、练习技能。因为现代意义上学校的产生，本质上是源于大工业生产对劳动者文化水平的要求。随着科技的发展和时代的进步，尤其是心理学研究的进展，人们日益将关注的目光集中于发展智力之上。然而，由于我国当前社会竞争的加剧和应试教育的长期影响，学校在实践中往往过度强调知识的累积和单纯认知能力的发展，尤其是选拔性考试的科目，机械的记忆和长期的训练成为很多学生胜出的必由之路。

这些做法偏离了智育的本质。智育不是单纯的知识与技能的掌握，而是通过这一过程促进学生建立起一种能够理解自我、理解世界的思维通道，借助这一通道他能够应对以后人生中出现的未知问题。这种思维通道的最高水平就是智慧。它不是单一的某种知识或能力，而是一个人知识、经验、能力、技巧、情感等各种智力因素和非智力因素的融合，往往在实际问题和困难的解决过程中，个体所展现出的明智、果断、勇敢，创造性的判断、选择或行动。

　　智慧与智力既有联系又有区别。智力是智慧的前提；智慧是智力发展的最高水平，是个体天赋智力与后天环境相互作用后形成的高级思维能力。相比较而言，智力更侧重于认知层面，智慧更蕴含多元的统合；智力的作用没有价值指向性，可以运用到一切事情中，而智慧更注重各种利益的平衡，强调社会规范下的共赢、整体最优。换言之，一个人有智力不一定有智慧，而有智慧的人一定智力不差。因此，从这个意义上讲，智育指向的应该是个体的智慧发展。

　　以发展智慧为目标的智育与以培养美德为目标的德育，如同"人"字的一撇一捺，在相互支持中形成了"人"字的结构，缺一不可。智慧代表着人的认知系统，是"人"字的一撇。美德代表着人的人格系统，是"人"字的一捺，对认知系统起到了支撑作用。两者共同构成了人全面发展的基础性要素，支撑和渗透于体、美、劳三个方面的发展，并与其他三育一起构成了全面发展教育的结构要素（见图1）。

学识（认知）　　　　　　　　德行（人格）

↓　　　　　　　　　　　↓

人

思维品质　　　　　　　　　心灵品质

↓　　　　　　　　　　　↓

智慧　　大气　　灵动　　美德

图1　北京市正泽学校培养目标

## 二、智育的核心在于思维品质

　　智育本质上在于发展智慧。智慧形成的关键又是什么？是思维品质。正如前文所述，智慧从根本上说是一种高级思维能力的体现。而能代表个体思维水平、能力高低差异的要素是思维品质，它是思维活动中智力与能力在个体身上的表现，又叫思维的智力的品质，实质是人的思维的个性特征。北京师范大学林崇德教授多次强调指出，培养思维品质是发展智力与能力的突破口，也是各项核心素养落地的关键。可见，思维品质是决定一个人"智慧与否"的关键，是智育的核心所在。

根据林崇德教授的研究，思维品质集中表现在深刻性、灵活性、独创性、批判性和敏捷性等五个方面。其中，深刻性主要表现为善于概括归类，逻辑抽象性的理性思维较强，能够深入地、逻辑清晰地思考问题，抓住事物的本质和规律。灵活性表现为思维活动能根据客观情况的变化而变化，善于"迁移"和学以致用，能够多角度、可逆地进行思考，强调思维的发散性和求异，是创造性思维的重要基础和前提。独创性是指思维活动的创新精神，即创造性思维，包括独立性和创造性两个方面。在实践中，它表现为善于发现问题、思考问题，以及更重要的——创造性地解决问题。批判性是思维活动中独立分析和批判的程度，是个体对自身思维过程的一种自我反思、自我调节、自我修正的智力品质。敏捷性是指思维活动的速度，它反映了智力的敏锐程度。这五个方面是思维品质的组成因素，它们之间相互联系、密不可分。

其实，思维品质的重要意义不是仅仅局限于认知的范畴，而是作用在一个人整个生命过程中。当一个人具备了更为理性的思考，尤其是具备更加多元、多维的思考角度，懂得从不同的立场、视角思考问题，尽可能了解一件事情的全貌，那他就更善于解决新的问题，更懂得自我反思。在生活中就不会被事情的表象迷惑，就更能避免陷入自我、偏执乃至极端的情绪里；就更能积极地解决问题，而不是发泄不满甚至诉诸暴力，进而也就更能体会到生活和工作中的快乐，真正过上有品质的智慧人生。从这个意义上讲，把智育的核心放在思维品质的发展上，是真正为了学生的终身发展和一生幸福，体现了促进学生全面发展的内在本质。

## 三、小学阶段如何促进学生思维品质的发展

作为国民教育体系中最为基础的部分，小学教育是个体终身发展的基础。在此阶段对学生思维品质培养，是其他任何阶段的教育都无法做到的，会对学生以后学习、生活、做人、做事产生极大的影响和作用。因此，小学阶段的智育要以促进学生思维品质的发展为核心，从课程、教学、评价三个方面进行教育实践。

### （一）课程

增强课程设置的丰富性，发挥不同学科在思维发展上的独特功能。首先，促进学生思维品质的发展并不是某个学科或某几个所谓"主科"的任务，而是

所有学科在育人过程中所承担的任务和目标。而且，不同学科在促进思维品质的发展上还有自身的独特作用。比如，体育通过多种运动能够促进学生协调性、灵敏性等身体素质的发展，而这些非常有助于增强思维的敏捷性和灵活性；音乐、美术、戏剧等艺术学科不仅丰富了学生认识世界、表达自我的方式和途径，更促使学生通过细致的体察和大胆的想象，来提升思维的深刻性和创造性。可见，学校的课程设置不能有所偏废，要充分考虑学生全面发展所学的各种学科，让每一个学科都成为学生思维品质发展的助推器。

加强课程的综合化，促进高阶思维的发展。认知心理学的研究表明，人们在解决现实问题的过程中，往往是综合运用知识、技能、情感等因素，这是智慧得以形成的路径，也是创新得以实现的基础。而且，小学阶段学生的认知方式也不是系统分析的，而是笼统感知的。因此，在原有分科教学的基础上，促进课程的综合化，开展主题式、项目式的学习，进行丰富的多学科、跨学科的实践活动，能够直接指向与学生的多角度思维、系统性思维、批判性思维、创造性思维等一系列高阶思维的培养。

### （二）教学

凸显学生的主体地位，让学生在安全、开放的课堂环境中大胆思考、敢于质疑。首先，要真正把课堂还给学生，在时间分配、活动设计上充分考虑学生的主体参与，充分发挥学生的主观能动性。其次，要注意培养学生的问题意识，使他们在真实情境中敢于和善于发现真问题、呈现真思考，使他们能够广开思路，创造性地运用所学到的知识和方法。这样的课堂看重的是过程，尤其是学生参与、思考乃至犯错和自我完善的过程，而不是他们都得出一个和教科书上一样标准答案的过程。

教学方式上更多体现体验性和动手操作性，帮助学生将隐形思维显性化、显性思维操作化。小学阶段，学生的认知水平处于从具体到抽象的发展阶段。在这个过程中，学生往往更多地借助切身的感知和真实的体验，才能够对抽象的概念形成自己的理解，才能更好地对问题进行思考和分析，并能通过动手操作的过程把自身隐形的思考过程、解决问题的过程真实地呈现出来。这不仅有助于教师了解学生思维发展的水平，更有助于学生反思自身的思维活动，自主完善自身的思考和行动，获得真正的成长。

### （三）评价

评价内容、方式多元，全方位体现学生思维品质的变化。由于思维品质的个体差异和智能发展的多元性，我们不能用一把尺子、一个标准要求所有的学生齐头并进，而是要解开单一化、标准化的镣铐，让每个学生都有展示的机会和舞台。因此，评价内容要多样，超越单一的对知识记忆的考察，更多关注对知识的理解和运用，关注学生在学习过程中的投入和参与，关注学习活动中学生所展现的品格和思考水平；评价方式要多元，跳出纸笔测试的局限，发挥戏剧、歌舞、书法、绘画、手工等各种活动的优势，既有统一的要求，又允许学生的自主选择和自由表达，让评价的过程也成为一种丰富的学习体验。

多采用表现性评价、过程性评价，展现学生内在思维品质的发展。评价的根本目的是促进学生的发展。在思维品质的培养中，评价一个很重要的功能就是展现出学生思维品质的真实状态和动态变化。因此，在评价中要更多采用表现性评价和过程性评价。表现性评价关注学生在特定情境中展现出的应用能力和实践水平，而非仅是知识的记忆和提取。过程性评价关注学习过程中学生展现的态度和发展，是学生成长过程的记录，而非单一地依据考试成绩。两者的结合会让评价真正帮助学生将自身思维品质的发展变化外显在一件件作品、一次次表演中，呈现更真实的成长轨迹。

20世纪著名的思想大师怀特海说过："理想的智育是培养心灵手巧的人。"而支撑"心灵手巧"的内在结构是学生的思维品质。当我们真正从学生的全面成长和终身发展出发，真正关注学生内在的思维品质，就一定能够培养出越来越多充满智慧、全面发展的人！

# 立足根本，聚焦关键，探索"五育"并举新格局

胡荣堃

自 2017 年 9 月正式开学，正泽学校始终明确而坚定地践行全人教育的理念，以促进学生德、智、体、美、劳各方面的和谐发展为育人目标。作为西城区教育供给侧结构性改革举措而诞生的民办学校，正泽的骨骼中始终流淌着不断改变、创新的血液。建校五年多以来，我们在李烈校长的带领下，持续探索全人教育的实践路径和方式，尤其是对当前教育实践中相对薄弱的方面进行补白和加强，逐步形成了学校自身促进学生全面发展、落实教育方针的特色路径和有效方式，概括起来就是：立足根本，聚焦关键，探索"五育"并举新格局。

## 一、立足根本——全面发展

人的全面发展是人类哲学的最高范畴。古今中外的教育家、思想家、哲学家都曾从不同的角度倡导人的全面发展。新中国成立以来，我国依据马克思主义关于人的全面发展理论，逐步确立了促进学生全面发展的教育方针。党的十八大以来，以习近平同志为核心的党中央高度重视教育工作，把教育摆在更加突出的优先发展战略地位。2018 年 9 月，习近平总书记在全国教育大会上明确提出，把劳动教育纳入培养社会主义建设者和接班人的总体要求之中，明确提出德智体美劳全面培养的教育体系。2021 年 4 月，经第十三届全国人大常委会第二十八次会议审议，《中华人民共和国教育法》第五条修改为"教育必须为社会主义现代化建设服务、为人民服务，必须与生产劳动和社会实践相结合，培养德智体美劳全面发展的社会主义建设者和接班人"，将党的教育方针落实为国家法律规范。在当代中国，人的全面发展已从过去的价值理念层面

逐渐转变为社会发展的客观要求和现实呼唤。作为整个教育体系最为基础的部分，义务教育必须始终以"促进学生的全面发展"作为根本出发点，通过持续的改革和创新，为每一个学生的全面发展提供良好的环境和丰富的资源。

这也正是正泽学校一直以来的办学理念。我们以"正泽"为名，以"正本泽根、正己泽人"为自身的使命和追求。"正本泽根"强调遵循教育规律，"正"育人之本，"泽"学生全面发展之"根"；"正己泽人"强调秉承"以爱育爱"，先"正己"而"泽人"，培养"智慧与美德并存的灵动大气之人"。我们认为，以发展智慧为目标的智育与以培养美德为目标的德育，如同"人"字的一撇一捺，在相互支持中形成了"人"字的结构，缺一不可。智慧代表着人的认知系统，是"人"字的一撇。其关键是比知识和能力更为重要的思维品质。这是智慧的内核，是终身学习与发展的根本所在，是学习中更高位的追求和目标。美德代表着人的人格系统，是"人"字的一捺。美德是个体心灵品质的优秀状态，对认知系统起到了支撑作用。对于一个人未来生活的品质和幸福，良好的德行与社会交往比思维品质更为重要。两者共同构成了人全面发展的基础性要素，支撑和渗透于体、美、劳三个方面的发展，并与其他三育一起构成了全面发展教育的结构要素。灵动的身心是全人发展的基石，是健康体魄、阳光心态、优雅气质、审美情趣的一种综合表现，是人性内在的对健与美的不懈追求。大气的格局是人精神世界发展的整体呈现，不仅是一种大方坦荡、正气浩然的风貌，更是一种勇于担当、家国情怀的胸襟和视野。智慧、美德、灵动、大气这四个方面构成了正泽的培养目标，是我们对党全面发展教育方针的独特阐释和具体凝练，是引领正泽不断探索、持续前进的精神灯塔与鲜明旗帜（见图1）。

图 1　北京市正泽学校培养目标

## 二、聚焦关键——教师改变

有了坚定的目标与方向，那么，又该如何将这份理想真正转化到学校中的每一堂课、每一次活动，转化到每一位教师日复一日的教育教学实践中呢？这是一个复杂的转化过程，涉及各个层面的因素，在学校层面最为核心的是课程。课程是实现学校教育目标而选择的教育内容的总和。这是学校教育最核心的现实载体，是学校落实培养目标最主要的实践路径。就当前基础教育的实践来看，"五育"的课程载体相对明确，存在的问题主要在于课程的内容和目标没有真正落实。这其中的关键就是教师。教师作为教育教学工作的主体，是直接面对学生、影响学生的人，所有的育人理念、教育举措只有在教师层面得以付诸实践，才能真正落实，并最终体现在学生身上。如果没有教师对课程全面、深刻的理解和有效的实施，就无法真正落实课程承载的育人目标。当前一些学校存在的"五育"并举不到位的问题，很多都源于这个关键因素没有落实到位。根据美国学者古德莱德提出的课程五层次理论，从理想的课程到最终学生经验的课程，中间必经的关键阶段是教师领悟的课程和运作的课程，这本质上就是课程实施的过程（见图 2）。

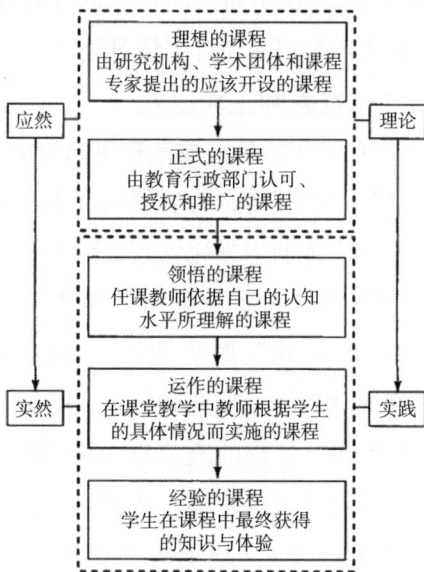

图 2　古德莱德的课程五层次理论

基于以上思考，针对当前"五育"落实中的问题和薄弱之处，我们聚焦教师这个关键因素，确立了学校课程建构与教师改变一体化推进的实践策略，着力从理念引领、主体激发、课程赋权、环境支持四个方面推动教师的改变，支持、鼓励教师不断探究、变革课程设置与实施的方式，促进学校课程与教学的持续改进和育人目标的真正落实。

## （一）以正泽理念引领教师内在改变

在李校长的引领下，我们确立了学校的发展愿景和培养目标，形成了以"正本泽根、正己泽人"为核心的"正""泽"内涵解读及理念体系，为教育教学工作赋予学校独特的理解，不断孕育、激发教师内在的使命感、价值感。尤其是对于各种改革举措，都从学校自身的理念出发，结合实践需要充分阐释改革的意义，让改革的行动融合成为学校发展中必不可少的自我改进，成为教师自我身份建构过程中的内在使命。比如，我们认为当前的"双减"政策，不是简单意义上减少课内外的作业或者学习时间，而是以"减负"为切入点和突破口，推动学校教育从规律出发，探索更加科学的教育教学方式方法。因此，在作业研究中，我们强调发挥学生的主体性，打破师生关系中的"教师权威"，开展"学生自主定作业"的探索行动，让学生从"学业负担的被动承担者"成为"减负行动的主动参与者"，在不断提高作业的针对性、有效性的同时，培养学生的主体意识、自我认知与判断和自主学习能力。

## （二）强调专业自主激发教师主动改变

作为专业工作者，教师只有在专业领域获得充分的自我认同和自我效能，才能完成自身使命与信念的自我建构，为后续的自主发展提供内在原动力。因此，我们始终保持以学术为主体的扁平化管理，赋予年级、学科及教师足够的自主权，突出教师的主体地位，尊重教师的差异性、自主性、创造性，没有"一刀切"的行政命令和"标准化"教学要求，避免各种事务性工作的干扰，让教师安心、专心的研究教育教学的变革和创新。同时，强调教师作为自身改变的"能动主体"，引导教师对学校的改革投入更多的积极情感和责任担当，并在变革中实现自我的完善和身份的重构，从而把学校的理念和要求逐步内化为教师的自发、自觉的实践行动，实现了从"要我变"到"我要变"的转化。例如，六年级的数学老师自主研发了"学生出题"的作业模式，英语组自主开展了差异化教学方法的实践探索。

### （三）践行课程赋权促进教师推动改变

学校课程的建设是教师"做中学"的过程，他们不断思考、探究课程的实践方式，其实也是在不断地自我挑战和超越，不断完善自身的内在理念建构和外在实践智慧，进而成为学校课程与教学改革的推动力量。因此，在学校的课程建设中，我们强调课程赋权，突出教师的主体参与，倡导自下而上地创新与变革。课程不再只是校长或某几个人的职责，而是每一位教师的主体责任，让课程的权力真正"分布"到实践主体的手上。一方面，以学科组为单位开展课程的自主建构与创新探索，由各学科对照学校理念自主研发课程设置、实施方式，不断梳理课程特色，共建学校课程体系，尤其是当前教育实践中薄弱的学科和方面。比如，学校独有的体能课和创意舞动课就是体育组、艺术组分别自主研发形成的。另一方面，定期组织全体教师对照全面发展的育人目标，共同讨论学校的培养目标、课程目标，反思我们的课程实施，交流课程实践中的特色、亮点，学习最新的课程理论与实践，促进全体教师对课程建设的责任感，加强课程建构的科学性与专业性。

### （四）营造支持环境促进教师整体改变

一方面，形成"法制＋元治＋自治"的治理结构，建立凸显发展性、差异性的教师评价制度（见图3）和专业发展制度，有针对性地为不同发展阶段的老师提供专业领域的诊断、建议、指导和资源，从而为改革理念的落实提供体制化、程序性的保障。另一方面，学校倡导"团队六讲"（见图4），不断加强团队建设，搭建多层次的分享、交流、学习平台，使整个教师团队形成彼此信任、互相开放、包容"失败"的组织氛围，并注重发挥年级组、学科组、教研组、备课组等各个层面的作用，让教师能在其中自由地分享经验、发表观点、相互评议乃至质疑，倡导"长板原理"，充分发挥教师的优势，让每一位老师都能在团队中找到自身的位置，找到发展所需的专业指导、心理支持、同伴帮助。例如，学校倡导把各种层次的赛课、公开课都作为个体与团队成长的契机，每学期每位老师都要上组内研究课开展教学研究。

图3 正泽学校教师评价体系

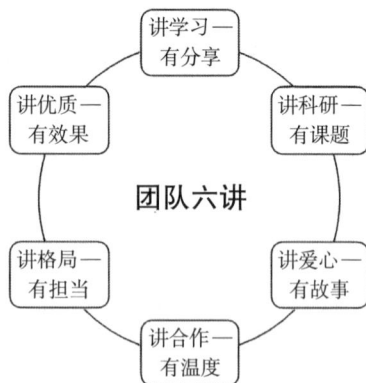

图4 正泽"团队六讲"

根据荷兰教师教育专家科瑟根提出的教师发展"洋葱模型"（见图5），教师改变是一个由多层次要素构成，多方位、全面性的变革。真正的改变不仅仅是行为、能力上的变化，更是外在因素影响下深层的情绪、动机、信念、认同、使命等改变。以上这几个方面触及教师改变各个层面的要素，让教师在自主建构和推进学校课程改革的过程中，形成自身对教育的更深刻的使命感和更坚定的认同感，并逐步具备了更全面落实学校育人理念和目标的专业能力和实践智慧。因此在正泽，无论是刚参加工作的20多岁的年轻教师，还是已经在工作岗位上工作二三十年的资深教师，都以饱满的热情投入教育教学的持续改进之中，自觉、自发地践行学校的理念，积极主动地创新求变，其自身也在不断变革的过程中增强了"爱的能力与智慧"，实现了个人的专业发展，推动了学校课程的全面改进与完善，更为学校赢得了家长的口碑。

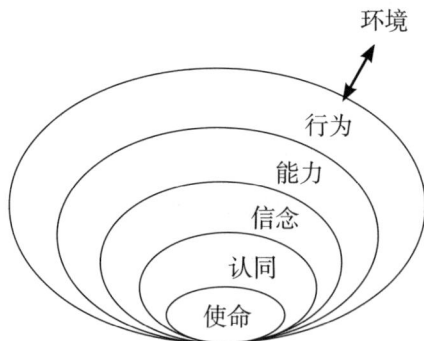

图5 科瑟根的"洋葱模型"

# 三、"五育"并举新格局——"泽根课程"

经过全体教师的共同努力和不懈探索，学校逐渐形成了小学阶段落实"五育"并举的实践载体："泽根课程"。顾名思义，就是要在学校课程中充分落实"正本泽根"的理念，遵循教育规律，"正"育人之本，"泽"学生全面发展之"根"。其整体格局的核心特点可以概括为："全人发展（HD-MIPAL）零缺陷，特色追求（UP-TRE121）有差异。""全人发展零缺陷"是指通过扎实落实"五育"并举，确保每一个学生在德（moral）、智（intellectual）、体（physical）、美（aesthetic）、劳（labor）各方面都有良好的基础，获得全面的发展（holistic development），没有根本性、基础性的"缺陷"。"特色追求有差异"是指学校在学生培养上有着独特的追求（unique pursuits）：强调超越学科的思维（thinking）、阅读（reading）、工程（engineering）；强调健康第"1"（身体、心理、社会适应），每个学生发展至少2项体育特长、1项艺术特长；致力于促进每一个学生实现共性基础上的个性化发展。围绕这一个核心特点，"泽根课程"具体体现出以下四个方面的特点。

## （一）全面

课程设置全面覆盖。"泽根课程"形成了要素完备的课程设置，分为四个领域（见图6），贯通国家、地方、校本三级课程，涵盖德、智、体、美、劳各项教育内容。根据义务教育阶段学校课程设置要求，确保国家课程内容的全覆盖，这是全面发展的底线要求，是培养学生具备基本国民素质的客观要求。针对当前教育实践领域相对薄弱或问题较多的课程，比如体育、科学、艺术、劳动教育等，我们着力研究、加强探索，坚决做到"课时保障，品质提升"。比如，自建校以来始终坚持各年级"每天一节体育课＋晨嬉（大课间活动）"，每学期一门体育特色课程；艺术教育不断研发校本特色课程，如戏剧、戏曲等。

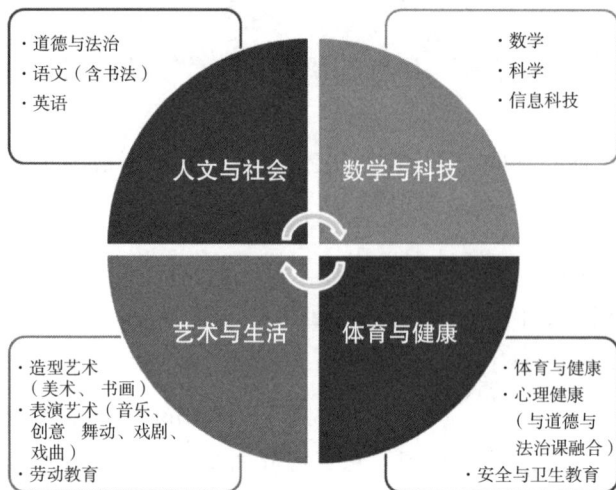

图 6　"泽根课程"的内容领域

　　培养目标全面落实。我们要求"全员、全体、全过程、全方位"落实课程目标，即所有教师都要把促进学生全面发展作为教育教学工作的首要目标，面向全体、目中有人，尤其要注重学生思维品质的培养和心灵品质的塑造，把落实"人字的一撇一捺"贯穿在所有教育活动的过程中，落实到学生学习和生活的各个方面。尤其是针对学生年龄特点，提出"正泽十星"的学生发展目标，并促进培养目标在学生日常学习和生活中的落实。例如，在体育特色课程中，将规则意识、团队合作、文明礼仪与意志品质的培养作为一项重要的教育教学目标。在课程教学中，不同学科的老师都会关注学生的合作意识与习惯培养，在具体教学中围绕学科核心素养开展方式方法的创新，比如六年级语文课聚焦学生语用能力和沟通素养的形成；二年级数学课上通过各种活动培养学生的量感；三年级英语课中的戏剧元素让学生在体验中提升了语用能力；五年级道德与法治课上教师既关注学生爱国精神的激发，又注重学生思维品质的提升。

## （二）个性

　　学生的全面发展并不是要所有学生在各个方面整齐划一，达到"标准化"，而是要在个体层面达到共性与个性的辩证统一。因此，"泽根课程"坚持在全面的基础上彰显"个性"，主要体现为课程的个性探索和"双主体"的个性发展。课程的个性探索主要包括方式方法和课程内容两个方面的特色探索。在方式方法上，针对小学阶段学生的认知规律和发展特点，更多采用合作式、项目式、体验性、实践性的学习方式。比如，各学科课程中几乎都有学生的合作探究与实践体验的过程；道德与法治课程引入项目学习方式，注重以深度学习体验促进学生的道德发展。在课程内容上，尤其针对实践中相对薄弱的体育、艺术，研发形成了一系列校本的特色课程内容，如体能、自护、体操等体育课程内容和涵盖 12 个项目的体育特色课程，还有自主研发的书画、创动、戏剧、戏曲等艺术课程。

"双主体"的个性发展，是指在具体实施过程中，关注和支持学生作为学习主体、教师作为教育工作主体的个性化成长需求。学生层面，不仅在课堂教学中关注个体差异和因材施教，更结合"双减"要求积极研究个性化作业的落实（如，六年级数学作业形成了学生自主出题、自主选择的个性化作业方式），允许学有余力的学生单科免修 / 跳级，自主开展个性化学习，同时为学生提供丰富的、可选择的课后服务课程。教师层面，积极鼓励和支持教师充分发挥自身专业优势，自主研发教育教学的内容与方法。比如艺术组的年轻老师将超现实主义的创作风格带入课堂；倡导资深的老教师或者专业突出的老师开展走班教学，发挥自身特长，让更多的学生受益；倡导和鼓励教师之间的优势互补、合作教学，比如六年级书画课的"双师课堂"。

### （三）未来

基础教育阶段，尤其是小学阶段，学生的全面发展要着眼于未来，要为学生在未来的人生道路上实现终身发展的目标、走向人生高峰打下坚实的基础。因此，"泽根课程"倡导教育要联系时代、联结未来，吸纳体现时代性、发展性的学习内容和学习方式，为学生的未来发展奠基。

一方面在日常教学中倡导采用有助于培养核心素养、符合学生认知规律的学习方式，比如项目式学习已经成为道德与法治、科学等课程学习的一种常见操作；基于 STEM 的工程思想已经转化为科学课上一个又一个挑战项目；二年级创意舞动课（Creative Movement）正是来源于当前国际青少年舞蹈教育中对创造性的重视和培养；"三大空间"充分将现代信息技术和建筑理念融入校园建设，形成了开放、自主、多元的学习场域。

另一方面紧扣时代脉搏，积极将体现时代发展的优质社会资源转化为课程内容。比如，受到电影《流浪地球》的影响，科学老师带领同学们研究太阳系，进行科幻写作。"五大时空"系列学科实践课程，结合社会文化、体育、科技、艺术等领域的热点，面向全体学生开展教育活动。例如邀请中国登山家、2019 年劳伦斯世界体育奖年度最佳体育时刻奖获得者夏伯渝先生到学校与学生畅谈。所有这些学习方式和内容，都不是追求对既有知识的掌握与理解，而是在于帮助学生拓宽人生眼界和视野，培养他们从容应对未来挑战的开阔胸襟和必备素养。

### （四）超越

人的全面发展是一个整体的动态过程，各个要素相互联系、相互影响，无法割裂。因此，"泽根课程"强调横向和纵向的超越。横向的超越是指跳出单一、局部的思维，将"五育"看成是蕴含在一切教育活动中的有机整体。因此，我们强调充分挖掘课程中的育人要素，比如六年级书画课通过专门的任务情境，促使擅长绘画的学生和不太擅长的学生合作完成了绘画作品，在艺术学习中培养了学生的合作意识。同时，不断加强课程的整合与融合，丰富学生思维视角，促进综合素养的形成，将课程的育人功效发挥到最大化。比如，前面提到的劳动教育，是一种"复合性"的教育实践，与德育、智育、体育、美育紧密地结合在一起，不是简单地学习劳动技术或者"动动手，流流汗"，因此我们从时代发展的要求出发，将劳动紧密地和艺术、国学、科技的学习相结合，与学生的生活相结合，形成了"创造、服务、体验"三位一体的融合性劳动教育课程，即融合艺术、国学的系列劳动课程（制作线装书、木作工艺）、融入班级管理的劳动服务（志愿服务岗、周四劳动日等）、融于其他课程（美术、科学、道德与法治等）和综合实践活动（外出劳动体验、特色节日活动等）的特色体验活动。

纵向的超越是指打破横向、静态对比的桎梏，以成长型思维看待和引导学生纵向成长，促进每一个学生的自我超越。因此，在学校层面，我们构建形成了以发展性评价、表现性评价、过程性评价为主要方式的学生评价体系（见图7）。该体系以促进学生的全面发展为核心，全面采用过程性评价，用学生在整个学习过程中各个方面的表现作为对其评价的依据，注重学生自主评价、定性评价，支持和引导学生对照标准进行自我评价和自我目标设定，允许"弹性"达标，弱化横向比较，凸显学生自身的"增值"，激发其自主发展的内驱力，而且更多采用表现性评价，让不同特点的学生采用自身最擅长或最独特的方式展现自身的发展，超越单一对知识记忆的考察，让评价过程也成为一种丰富的学习体验。同时，在学科层面，要求教师始终以发展的眼光看待每一个学生，在师生互动中要给予学生积极的、鼓励的反馈和支持。比如，艺术组自主探索提出了教师评价的三条标准，即评价的温度，需要情感；评价的水平，需要专业；评价的指导，需要落地。

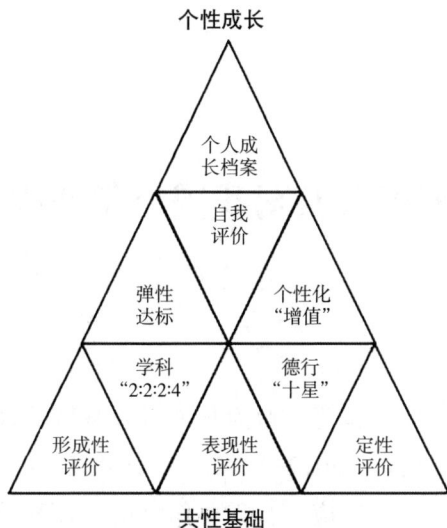

图 7　正泽学校学生评价体系

　　总之，以"全人发展（HD-MIPAL）零缺陷、特色追求（UP-TRE121）有差异"为目标，以"全面、个性、未来、超越"为特色的"泽根课程"，是正泽学校落实"全面发展、五育并举"教育方针的过程中，探索形成的实践格局与初步成果（见图 8）。未来，我们还将进一步持续探索学校课程的改革与创新。

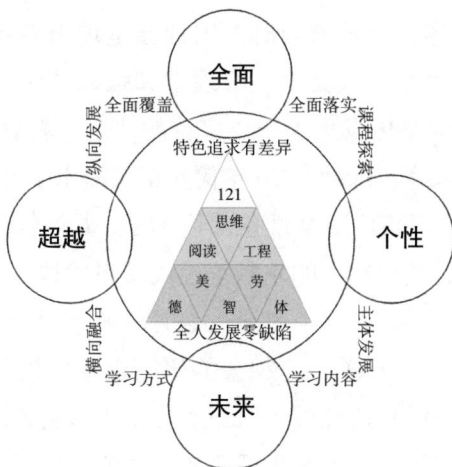

图 8　"泽根课程"的特色格局

# 全人教育的研究及其对我国小学课程建设的启示

胡荣堃

培养全面发展的人是我国党和政府长期以来坚持的教育目标。《国家中长期教育改革和发展规划纲要（2010—2020）》明确提出："树立科学的教育质量观，把促进人的全面发展、适应社会需要作为衡量教育质量的根本标准。"在2018年9月举行的全国教育大会上，习近平总书记再次强调，教育要培养德、智、体、美、劳全面发展的社会主义建设者和接班人。为实现这一目标，我国的教育研究者和工作者进行了大量的研究和探索。全人教育的理念也随之进入人们的视野。

早在20世纪20—30年代，日本教育家小原国芳就提出了"全人教育"的主张，而对世界影响较大的现代全人教育思想则是起源于20世纪60—70年代的美国。如前所述，伴随着当时美国社会呈现出对现代工业文明的反思与批评，美国一些教育家以人文主义心理学和强调情感取向的教育为思想资源，形成了以追求人的整体发展为主要宗旨的"全人教育运动"。其中，全人教育理论主要的倡导者隆·米勒在70年代初正式提出了"全人教育"（holistic education）的概念，并将其理论根源追溯至卢梭、裴斯泰洛齐、梭罗、爱默生、阿尔克特、蒙特梭利、斯坦纳、帕尔默等近代或当代教育心理学家的思想，创办了"全人教育出版社"，发行了《全人教育评论》。随后，全人教育理论在西方社会取得了广泛认可和关注，相关的研究迅速发展起来。加拿大学者约翰·米勒领导的安大略教育研究院（OISE）在全人教育课程方面的研究成就斐然。20世纪80—90年代，全人教育理念在全球范围内迅速得到传播、认可和发展。联合国教科文组织亚太国际教育与价值教育联合会相信，有质量的教育的推进和提高可以通过"全人教育"这一教育过程得以实现。

# 一、全人教育的思想内涵

全人教育思想的内涵十分丰富，其倡导者和学术界对于其内涵界定并无定论。小原国芳认为，全人教育是对立统一的教育，尊重个性、自学自律，与实践结合，包括六个方面，即学问、道德、艺术、宗教、身体和生活。其中，学问理想的归宿在于真，道德理想的归宿在于善，艺术理想的归宿在于美，宗教理想的归宿在于圣，身体理想的归宿在于健，生活理想的归宿在于富。教育的理想就是创造真、善、美、圣、健、富这六种价值和谐发展的人。作为全人教育的倡导者，约翰·米勒认为全人教育本质上关注人的经验之间的关系：身心之间的关系、线性认知与直觉认知之间的关系、不同知识领域之间的关系、个人与社区之间的关系、与地球的关系，以及我们与自己灵魂的关系。

澳大利亚塔斯马尼亚州全人教育网（The Holistic Education Network of Tasmania）系统表达了全人教育的五个特征：（1）全人教育关注每个人智力、情感、交际、身体、审美、创造性和灵性等潜能的生长。（2）全人教育寻求理解和意义。它的目标是培养健康、完整和求知的人，使他们能够在任何新情境中学习他们所需的知识。（3）全人教育承认每位学生（包括"问题学生"，在一个强调线性和顺序性的机械论还原主义范式中他们多数有严重的学习障碍）先天所固有的智力、创造力和系统思维等潜能。（4）全人教育承认所有知识都是在一定的文化背景中被创造的，鼓励学生的迁移以便跨越过去分离各学术科目的裂口，鼓励学习者批判性地面对他们所生活的社会情境。（5）全人教育重视灵性知识（用一种非宗教的方式）。灵性是一种与所有生命相联结的状态，它崇尚统一性中的多样性。它是一种有关存在、归属和关爱的体验。它是敏感、同情、欢乐与希望。它是内在生活和外在生活的和谐。它是对宇宙神秘的惊奇和敬畏之感，是生活充满意义之感。它迈向人类精神的最高渴望。

我国有学者综合分析了西方学者对全人教育的界定，指出六个基本点：（1）全人教育关注每个个体的智力、情感、社会性、物质性、艺术性、创造性与潜力的全面挖掘和培养；（2）全人教育努力寻求人类之间的理解与生命的真正意义；（3）全人教育特别强调学生人文精神的培养；（4）全人教育积极鼓励跨学科的互动与知识的整合；（5）全人教育极力主张学生精神世界与物质世界的平衡，注重生命的和谐与愉悦；（6）全人教育着重培养的是具有整合思维的地球公民。刘宝存教授指出，全人教育作为一种教育思潮，以联结、整体性和存在三个基本概念和原则为基础。全人教育的倡导者认为，教育不仅要实现个体在智力和职业能力方面的发展，而且要实现个体在生理、社会、道德、伦理、创造性、精神各方面的发展，重视教育过程中的经验、选择与合作。

可以看出，全人教育的核心思想是人在自身各方面发展的整合（wholeness），即培养完整的人，寻求学习者在智力、创造力、精神、社交、生理和情感等诸方面潜能的和谐发展。虽然随着时代的变化，全人教育的内涵要素也在发展变化，但"全人"这一概念是贯穿其中的共同理念。从这个意义上可以说，全人教育是以培养各方面健全与和谐发展的受教育者为目的的一种教育理论和实践的综合。

## 二、全人课程的研究探索

在全人教育的研究中，加拿大全人教育家约翰·米勒设计了一套基于"联系"概念上的全人课程（holistic curriculum），影响广泛。他指出，全人教育寻求学习者在智力、创造力、精神、社交、生理和情感等诸方面潜能的发展，旨在培养学生理解那些形成人类经验的各种情境和观点，形成批判性思维。为此，全人教育强调相互关联、理论与实践的整合、对学习者的赋权，并提出不同的方式来认识和发现我们所居于其中的世界。

根据约翰·米勒的观点，全人课程呈现出三个基本特征。第一个特征是联结（connection）。他提出建构全人课程的六种联结：线性思维和直接认知之间的联结；身心之间的联结；知识领域之间的联结；个人与社区之间的联结；人类与地球之间的联结；自我与灵魂（精神）的联结。第二个特征是转变（transformation）。他认为，学生不是知识的被动接收者，而是在学习过程中通过主动与课程发生联系，获得促进个人发展和社会变革的技能。这标志着课程领域由封闭走向开放，由预设走向生成。儿童与课程超越彼此分离、二元分立的状态，在一个不断前进、相互依存的过程中共同创造（co-creation）和共同演化（co-evolution）。第三个特征是平衡（balance）。全人教育要求人的智力、身体和灵魂发展的平衡，为此需要处理八对平衡关系：个人与小组的关系、内容与过程的关系、知识与想象的关系、理性与直觉的关系、定性评价与定量评价的关系、技巧与观念的关系、评价与学习的关系、技术与方案的关系。

在约翰·米勒的全人课程中，首先要树立全人的儿童观，即把儿童作为一个完整的人，其发展包括智力、情绪或情感、体质、交际、审美、灵性等各个方面。因而，学习也需要是全人的、整体的，形成学习情境中诸因素间的动态平衡。同时，他非常重视艺术教育，认为艺术在教育中有着重要的作用：促进分析能力和问题解决能力的发展；激起自然的好奇心；培养广泛的思维技能；使学习适合于当今学校所存在的多元文化背景的学生；促进学术领域与课堂之外事件之间的联系；促进团队合作；促进使用和获得信息的能力以及掌握多种符号体系的能力；培养创造性思维技能，进而发展高层次思维技能……艺术在培养全人的儿童方面具有巨大的潜能，审美意识能够恢复一种关于世界的非工具主义的理解。

全人课程不是一种具体的课程形态，它在本质上是一种课程理想和愿景的表达。澳大利亚塔斯马尼亚州全人教育网认为，全人教育关照下的课程应该是"受探究驱动的、跨学科的和整合的，基于相互关联、完整、多维存在等明显假设的课程"。它既不是基于学科课程范式来开发学科课程，也不是基于经验课程范式设计经验课程来辅助学科课程。这种新的课程范式强调融合学科课程与经验课程于一体，强调知识的整体性、学生获得经验的完整性和关注学生全面发展。

## 三、我国对全人教育的研究现状

20世纪末，全人教育逐渐进入我国内地教育界的视野。随着我国教育领域改革的深入，全人教育理念在我国内地教育领域也由初步认识，发展到认可接受，再到本土化改造和分类实践，逐渐渗透到我国教育理论与实践的发展之中。全人教育理念初次出现在我国教育研究领域，是在1983年我国学者周鸿志发表的文章《小原国芳和他的全人教育论》中。该文介绍了日本全人教育家小原国芳的教育思想。此后，钟启泉所著的《"整体教育"思潮的基本观点》一书，以中国式的视角阐释了全人教育的理念。近年来，由谢安邦、张东海所著的《全人教育的理论与实践》一书，详细阐述了全人教育思潮的产生、发展，全人教育的基本主张及以全人教育为基础的教育改革，对全人教育作了比较详尽的介绍。

当前，我国学者对全人教育的研究呈现出理论与实践并进的状态。在中国知网中以"全人教育"为"篇名"检索，2008—2018 年的学术期刊（165 篇）和硕博论文（8 篇）共计 173 篇，基本呈现逐年增多的趋势。这些论文的研究主要集中在两个方面：一是阐述全人教育的基本理论及本土思考，主要介绍全人教育理论的发展历程、相关理论及其对我国教育的启示；二是论述全人教育在我国不同教育领域的实践应用。根据相关研究，全人教育大部分都集中在高等教育领域，比如高等院校通识课程、博雅课程的整体建设，或者落实全人培养的某项具体课程或科目的开发，而基础教育领域的研究相对较少，现有的文献多是针对具体学校的介绍性或宣传性文章。

# 四、对我国小学课程建设的启示

作为国民教育体系中最为基础的部分，小学教育具有突出的基础性地位，要为学生终身发展的各个方面打下坚实的基础。全人教育是以培养各方面健全与和谐发展的受教育者为目的的一种教育理论和实践的综合。它关注到人之为人的各个方面，与我国的教育方针和教育改革的方向相一致，加上全人教育研究者对全人课程的探索，都对我国小学阶段加强课程建设、促进学生全面发展，有着积极的启示意义。

## （一）凸显课程目标的全人性

全人教育追求的是培养完整的人，寻求学习者在智力、创造力、精神、社交、生理和情感等诸方面潜能的和谐发展，因而学习也需要是全人的、整体的。这不仅要求学校的整体课程目标必须指向全人发展，而且要求具体科目的课程目标也同样要具有全人的视角——每一门课程都是培养全面发展的人的具体路径，每一门课程都承载着促进学生在认知、非认知领域各个方面潜能和谐发展的任务。也就是说，身体健康不只是体育课的任务，认知水平的提高也不只是在语文、数学、英语课上才有的要求……只要是学生身心发展所涉及的内容，就都是学校每一门课程所应关注的目标。比如，体育要以促进学生身体素质和运动能力的发展为目标，同时也要承担在运动过程中对学生意志品质、团队精神等品格的培养任务；音乐、舞蹈、美术等艺术学科直接指向学生艺术素养和审美能力的提升，同时也承载着促进学生思维品质发展的目标。如前所述，小学是国民教育体系中最为基础的部分，因此在小学的课程建设中尤其要强调课程目标的全人性，让每一个学科都成为学生全人发展的助推器，共同促进学生各方面潜能的和谐发展。

### （二）增强学习内容的丰富性和综合性

根据全人教育的理念，课程的结构和内容应植根于丰富多彩、不断变化的生活中，体现出各学科之间、课堂与外部社会之间、人的经验之间的广泛联系，是受探究驱动的、跨学科的和整合的。小学生的生活经验相对较少，如果没有完全又充分的学习体验，他们就根本无从发现自身的特点，也就无法形成主动和积极的个性化发展。因此，学校在小学阶段的课程设置中首先要为学生提供丰富的学习内容。这些内容应涵盖一个人发展的方方面面，以此来丰富学生的生命体验和生活联结。而且，对于不同的学习内容要一视同仁，不可有所偏废，尤其是对体育、艺术等与学生身心发展密切相关却往往被忽视的课程。同时，在分科教学的基础上，要更加注重课程的综合化，开展主题式、项目式的学习，进行丰富的多学科、跨学科的实践活动，让学生在综合思考与运用所学的过程中，体会学习的乐趣和价值，发展批判性思维、创造性思维，促进团队意识、合作精神、坚持不懈等良好品格的发展。

### （三）突出教学实施中学生的主体地位

在全人教育的理念中，每个学生都具有自身的天赋潜能，学习的过程不是被动地接受知识，而是学习者主动与课程发生联系，获得技能、发展潜能。小学阶段正是一个人潜能天赋逐渐显露、发展的关键时期。这就要求我们在课程的实施过程中，尊重和彰显学生的主体地位。首先，要真正把课堂还给学生。在环境创设、时间分配、活动设计上充分考虑学生的主体参与，调动和发挥学生的主观能动性，让学生在安全、开放的学习环境中大胆思考、善于表达、敢于质疑。其次，教学方式更多采用体验活动和动手操作。小学阶段，学生的认知水平处于从具体到抽象的发展阶段，往往需要更多地借助切身的感知和真实的体验，才能够对抽象的概念形成自己的理解。通过亲身体验和操作，学生不仅能够更好地对问题进行思考和分析，而且在这个过程中能把自身隐形的思考过程、解决问题的过程真实地呈现出来，从而能够更有针对性地进行自主思考和自我反思，促进自我意识的形成与发展。

### （四）注重多元、多维的评价与反馈机制

全人教育把儿童作为一个完整的人，其发展包括智力、情绪或情感、体质、交际、审美、灵性等各个方面。相应地，在对学生的评价上就不能是一把尺子、一个标准，而要解开单一化、标准化的镣铐，采用多元的评价内容与方

式，全方位体现学生在各个方面的变化。评价内容上，要破除应试导向的影响，关注学生的身心健康、道德品质、人文素养和艺术涵养等方面的综合发展，即便是对知识的考察，也要超越单一的对知识记忆的考察，更多关注其对知识的理解和运用，关注学生在学习过程中的投入和参与，关注学习活动中学生所展现的品格和思考水平。评价方式上，跳出常规纸笔测试的局限，更多采用表现性评价和过程性评价，发挥戏剧、歌舞、书法、绘画、手工等各种活动的优势，为学生成长搭建各种各样的平台、展台、舞台、擂台，让每个学生都有展示的机会，允许学生的自主选择和自由表达，真正让评价过程也成为一种积极的学习过程，成为每一个学生发展历程中一次有质感的生命体验。

# 学生评价：促进学生共性发展基础上的个性成长

胡荣堃

学生评价是学校教育的重要组成部分，直接反映着学校对学生培养的目标导向和质量要求，从根本上说是一个时代对人才培养规格的要求在教育领域的具体体现。2019 年，中共中央、国务院印发《关于深化教育教学改革全面提高义务教育质量的意见》，强调坚持"五育"并举，全面发展素质教育，在学生质量评价上坚决克服唯分数、唯升学的功利化倾向。2020 年 10 月，中共中央、国务院印发《深化新时代教育评价改革总体方案》，突出强调评价的重要性，提出"改进结果评价，强化过程评价，探索增值评价，健全综合评价"的"四个评价"原则，并且针对中小学教育实践中的教育评价提出具体的改革要求和措施。

北京市正泽学校自 2017 年建校以来，始终坚持全人教育理念，把促进学生德、智、体、美、劳各方面的和谐发展作为育人目标，同时倡导个性化教育，以尊重学生的个体差异为前提，关注每个学生自身天赋和个性，促进每一个学生的个性化成长。基于这样的教育理念，学校在评价上倡导促进学生共性发展基础上的个性成长，在学生评价的内容、标准、方式、方法等方面进行了实践探索，凸显学生评价的发展性、过程性、表现性，初步形成了具有自身特色的学生评价体系（见图 1）。

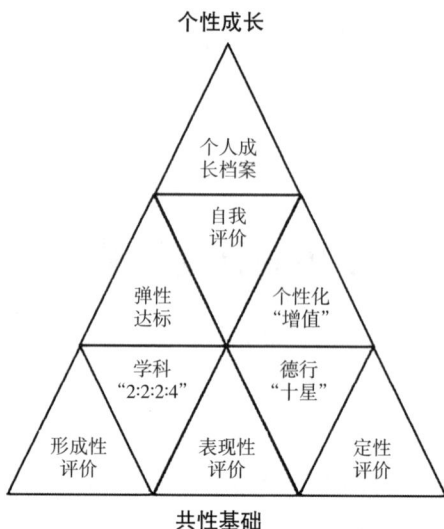

图 1　北京市正泽学校学生评价体系

# 一、评价取向：促进学生共性发展基础上的个性成长

学校从自身的培养目标出发，结合小学生身心发展规律，以"促进共性发展基础上的个性成长"为价值取向，全面引领学校学生评价工作的开展。

"共性发展"是指一个人在小学阶段健康成长所必需的、普适性的要求。小学教育"是以提高国民素质为目标而进行的非定向、非专门的教育，它不是为某一行业，而是为社会所有行业培养人才打基础"。此阶段儿童正处于发展的关键期，具有鲜明的群体特点和普遍规律，在身心发展的各个方面有着共同的发展需求，比如身体发育、习惯形成、品德培养、社会性发展，等等。小学教育的首要任务就是保证每一个学生在共性发展的各个方面达到应有的水平。

"个性成长"是指充分尊重每一个学生的独特性和差异性，允许学生在发展的速度、方式、程度、路径等方面的多样与差异，让学生在最适合自己的方式上实现天赋潜能的最大化发展。小学生的身心发展存在明显的差异性，这就决定了学生的发展不可能是步调一致、整齐划一的。因此，在小学阶段，必须给予学生充分的自主发展空间，既要允许学生在共性发展的各个方面存在速度、方式、程度上的差异，又要鼓励和支持学生形成自身独特的想法和发展路径。

以上两个方面中，共性发展是个性成长的坚实基础，只有在人生发展的最初阶段为学生在各个方面发展奠定深厚的基础，才能有其未来的个性彰显和自我实现；个性成长是共性发展的最终追求，每一个人都是由其自身发展的各个方面组合形成的独特统一体。

## 二、评价内容：凸显全面性发展与个性化"增值"

### （一）评价内容涵盖学生认知与非认知发展的各个方面

学校坚决落实"五育"并举，围绕小学阶段学生发展的各个方面形成了学生评价的内容构成。其中，认知方面的内容主要是学生在小学各个学科的学习上所呈现出的能力水平、学业成绩；非认知方面主要包括学生日常的品行习惯和学科学习中的行为习惯。而且，针对学生的日常品行习惯，学校结合自身的育人理念，专门形成了一套便于小学生理解的"十星"要求和具体行为标准。该要求和标准是正泽学生评价的重要内容。

### （二）引导学生关注自身发展，凸显自我成长"增值"

学校着重引导学生关注自身的个性化发展，凸显每一个学生自我成长的"增值"。所谓"增值"，是指学生的进步而非绝对成绩。在当前我国教育评价改革中，增值评价的重要价值日益成为共识。它被认为是以学生发展为核心的一种评价方案，它注重的不是最终的教育结果或成绩，而是教育过程中情况的改善和每个学生的进步程度。因此，学校倡导学生更关注"自己跟自己比"的纵向成长。从学期初的目标设定，到学期末的自我总结，自我评价贯穿学生评价的始终。而且，学校鼓励学生用独特的学习成果展现个性化的发展"增值"，比如在"学生评价手册"中展示自己的画作或文章等等。为此，学校还借助网络平台和人工智能技术，专门研发形成了学生电子成长档案，为每一个学生提供了平台与空间，能够全面、生动地记录自己各个方面的发展情况和点滴成果。

## 三、评价标准：兼顾基础标准与弹性达标

### （一）以终为始，明确学生发展的基础标准

学期初，学校首先根据小学生的发展规律和课标要求，明确学生发展的基础标准，内容涵盖学生认知与非认知发展的各个方面。这是面向全体学生的全

面发展，要求每一个学生在学习后都能达到的效果目标。其中，既有定量的认知性指标，如低年级：语文的识字量、阅读量，数学的运算理解、数感能力，英语的拼读水平、词汇量，基础体能的各项达标数据等；又有定性的非认知性指标，如语文中承载的传统美德、数学和科学中蕴含的逻辑思维、体育中蕴含的规则和品格培养等。以 2021 学年四、五年级体育特色课程"软式棒垒球"为例，该课程评价的基础标准为：

知识层面：通过图片、视频、课堂学习、实地训练等多种方式让学生全面地了解软式棒垒球的起源、特点、礼仪、规则、方法等相关知识，使学生能够在活动中建立起一套实用的软式棒垒球知识体系。

技能层面：使学生掌握软式棒垒球的防守、进攻和战术等相关技能。防守部分，即传接球，包括传和接的内容、动作的要领、易犯错误、重难点、练习方法等；进攻部分，即击球，包括握棒、准备姿势、引棒、挥击、随挥等一系列连贯的动作要领；战术部分，即如何防守和如何进攻。

情感、态度、价值观层面：敬人、敬物、敬己。通过软式棒垒球的课前导入、课中训练和课后反思，塑造学生讲礼节、倡文明和重高雅的品质，培养学生判断力、执行力、肯于牺牲奉献和进取拼搏的精神。

## （二）达标过程给予学生充分的弹性

在明确基础标准的同时，学校通过延时达标、提前免修等方式，在达标过程上给予学生充分的弹性。一方面，学生可以"延时达标"，即允许学生在达成基础标准的过程中，有不同的发展水平、发展速度和发展方式。例如，体育期末的体能测评，其中未能达到标准的学生可在教师规定的截止时间内，自主努力练习，随时找老师再测，直至达标。另一方面，学生可以"提前免修"，即支持学生在达到基础标准后，根据自身的实际情况，在老师的指导下确定更高的标准，使其天赋、潜能获得更加充分的发展。例如，在各学科的学业评价中，允许学有余力的学生，经过申请和专门测试后，实现单科跳级或单科免修。目前，经过学校的专门测评，已有三位二年级学生的英语课申请免修。他们可以在教室自主开展学习，定期与老师交流，反馈学习进展和问题。

## 四、评价方式：突出自主发展和过程评价

### （一）以多元评价促自主发展

学校坚持以多元评价促自主发展，将学生自评、同学互评、家长评价、教师评价纳入评价过程，帮助学生从不同的角度获得自身发展的反馈信息，促进他们形成更加全面、客观的自我认知，并引导他们确立下一步的发展目标，激发学生自主发展的意识和能力。因此，在每一个正泽学生的评价手册中，有学生对自己学习和生活的自我评价，有"睁大眼睛看优点"的同伴评价，有老师、家长的评价，还有看到这些反馈后学生的思考，更有在此基础上学生为自己设定的新学期小目标。

### （二）学业评价始终将过程性评价和终结性评价相结合

学校坚持将过程性评价和终结性评价相结合，对各科学业评价明确提出了"2:2:2:4"的形成性评价基本框架。其中，第一个"2"是代表学生的学习态度；第二个"2"是代表学科的核心素养；第三个"2"是代表学科的校本特色内容；"4"是指学科期末成绩。在此框架内，各学科均可根据本学科要求和学生年级特点，形成各年级各科独特的形成性评价指标。例如，一年级数学对学生的评价结构为"1:1:1:1:1:1:4"，分别是倾听、表达、单元学习、基本功、数学游戏、实践活动表现和期末闯关。除了期末闯关，其他项目均是在学习过程中完成的，不仅考查了学生相关学科知识、技能的掌握，还关注学生在过程中的学习习惯和合作能力的培养。前文提到的学生电子成长档案，更是学生成长过程的全记录，是各科过程性评价的综合展示平台。

## 五、评价方法：强调定性评价、表现性评价

### （一）合理使用定量评价，更多使用有针对性的定性评价

在评价方法上，学校根据各学科的特点，倡导在合理使用定量评价（主要是纸笔测试）的同时，更多地对学生进行有针对性的定性评价，为学生的个性化发展提供具体的指导和帮助。其中最有代表性的就是每个期末的学生评语。每到期末，学校都要求各科老师分工协作、共同参与对学生的定性评价，根据不同老师的反馈形成评语，不仅要体现出学生本学期的特点或进步，还要给出

有针对性的建议或新学期的期望，并由相关主管负责审核通过。下面是五年级两位学生上学期期末的评语：

学生1：亲爱的 × 宁，一直以来你都是一个酷爱阅读的小伙子。在书籍的滋养中你遇到问题善于多角度思考，观点大胆新颖，经常能带动全班思考。班里同学戏称你是"数学王子"，如果能再练就一手好字，各科全面发展那就更好了！在本学期语文、数学、英语的学习中，你全情投入、积极发言，不仅能够完成各项学习任务，更充分展现出了自身丰富的知识积累和独特的思考视角。在正泽辩论季的项目过程中，无论是班级辩论赛还是年级辩论赛，你都呈现出与众不同的思考与表达，让老师们印象非常深刻！"书山有路勤为径"，希望你能保持这种良好的思考状态，更加认真、仔细、勤奋，在未来的学习中展现更加出色的自己！

学生2：亲爱的 × 琳，你是一个在写作上颇有灵气的小姑娘，如果能够做到酷爱读书，相信你能够成为一名小作家。这个学期你在数学、英语上的进步都很大，听课纪律保持良好，课下也能够坚持练习口算以及英语的听说，如果能再提高听课效率那就更好了！你看上去是个柔弱的女生，但是你的体育运动能够做到均衡发展，晨曦长跑从未落队，老师为你的重坚持点赞！在本学期的道法学习中，你积极参与，按时完成各项学习任务，展现了自身对相关主题的思考。尤其是在正泽辩论季的项目中，你为自己的小组和班级都做了积极的准备，与人合作、沟通的能力和自我表达的能力都有锻炼和提升，老师真心为你点赞！非常期待在下个学期的学习中，你能把字写好，认真对待每一次作业！

### （二）大力倡导采用表现性评价

学校大力倡导采用表现性评价，坚持做到"两个100%"，即"100% 学科"都在评价过程中纳入表现性评价；100% 学生都参与其中。其中，道德与法治、科学、艺术类（如美术、音乐、舞蹈、书画、戏剧等）学科等普遍采用表现性评价，对学生在操作、展示或创作过程中展现出的核心素养进行评价（见图2、图3）；体育除了进行体能和运动技术的测试，还会针对学校特色内容，开展各年级体能操、武术操、柔韧操、花式篮球展示等表现性评价活动；在语文、英语课程中开展包括朗诵、表演、歌唱、书写作品等多种形式的表现性评价活动（见图4）；数学课程也通过游戏、调查活动等方式来考察学生的数学核心素养。

图2 科学与美术跨学科学习项目期末作品《太阳系星空墙》

图3 道德与法治课辩论项目活动

图4 语文课本剧期末表演

# 六、基于实践的思考

经过三年多的扎实推进，学校的学生评价体系发挥了自身的作用。不仅确保了学生的全面发展，尤其是体育、艺术、道德与法治等学科的落实，更促进了学生的个性化成长，保护和激发了学生的自信心、自主性，尤其对那些能力相对较弱的学生，使他们获得了充分的自信和成长的空间。伴随着实践的深入，对于如何在小学阶段发挥评价的作用，促进学生的全面发展与个性成长，我们也逐渐形成了自身的思考和感悟。

## （一）始终以实现教育的目标为价值追求

评价是教育的一种手段或途径，是教育的"术"，其根本目的在于促进教育目标的实现，即每一个学生的健康和谐发展。这是评价的根本价值追求，是教育之"道"的体现。对具体评价方式方法的探索是一种"术"的探讨，不能够脱离对"道"的思考，否则在不断细化、强化具体手段的过程中就有可能出现舍本逐末的现象，为评价而评价、就方法谈方法，忘记了教育的"初心"。所以，无论是理论研究还是实际工作，都要始终从评价的根本价值追求出发，让所有的评价手段和方法，都指向并服务于学生的发展，服务于教育目标的实现。

### （二）关注学生在真实学习情境中的状态

小学阶段学生的发展不仅仅体现为得出正确的答案或做出符合要求的行为，而更多地体现在学生在真实学习情境中的投入状态。这种状态在积极心理学上被称为"心流"或"流畅感"，是指人们对某一活动或事物表现出浓厚而强烈的兴趣，并能推动自己注意力高度集中，进入一种完全沉浸其中的状态。如果学生在学习过程中能产生这种体验，那他就会体会到学习和成长的快乐，有助于形成主动学习与发展的良性趋势。而这种状态往往是在一种动态的过程中自然呈现出来的，很难用量化的指标去衡量。因此，在对小学生的评价中，可以再少些量化的评定和指标，更多采用真实性评价，更多地关注学生的投入状态，让人的发展真正成为一种令人幸福的体验。

### （三）进一步在评价上解放教师

要真正落实对学生的有效评价，就要先解放对教师的评价。教师是一种极具个性与创造性的专业工作，无法用简单的指标来衡量的。在僵化、教条的评价指标下，教师的主体性和自主性得不到充分的尊重和发展，自身的发展就得不到支持与提升，更无法在实际工作中做到充分地尊重学生的主体性和差异性。因此，学校在落实学生评价的同时，也同步进行了教师评价制度的探索，初步构建了"双主体"评价体系，努力在评价上解放教师，少些量化的规定指标和竞争性的评比，而更多地体现发展性、过程性、激励性、差异性，让教师伴随着学生的成长获得自我实现的幸福感。

# 正本泽根　育人育心

## ——构建促进学生心理健康的教育体系

胡荣堃

心理健康是一个人全面、健康发展的基石。促进学生的心理健康是中小学教育的重要目标和构成要素。2002年，教育部颁布《中小学心理健康教育指导纲要》，指导和加强全国中小学心理健康教育，并在2012进行了完善和修订。2016年12月，原国家卫生计生委、中宣部等22部门联合印发《关于加强心理健康服务的指导意见》，指出心理健康服务的基本原则为：预防为主，以人为本，加强人文关怀。

作为一所年轻的民办学校，北京市正泽学校自2017年建校之初就坚持全人教育理念，把促进学生的全面发展作为育人目标。学校高度重视学生的心理健康，以教育的方式促进学生的心灵成长，致力于构建促进每一个学生身心健康成长的教育体系。经过几年的实践探索，学校初步形成了具有自身特色的促进学生心理健康的教育体系。

## 一、理念与原则

正泽学校在办学实践中始终坚持两个基本理念。一是心理健康是学生全人发展不可或缺的重要组成部分。学校倡导"健康第一"的理念，其中的健康是指学生在身体、心理、社会适应上均展现出完全良好的状态。要实现学生的全面发展首先就应关注包括心理健康在内的学生的健康成长。因此，促进学生的心理健康是落实学校全人教育理念的内在要素和实践目标。二是关注学生心理健康是教育内在人性关怀的体现，蕴含于所有的教育教学活动中。教育本质上是培养"人"的活动。这从根本上决定了教育活动本身是最具人性的过程，要关注人发展各个方面的需求。人的心理健康是个体发展最为内核的构成要素。促进学生的心理健康是一切教育活动的深层追求与共同目标。

根据以上两个理念，学校形成了两个实践原则。原则一：面向全体、重点关注，预防为先。学校始终以促进全体学生的健康发展为目标，从整体上构建有助于学生心理健康发展的学习内容、学习方式、学习环境，并重点关注特需学生的个性化需要，有针对性地给予支持和帮助，同时坚持预防为先，重在培养学生具备积极健康的心理状态，尽可能排除隐患、不出问题，而非事后补救。原则二：全员参与、全学科关注、全资源整合。学校将促进学生的心理健康作为全体老师的育人责任，每一位老师都要在自身的工作中加以关注、发挥作用。同时这也是一切学科都必须关注的教育目标，要落实在所有的教育教学活动中，并且要整合学校内外的各种资源，共同建设一个有助于学生心理健康发展的育人环境。

## 二、实践和探索

### （一）基于课程融合的团体教育活动

学校依据《中小学心理健康教育指导纲要》（2012 年修订）（以下简称《纲要》）的要求，结合自身的课程特色，确立了以道德与法治、班会、校本特色实践活动等课程与活动为主要实践载体，开展基于课程融合的团体教育活动。这种活动主要是以班级为单位开展的教育活动，是面向全体学生的团体性教育活动。"课程融合"一方面是指充分挖掘小学道德与法治课中的相关内容，将心理健康教育的要素有机融入；另一方面是指根据不同年龄阶段学生的心理特点和发展需要，将心理健康教育融入班会、校本特色实践活动之中，如针对学生交往中的真实案例开展主题班会，在各年级游学活动中融入促进学生心理发展的学习内容。

为此，学校专门根据《纲要》要求和不同年龄阶段学生的发展特点，确定了各学段学生心理发展的重点内容。小学低年级（一、二年级）学生处于从幼儿园到小学的过渡和适应阶段，重点围绕环境适应、规则意识、学习习惯、交往能力、情绪管理等方面开展活动。小学中年级（三、四年级）学生已适应小学的学习与生活，自我意识逐步发展，因而重点聚焦自我意识、集体意识与合作能力、情绪管理、学习方法和学习兴趣、时间管理等方面的培养。小学高年级（五、六年级）学生逐步进入青春期，有了更强的自我意识和自主能力，重点关注自我认识与调节、尊重自我和他人、同伴交往、情绪管理、问题解决等方面。这就为各年级落实心理教育内容的课程融入提供了具体化的目标和操作性的内容。

**（二）课堂文化建设与学科渗透**

课堂是每天学生在校生活中最重要的、停留时间最长的场域。学校紧紧抓住课堂教学这个主阵地，将有助于促进学生心理健康发展的要素融入课堂教学，不断加强课堂文化建设和学科渗透，构建"生本课堂"和"融合课堂"。

"生本课堂"是指在课堂教学中，要以生为本，形成安全、包容的课堂教学氛围，关注学生的"心流"体验。首先，教师要通过支持性的课堂环境、鼓励性的即时评价、多样性的交流互动，让学生在课堂学习中感到安全、放松，能够大胆、自信地表达和互动，不畏惧失败与挫折，构建形成内在安全感和归属感。其次，教师要注重设计富有挑战性、探究性的学习内容，更多采用体验性、实践性的学习方法，调动学生的积极情绪，如兴奋、愉悦、兴趣等。最后，我们倡导教师关注学生的"心流"体验。"心流"是积极心理学上的一个概念，是指人对某一活动或事物表现出浓厚而强烈的兴趣，并能推动自己完全投入进去，注意力高度集中，进入一种完全沉浸其中的状态。孩子在学习过程中产生这种体验，不仅会形成主动学习的良性趋势，更会体会到学习的快乐和成长的幸福，促进形成专注、投入、积极、主动的心理品质。

"融合课堂"是指注重整合学科内容中与心理发展有关的要素，关注教学中情感目标的设计与落实。一方面，学校注重发挥各学科对学生心理健康发展的重要作用和独特价值，倡导教师在课堂教学中注意学科内容的心理渗透点，将学科教学与心理辅导相整合，尤其是体育、艺术等课程对培养学生积极心理状态的重要作用。比如，自建校以来，学校始终坚持每天一节体育课，每年级每学期一项体育特色课程，通过大量、丰富的体育运动培育学生积极、向上的良好心态和顽强、抗挫的意志品质，提升学生的心理韧性。另一方面，学校要求教师在课堂教学中关注情感目标的设定和达成，以及学生学习过程中的情感体验。因此，在正泽的课堂上，无论什么学科都将关注学生的情感体验纳入教学设计，作为教学目标的重要内容，并通过切实的教学过程逐步落实，让每一堂课的学习都成为学生生命中一次美好、充实的心灵体验。

## （三）矩阵式"特需"档案和三级支持体系

对于在日常学习或行为表现上已经出现明显问题的"特需"学生，学校根据他们的主要问题和独特需求，分为"学业特需"和"行为特需"两类。"学业特需"就是指主要在学习上存在明显困难，其原因可能多种多样，比如发育迟缓、阅读困难等。"行为特需"是指主要在日常行为中存在明显问题或症状，比如 ADHD、自闭症等。针对这些学生的具体问题，在班级、年级、校级各个层面，根据学生的学科学习和日常表现，建立起纵横结合的"矩阵式"特需生个人档案（示例见表 1）。

表 1　一年级特需生档案示例

| 班级<br>学科 | 一1 | | 一2 | | 一3 | | 一4 | | 一5 | | 一6 | | 一7 | | 一8 | |
|---|---|---|---|---|---|---|---|---|---|---|---|---|---|---|---|---|
| | 学习特需 | 行为特需 | 学习特需 | 行为特需 | 学习特需 | 行为特需 | 学习特需 | 行为特需 | 学习特需 | 行为特需 | 学习特需 | 行为特需 | 学习特需 | 行为特需 | 学习特需 | 行为特需 |
| 语文 & 班主任 | 1.XX<br>…… | 1.XX<br>…… | 1.XX<br>…… | 1.XX<br>…… | 1.XX<br>…… | 1.XX<br>…… | 1.XX<br>…… | 1.XX<br>…… | 1.XX<br>…… | 1.XX<br>…… | 1.XX<br>…… | 1.XX<br>…… | 1.XX<br>…… | 1.XX<br>…… | 1.XX<br>…… | 1.XX<br>…… |
| 数学 | | | | | | | | | | | | | | | | |
| 英语 | | | | | | | | | | | | | | | | |
| …… | | | | | | | | | | | | | | | | |

对于班级中的特需生，班主任和任课教师要对每一个人进行充分的了解、讨论，共同采取积极的干预措施，对于有明显效果的可持续行动和观察，同时将较为棘手或无法解决的学生上报为"年级特需生"；在年级层面经过分析讨论乃至干预，仍无法解决的上报为"校级特需生"。最终，形成班级、年级、校级的三级特需生支持体系，针对各个层面特需生的具体问题进行诊断和干预，并对干预效果持续记录、反思，持续充实、完善特需生档案。其中，班级特需生主要由班主任和任课教师直接进行干预或帮助，比如一对一辅导、家校沟通合作等；年级特需生主要由年级主管带领班主任、任课教师以及心理教师共同进行干预和帮助，比如课堂学习指导、专门训练课程等；校级特需生则由校长带领学校主管共同关注、集体讨论，同时借助学校心理教师、校外专家等各方专业人士的力量，共同研究确定干预措施和帮助行动，比如专门训练课程、一对一心理辅导、就诊建议等。

### （四）全员参与、因人而异的教育辅导活动

根据学校"全员参与"的实践原则，促进学生的心理健康是全体教师共同的职责，每一位老师都要以全人发展的视角关注学生心理健康。因此，在正泽，学生心理的健康发展和相关问题的解决从来都不是心理教师一个人的事情，而是需要班主任、任课教师、心理教师、学科主管、学校领导等每一位与学生有关的"重要他人"，从自身的角色出发，群策群力，齐抓共管。班级中很多的学生问题都是由班主任、任课教师、年级主管、学科主管等通力合作、共同解决的；在校务会上，校长带领全校主管讨论最多的就是针对校级特需生的具体举措和实际效果……正是在这样一个又一个学生具体问题的解决与行动中，学校逐步形成了对于学生发展中的问题"人人有责、共同关注"的工作机制和组织氛围。

同时，学校倡导全体教师根据学生不同的问题和个性特点，充分利用校园的多样化空间、设施和资源，灵活采取一对一、多对一、小组活动、团体活动等多种教育辅导方式，如在心理咨询室进行个别辅导，在学科活动室、开放性教室中进行团体活动等。因此，在正泽的校园中，最经常见到的场景并不是一位心理教师在心理咨询室与学生的交流，而是各个学科、专业的老师，根据所发现的问题和学生的特点，选择当时最合适的环境、最合适的方式与学生进行沟通、互动，可能一对一在"大书吧"，也可能是一个班的人一起在屋顶的"正泽百草园"……整个校园内的所有资源都可以整合利用，成为促进学生心理健康发展的助力。

### （五）注重学生身心体验的校园建设

良好的校园环境对于学生内在心灵的健康发展具有潜移默化的影响作用。因此，学校从学生身心的发展需要出发，以"温馨、精致、开放、融合"为理念开展校园建设，注重以美好的环境带给学生美好的身心体验，让校园成为学生的心灵港湾。其中，"温馨"强调环境设计和布置中要以人为本，体现对人的关怀，体现人与人、人与空间、人与物的和谐相处，让人有安全、舒适的体验。比如，青龙桥校区增加了楼宇间的连廊，拓宽了楼梯，让师生可以更加方便地穿梭、走动；一年级校区把四合院中容易碰头的树木枝节包裹起来，让学生活动没有后顾之忧。"精致"是指环境、设施要彰显品质，让人有美好的体验。一年级校区本身就是复原的四合院，还带有一个小花园，在其中学习天然就有一种美的享受，感受到传统建筑文化的熏陶；青龙桥校区整体风格简约、

质朴，校园色调温暖、和谐，各种区域、设施精心设计、维护，让人感受到现代建筑的简约之美。"开放"则是强调校园环境整体呈现一种包容、接待的开放性，能够让人有自由、自在的感受。因此，正泽的校园中有大量的全开放性空间和定时开放的区域，能够让学生自由地在校园中开展各种各样的活动；教室和校园中也往往留出大片区域用于学生展示作品，让学生身处其中更具成就感和自信心。"融合"是指校园环境要让学生有充分参与、体验的空间。它与"开放"紧密相连，开放性环境才能让学生有充分参与的机会。为此，学校提出"三大空间"的理念，把整个校园作为一个开放的"大书吧""大教具""大工作坊"，让学生能够在其中自由地学习、探究，保护和激发他们的自主与自发（见图1）。

图 1　校园环境部分图片

## 三、成果与展望

经过四年多的实践探索，学校初步形成了自身独特的促进学生心理健康的教育体系。其中，"面向全体、重点关注，预防为先"和"全员参与、全学科关注、全资源整合"是学校整体建设的实践原则（见图2）。学校采取的课程融合、课堂建设、特需关注、教育辅导、校园建设等五个方面的举措都是以上实践原则的具体落实过程。从目前的实践效果看，确实从整体上促进了学生的身心健康发展，学生心理健康的整体状态较好。

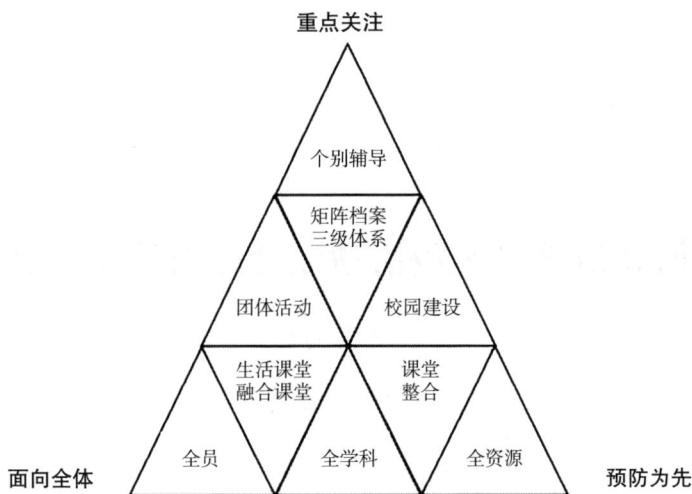

图 2 学校初步形成的促进学生心理健康的教育体系

　　未来，随着学校规模的逐步扩大，我们将进一步扩充专业队伍，建设更具规模的专业心理教师团队，并进一步发掘现有设施的价值，开拓新的心理健康教育方式方法，如充分利用学校屋顶平台上的"正泽百草园"，开展园艺心理的实践探索。同时，结合学校初中部的建设，持续探索促进学生心理健康的实践路径，进一步形成以学生全面发展为目标的九年一贯制的心理健康教育体系。

# 如何利用语文实践活动促进课内外阅读联系

刘思雨

## 一、主题背景

  语文学科蕴含的丰富的人文内涵对学生精神世界的影响是广泛而深刻的。因此，全面提高学生的语文素养对于学生的发展具有重要的促进作用。对此，《义务教育语文课程标准（2022 年版）》（以下简称《语文课程标准》）提出了"积极倡导自主、合作、探究的学习方式"的基本理念。开放的语文课堂强调教学不限于教室、校园和单一的教材，而是与生活相通，存在于广阔的生活空间、阅读空间中。语文教学是母语教学，有取之不尽的教育资源，有得天独厚的语文环境，所以要努力构建课内外联系的语文教育体系和语文阅读习惯，把学生引向阅读的世界，引导他们在生活中感受"无处不语文"的氛围。

  随着全民阅读活动的推广，无论是社会环境还是语文改革，都给予阅读以肥沃的土壤。《语文课程标准》在阐述"全面提高学生的语文素养"这一基本理念时强调："语文课程应激发和培养学生热爱祖国语文的思想感情，引导学生丰富语言积累，培养语感，发展思维，初步掌握学习语文的基本方法，养成良好的学习习惯，具有适应实际生活需要的识字写字能力、阅读能力、写作能力、口语交际能力，正确运用祖国语言文字。"语文学习的基本特性是实践性，语文教学的基本目标是实践能力，语文学习的基本途径是语文实践。语文教学具有的这些实践性特点，决定了语文教学离不开以学生为主体的实践活动。因此，根据知识多样性的观点，我们希望通过开展语文实践活动，将课堂知识学习与社会体验结合起来，使学生学习渠道多样化，为学生搭建展现自我的舞台，从而使学生在实践活动中体验到学习语文的各种乐趣，更好地发展自己的个性和创造性。

## 二、情况描述

（1）本班学生在学习三年级神话主题的单元时就开展过中西神话人物异同点这样的阅读沙龙活动。此活动得到了学生们的广泛喜爱。

（2）阅读是正泽学校语文教学特色，学生们有较为良好的阅读习惯，并且喜爱阅读、乐于阅读。

（3）正泽学校五年级正在使用新教材（部编版），这册教材采用以主题为单元的编排方式，每个单元都有一个围绕主题的语文学科素养练习。新版教材为教师和学生提供了更多创造和实践的空间。针对目前学生语文学习的现状，笔者决定利用教材的开放性和创新性，以开展语文实践活动作为改变学生学习方式的突破口，将课堂阅读学习与课外阅读相结合，使学生通过参与语文实践活动更好地体验到学习语文的乐趣。

## 三、问题探究

### （一）通过课内阅读，学生品味到了散文之美

五年级上册语文教材第一单元的主题是"一花一鸟总关情"。在单元学习之前，笔者和学生们就共同阅读并分析了整个单元的课文特点。笔者先提示学生，这一单元是以散文为主的单元，《白鹭》《落花生》《桂花雨》《珍珠鸟》均为散文，文人墨客在这些散文作品中寄情于物，阅读起来香气沁人。还要在学习每一课时都要注意课文的选材及它是如何表现文章主题的，同时可以注意搜集自己在课外阅读到的散文。在讲解课文时，我们共同品味了这几篇散文的独特韵味。在学习《白鹭》时，笔者引导学生借助关键词——体型优美等，来体会文章所表达的对白鹭的喜爱之情；在学习《桂花雨》这一课时，我们通过作者笔下对家乡桂花、桂花糕、妈妈做糕等场景的想象画面体会词句段所表达的意思、传递的思乡之情。

文字传递着作者对大千世界的态度。郭沫若先生借体态优美的白鹭抒发自己对品格高洁之姿的赞美；许地山先生借《落花生》告诉读者"人不可貌相，

海水不可斗量"的道理;《桂花雨》则是借桂花抒发思乡念母之情;冯骥才先生用《珍珠鸟》传递着信任的美好!那么读这些就够了吗?学生们的散文大门已经打开,在其他作者的散文中还有哪些情呢?于是笔者引导大家以课本为依托,先走进我们这学期的同步阅读《水墨菱塘》找寻答案。

**(二)通过同步阅读文库和课外阅读,学生体验到了扩展阅读之乐**

在学习课本中的文章时,笔者倡导学生同步阅读《水墨菱塘》里的散文篇章,给阅读的大门打开更大的空间。这之后,笔者又引导学生在更广阔的生活中去寻找更多的散文。这样学生们又阅读了《写给儿童的散文》《宗璞散文选》《汪曾祺散文选》等等。此时此刻笔者意识到,光自己读散文是不够的,阅读需要交流,且经过思考后的交流会带来智慧的火花,就这样笔者决定开展以下系列阅读课。

1. 阅读推介课

阅读推介课上,笔者先请学生们充分交流自己所读的散文题目以及大致内容,然后在黑板上做一个简单的梳理。通过梳理我们发现,我们阅读的散文可以大致分为:抒情类散文、叙事类散文、议论类散文、写景状物类散文。在这个基础上,学生对于散文的种类有了更深的了解,对于把握作者想要表达的情感也更准确、清晰了。这之后,笔者又请学生一个一个在全班学生面前推荐、介绍自己所读的散文。有的学生介绍的是整本书,有的学生则介绍的是某个作家写的一篇文章。这样在课本、同步文库的依托下,学生又接触到了更加广阔的阅读空间,仿佛把一间屋子的所有窗户都打开了一般,清新的空气源源不断进入,大家的交流如同浪花翻腾。

2. 指导一篇散文阅读日志

阅读日志一直是正泽学校的传统。所谓"不动笔墨不读书",在阅读的时候边读边总结是我们一直提倡的阅读方法。进入散文单元后,我们学习了课内的四篇短文,又阅读了《水墨菱塘》和课外散文集。学生们在这个过程中,边读边交流、边读边思考、边读边记录、边读边积累。于是,笔者引导每个学生利用周末时间完成了一份散文阅读日志。在这个过程中,学生首先要打开散文阅读的大门,广读、多读才能在众多散文中挑选自己喜爱的一篇。

学生们通过阅读日志在作者介绍、主要内容、带有新鲜感的好词,打动人心的语句几个方面做归纳总结,旨在读有所得、学有所得。

3. 阅读交流沙龙

语文阅读如果只停留在自身读了多少、学了多少，那一定是远远不够的，还要通过交流激起更加浓厚的阅读兴趣。毕竟众人拾柴火焰高，这样才能把全班学生的阅读积极性都调动起来。并且《语文课程标准》也强调："对于阅读的内容和表达有自己的心得，能提出自己的看法，并能运用合作的方式，共同探讨、分析、解决疑难问题。"在这样的背景下，展开一次班级的散文阅读沙龙应运而生。在这次沙龙中，学生以小组为单位，带着自己心爱的散文书和散文阅读日志进行广泛交流。我们的沙龙活动分为以下几个环节：

（1）组内学生分别介绍自己读的散文（作家、写作年代、写作背景）。

（2）小组内每位学生将自己最喜欢的散文读给其他学生听。如果篇幅不长，也可以读全篇；如果篇幅过长，可以读一读自己最喜爱的片段。

（3）小组成员都介绍和朗读完毕之后，组内其他成员再交流听后感受。

（4）各小组根据组内共享的文章凭自己意愿可以自由交换书进行阅读。

（5）在小组内全面交流之后，推选出各小组推荐的散文阅读书目或者篇章，进而整理成班级散文阅读书单。

阅读书单如下：

| 书目： | 作者： |
| --- | --- |
| 《人间草木》 | 汪曾祺 |
| 《朱自清散文》 | 朱自清 |
| 《中国当代散文经典》 | 王宗仁 |
| 《中国现代散文精选》 | 周　明 |
| 《宗璞散文精选》 | 宗　璞 |
| 《叶圣陶读本》 | 叶圣陶 |
| 《给孩子的散文》 | 高尔泰 |
| 《精美散文》 | 朱自清等 |
| 《冰心散文集》 | 冰　心 |
| 《桑榆寄情》 | 郑　棣 |
| 《若爱世界都可爱》 | 丰子恺 |
| 《帽子的秘密》 | 柯　岩 |
| 《回到童年》 | 林　良 |

4. "小朗读者"——走进我心中的散文天地

针对学生们的散文阅读基础，笔者在年级中倡导开展"小朗读者"的活动，即以小组合作的形式朗诵散文篇目。

学生们根据自己的喜好选定散文篇目，志趣相投的学生可以自由组合。经过小组间的筛选组合，以及各种学科内容的融合，在汇报交流时，学生们有的通过配乐朗诵为大家传递散文之美；有的介绍了著名的散文家；有的用图片配文字传递散文优美的意境……一组组精彩的展示让大家大开眼界，兴趣盎然。此时，大家感受到的是语文带来的享受，因为学生们在搜集材料的过程中了解了作者、散文内容、不同篇目等，在展示的过程中大家还学会了欣赏色彩、图片、音乐等。

这次语文实践活动还涉及了历史、音乐、美术等多个学科，活动形式得到了丰富，内容得到了延伸，为学生阅读提供了一个更广阔的空间。"小朗读者——走进我心中的散文天地"使学生们从不同的角度了解了不同的作品，他们的学习和交流方式也异彩纷呈。至此，我们教材中的这一单元主题得到了较好的深化。

**（三）通过参与语文实践活动，学生体验到了思想升华之乐**

我们的语文实践活动其实就是对单元主题的另一种探究，而这种探究又体现了个人、社会、自然的内在整合，体现了科学、艺术、道德的内在整合。"情感、态度和价值观"的基本要义就是以学生的发展为本，培养学生正确的学习态度、高尚的道德情操和健康的审美情趣，从而使学生形成正确的价值观和积极的人生态度。在语文实践活动中，思想教育不再仅仅来自教师的单向说教，而演变为一种探究交流中的心灵震撼。

**（四）通过参与语文实践活动，学生体验到了探究创新之乐**

语文实践活动的开展，培养了学生主动获取知识的能力和探究意识，学生们的思维得到锻炼，创新能力得到增强，体验到了不同于往常的探究创新之乐。

当然，要让学生在语文实践活动中真正体验到群体合作之乐、学科融合之乐、思想升华之乐、探究创新之乐以及其他实践之乐，还要凸显学生的主体性，让学生自主地经历学习、实践的过程，而教师必须善于营造民主、平等、和谐的活动氛围，让学生敢于参与、乐于参与。教师作为学生"自主、合作、探究"性学习实践活动的组织者和引导者，应以真诚的语言、亲切的语调、鼓励的言辞、温和的表情、友善的微笑、期待的目光、宽容的态度来激发起学生不断参与、创新的欲望和需要，使他们真正体验到学习语文的无穷乐趣。

## 四、结语

语文实践活动的开展，使学生学习语文的环境扩大化、学习语文的时间柔软化。学生参与语文实践活动后，学习语文和阅读的主动性和能动性得到迅速提高，尤其是参与语文实践活动的热情大幅度提高。此次活动，也得到了学生和家长的广泛好评。有的学生说："感觉自己突然读了好多的散文。"有的学生说："一下子认识了很多的散文名家。"同时，实践活动也反映出学生的合作能力、社交能力、对问题的认识水平和创新意识都有了不同程度的提高。学生能通过调查报告、倡议书、图片说明等方式呈现自己实践活动的过程和感悟，在生活中运用语文的能力也在潜移默化地提高。

但参与语文实践活动要耗费一定的时间，这在课时日益减少的现状下也是很明显的问题。如何能使语文实践活动既省时，又高效，将是笔者下一步继续深入研究的课题。

# "双减"背景下一年级新生"数与运算"学前经验的调查报告 [①]

施银燕

## 一、调查缘由

认知心理学家奥苏贝尔曾说，"假如让我把全部教育心理学仅仅归结为一条原理的话，那么，我将一言以蔽之曰：影响学习的唯一最重要的因素，就是学习者已经知道了什么。要探明这一点，并应据此进行教学"。"双减"政策要求在充分尊重儿童身心发展规律、成长规律的基础上，做好幼小衔接，切实为儿童减负。在这一背景下，对学生进入学校或课堂之前的学情进行调研，了解每一个儿童的真实基础、困难，有助于学校及教师更有针对性地开展教学活动。

在一年级数学课堂教学中，无论是教材内容还是实际教学时长，数与运算都占据了最重要的位置。其中，20 以内加减法又称为基本加减运算，是所有运算不可或缺的基础，也历来是数学教师关注的重中之重。因此，我们这次的调查内容为基本加减运算的相关经验。

① 参与本项调查研究的有：崔蕾、赵铂楠、赵伟然、张雨薇、宋怡人、于晓洁、苏里、肖雪、李玉宏、蔺慧赢、高祎、张成凯、白若翔、施银燕。调查设计、分析和执笔：施银燕。本文获 2022 年北京市基础教育科学研究优秀论文一等奖，发表于《小学数学教师》2021 年第 9 期。

# 二、调查方法

已有的针对学生运算方面的调查研究，大部分都采用了纸笔测验的形式，或以纸笔测验为主，辅之以个别访谈。

考虑到一年级刚入学儿童的特点，一方面他们的阅读和书面表达能力均十分有限，纸笔测验只能聚焦于计算的结果，即计算正确率和速度，很难展示学生的思考过程，看不出学生所使用的方法和策略，调研结果中呈现的信息有限，就很难给出行之有效的建议；另一方面他们所看、所思和所写未必完全一致，很多错误并非认识或理解所致，很可能只是无意中看错或写错，纸笔测试很难分辨是哪种原因。此外，纸笔测验也可能会给刚入学的儿童带来不必要的压力。因此，本次调查，我们采取了全校数学老师参与的、面向所有一年级新生的、一对一的、游戏化的结构性访谈方式。

## （一）调查对象

正泽学校 2022 年秋季入学的所有一年级儿童。首先由访谈设计者和两位核心老师选择一个班级 30 名学生进行预访谈，根据访谈情况修改访谈问题，总结访谈注意事项。再由全校数学老师共同参与，对其余 6 个班级 173 名学生进行正式访谈。因为正式访谈时问题、选项设置等有所调整，为了数据处理的一致性，本文采用的是正式访谈的结果（未包含预访谈结果）。

## （二）调查内容

对于运算而言，无论是哪个层次的哪种运算，都需要考虑以下三个要素：运算的对象，即"算谁"，对运算对象的认识是运算能否正确实施的前提；运算的规则与运算规律，即"怎么算"，对运算规则与运算规律的掌握决定了学生能否正确、高效地进行运算；运算的应用，即"怎么用"，运算的应用既能让学生感受运算的价值，反过来也能促进学生对运算意义的理解。我们的访谈便围绕这三个要素展开。

1. 考查学生对运算对象（自然数）的认识

（1）"唱数"能力，即按正确的数词顺序逐一报数的能力，包含向后数和向前数。每一类都根据数数的范围区分为五种水平。如向后数的层次依次为：

水平 0：不能正确唱数 1 到 20；

水平 1：能从 1 开始往后数到 20；

水平2：能从20以内的任意数开始往后数；

水平3：能从100以内的任意数开始往后数；

水平4：能从100以上的数开始往后数。

（2）"点数"能力，即数和实物的对应。因为点数所需的时间取决于数量的多少，所以我们把一一点数的数量范围限于20以内，按群计数的数量范围限于30以内。分为以下四个层次：

水平0：不能把数和物体一一对应；

水平1：能把数和物体一一对应；

水平2：能在一一点数的基础上确定总数；

水平3：能按群计数，如根据所给结构化的材料，能两个两个、五个五个地计数。

（3）10以内的"数觉"。即对于结构化呈现的10以内的数量，是否能做到无须一一点数，就能快速识别。分为下面四个层次：

水平0：全部依赖一一点数；

水平1：5以内的数量能快速识别；

水平2：5以内能快速识别，6—10中部分能快速识别；

水平3：10以内所有数量都能快速识别。

2.考查学生对加减运算方法策略的使用与表达

（1）考查的题目

因为我们主要考查学生的计算方法和策略，并不是计算技能的熟练程度，所以，和以往的调研往往要学生算十道题不同的是，我们仅精选了四道典型的计算题："4+3""9-6""3+8""13-4"，分别代表10以内的加法、10以内的减法（且减数比差大）、20以内进位加法（且第一个加数比第二个小）、20以内退位减法（且减数比差小）。

（2）水平划分

考查学生能否正确计算出结果，分为正确和错误两种水平；考查学生能否快速地算出结果（参考课程标准对加减基本计算的每分8—10题的要求，7秒内算出即为快速），分为是否快速两种水平。

（3）考查学生使用的计算方法和策略

例如，"4+3"的策略有：摆实物或掰手指后再一一点数；在"4"的基础上往后数3个；利用算式之间的关系推理，如"因为3+3=6，4比3多1，所以 4+3 比 3+3 多 1，结果是 7"；说不出策略。因为在教师看来，对一年级学生而言，能清晰地表达自己的策略是最重要的，所以我们只区分了能否表达策略，并对具体策略作了记录，未对策略作水平划分。

3. 考查学生对加减运算在实际情境中运用的理解

给学生出示加、减法算式各一道，让学生根据算式讲故事。考查学生能否独立、正确、多类型、多情境地讲出故事。

需要指出的是，关于本项考查，计划根据学生所编故事的类型数量、情境的丰富程度以及故事是否独立编出等几个维度来记录。如"4+3"，就类型数量这一维度来说，我们需要考查学生是只能编出一种类型还是多种类型，具体可以有以下这些类型：

带有操作的"加入"：我有 4 辆小汽车，妈妈又给我买来 3 辆，我现在有几辆？

带有操作的"拿走"：弟弟从我的小汽车里拿走了 4 辆，我只剩下 3 辆。我原来有几辆？

不带操作的"部总"：我有 4 辆小汽车、3 辆大卡车，我一共有几辆车？

不带操作的"比较"：我有 4 辆小汽车，弟弟比我多 3 辆，弟弟有几辆？

就情境的丰富程度这一维度来说，我们需要考查学生能否从生活、童话、百科等多个方面，或者即便仅是生活，也能从衣食住行等不同角度编出故事，还是只能用单一情境来编故事。

至于独立维度则比较好理解，即考查故事是学生自己编的，还是在教师引导下续编的。

但是，在我们对一个班进行预调研时，发现整体情况不够理想。学生普遍不明白讲故事的要求，在老师的引导下，编出的依然是并不生活化的故事。如教师提示："我原来有 4 辆小汽车，后来——"学生往往续编为"加了 3 辆，等于 7 辆"。即使教师举出一个完整的例子，学生也很难举一反三，情境的丰富性完全无从谈起，更别说各种不同的类型了。预调研时在该问题上所花时间太多，且问不出所以然，学生的注意时间又有限，出于这些现实的考虑，我们在正式访谈时，把第三类问题删除了。

**（三）调查原则**

1. 水平从高到低原则

对于每一类问题，均从水平最高的开始测查。如果顺利通过，那么比之低水平的问题均可以不用再测。例如，在考查点数能力时，可提供一堆由五块五块拼接在一起的有结构的小方块。如果学生能五个五个地按群计数，并准确说出小方块的个数，那么记为最高水平 3，本问题测查完毕。如果学生无视小方块的结构而逐一点数，那么可再根据结果是否正确，确定水平层次。

### 2. 启发性原则

一年级学生表达能力有限，要想了解他们的真实所想，访谈过程中需要根据学生的实际表现进行耐心启发和引导。例如，询问"4+3"的策略时，学生如果很长时间算不出数或算错却没有能力纠错，老师可以提示："伸出手指算算看"或者"用桌上的小方块摆一摆"。学生如果算出"7"，但说不出策略时，教师可以这样引导："你算得真棒！但是有的小朋友不会，你能当小老师给他讲讲吗？"总之，要尽可能让学生展现自己的想法和水平。

### 3. 容错原则

因为低幼儿童的年龄特点，他们在表达时可能会有很多非理解导致的错误，我们需要排除在外。凡是学生说错的，教师都给予其第二次机会，以确认学生真实的想法。例如，学生在往前唱数时，"252、251、249……"，教师会追问，"251 往前数是——"如果学生第二次答对，那么仍然记为水平 4。

容错原则的另一层意思是，对于一年级新入学学生，零起点是完全可以接受的。对于他们出现的任何问题或错误，首先是引导学生自己发现并纠正，若学生自己没有能力判断，那么访谈时教师不予纠正，且同样给予肯定的评价。例如，在考察往后唱数的能力时，如果学生这样数"68、69、100"或"68、69、60"，老师再次询问，学生还是数不对后，那么在即将降低一级水平考察时的引导语可以是这样的："你数得真棒！我们再来数数，6、7、8，你能往后数吗？"

### （四）调查准备

#### 1. 操作材料

用来作为唱数的起始数的数字卡片，包括"16"（向后或向前数到十位进位或退位），"65"（向后或向前数到十位进位或退位），"257"（向后或向前数到十位进位或退位），"297"（向后数到百位进位），"203"（向前数到百位退位）；用来点数或辅助学生计算的小方块，包括散放的，以及两个两个、五个五个拼插在一起的；用来快速识别的圆点卡片（如 3×3，2×5-1 的方式呈现的圆点图案，见图 1）；四张算式卡片。

图 1　让学生快速识别圆点个数的卡片

2. 电子设备

访谈教师每人一个手机，用于录入数据；一个平板电脑，用于全程摄像。

## （五）调查方式

（1）利用应用软件"问卷星"，把详细的访谈问题，包括每个问题前的引导语都编入问卷，增强访谈的可操作性。访谈教师根据学生的回答，直接在手机上录入。平板电脑全程摄像。（见图 2）

（2）为使每位老师都能掌握访谈和填写问卷的方法，预访谈和正式访谈时，均先由问卷设计者示范，其他老师观摩后再各自进行访谈。

图 2　教师访谈时的场景

# 三、调查结果

## （一）唱数能力

1. 往后数的能力（见表 1）

表 1　往后数的能力测评结果

| 水平类型 | 水平描述 | 人数 | 百分比（%） |
|---|---|---|---|
| 水平 0 | 不能正确唱数 1 到 20 | 0 | 0 |
| 水平 1 | 能从 1 开始往后数到 20 | 1 | 0.58 |
| 水平 2 | 能从 20 以内的任意数开始往后数，到十位进位为止 | 6 | 3.47 |
| 水平 3 | 能从 100 以内的任意数开始往后数，数到十位进位为止 | 61 | 35.26 |
| 水平 4 | 能从 100 以上的任意数开始往后数，既能数到十位进位，也能数到百位进位 | 105 | 60.69 |
| 总计 | | 173 | 100 |

## 2. 往前数的能力（见表 2）

表 2　往前数的能力测评结果

| 水平类型 | 水平描述 | 人数 | 百分比（%） |
|---|---|---|---|
| 水平 0 | 不能正确从 10 往前数到 1 | 0 | 0 |
| 水平 1 | 能从 10 往前数到 1 | 1 | 0.58 |
| 水平 2 | 能从 20 以内任意数开始往前数到 1 | 26 | 15.03 |
| 水平 3 | 能从 100 以内的任意数开始往前数，数到十位退位为止 | 60 | 34.68 |
| 水平 4 | 能从 100 以上的任意数开始往前数，既能数到十位退位，也能数到百位退位 | 86 | 49.71 |
| 总计 | | 173 | 100 |

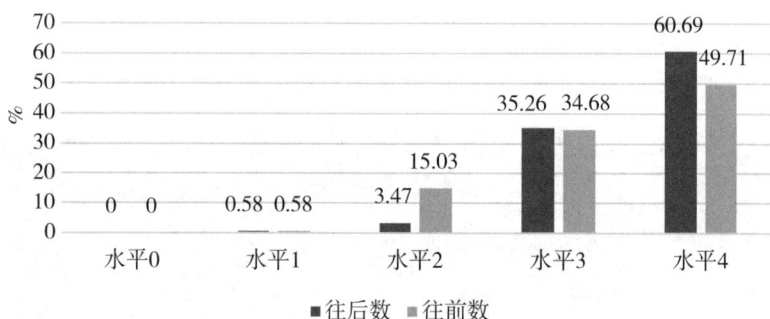

图 3　学生唱数水平统计图

通常，我们对学龄前儿童的唱数范围的预期为 100 以内。从表 1、表 2、图 3 中可以看出，超过 80% 的学生能自如地从 100 以内任意数开始往后数或往前数（达到水平 3 或 4），几乎一半的学生自如唱数的范围能扩大到 100 以上（达到水平 4）。在 173 人中，除一位学生以外，其他同学都能做到 20 以内自如地数数。相对来说，往前数的表现水平略低于往后数，以达到水平 3 或以上为标准，往后数比往前数约高出 10 个百分点。对于没有达到水平 3 或以上的学生，其错误主要集中于"拐弯"处。即向后数的主要问题在于个位满十时不知向哪一位进一，或者不知进几，如"259，300"或"69，80"；而向前数时，最主要的错误则发生在退位之前，数到几十一之后，直接跳过整十的数或者十位、个位都减一，如"61，59"或"61，50，59"。我们认为，这可能是因为学生没有"0"的概念。他们心目中最小的数字是"1"，最大的是"9"，所以"61"后接着就是"59"；也可能或把"十"当成比"9"更大的数字，因此，对数词"五十"的理解便是十位为"5"，个位是"十"，这样这个数就在"61"

和"59"之间。

## （二）点数能力（见表3）

表3　点数能力测评结果

| 水平类型 | 水平描述 | 人数 | 百分比（%） |
|---|---|---|---|
| 水平0 | 不能把数和物体——对应 | 0 | 0 |
| 水平1 | 能把数和物体——对应 | 0 | 0 |
| 水平2 | 能逐一点数，并确定总数 | 46 | 26.59 |
| 水平3 | 能按群计数，并确定总数 | 127 | 73.41 |
| 总计 | | 173 | 100 |

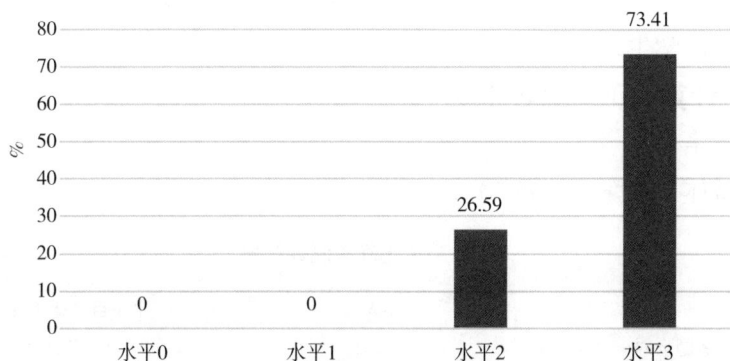

图4　点数水平统计图

从上面图表可知，学生都能理解自然数的基数意义，100%的学生能够通过一一点数的方法确定20以内的数量，超过70%的学生还能灵活地按群计数。

## （三）10以内的"数觉"（见表4）

表4　10以内"数觉"测评结果

| 水平类型 | 水平描述 | 人数 | 百分比 |
|---|---|---|---|
| 水平0 | 全部依赖——点数 | 4 | 2.31% |
| 水平1 | 仅有5以内的数量能快速识别 | 12 | 6.94% |
| 水平2 | 5以内能快速识别，6—10中部分能快速识别 | 47 | 27.17% |
| 水平3 | 10以内所有数量都能快速识别 | 110 | 63.58% |
| | 总计 | 173 | 100% |

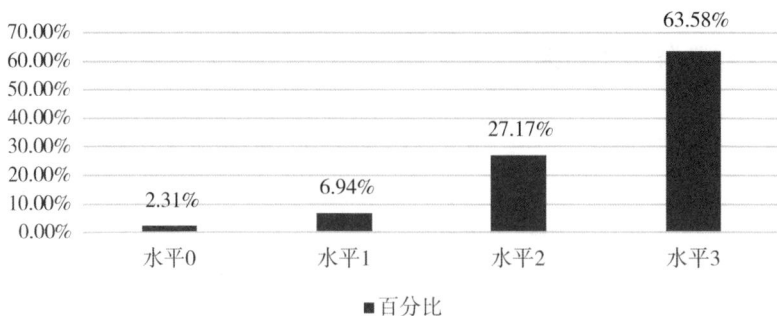

图 5　10 以内"数觉"统计图

上述数据显示，绝大部分学生（约 98%）对 5 以内数量的快速识别没有障碍，而当数量扩大到 10 以内，这个比例则急速降低，能快速识别各种结构的 10 以内数量的学生约为 60%。

## （四）计算的正确率与速度

### 1. 正确率

（1）整体正确率（见表 5）

表 5　整体正确率测评结果

|  | 人数 | 百分比（%） |
|---|---|---|
| 四道题全对 | 128 | 73.99 |
| 有错，提醒后对了 | 26 | 15.03 |
| 提示后仍然错或有不会算的 | 19 | 10.98 |
| 总计 | 173 | 100 |

（2）四道计算题的正确率（见表 6）

表 6　四道计算题正确率测评结果

| 题目 | 正确人数 | 百分比（%） |
|---|---|---|
| 4+3 | 172 | 99.42 |
| 9-6 | 160 | 92.49 |
| 3+8 | 167 | 96.53 |
| 13-4 | 164 | 94.80 |

2. 速度

（1）整体速度（见表 7）

表 7　整体速度测评结果

| | 人数 | 百分比（%） |
|---|---|---|
| 都很快（以 7 秒算完为标准） | 112 | 64.74 |
| 部分快，部分慢 | 51 | 29.48 |
| 都很慢 | 10 | 5.78 |
| 总计 | 173 | 100 |

（2）四道计算题的速度（见表 8）

表 8　四道计算题的速度测评结果

| 题目 | 算得快的人数 | 百分比（%） |
|---|---|---|
| 4+3 | 169 | 97.69 |
| 9-6 | 136 | 78.61 |
| 3+8 | 162 | 93.64 |
| 13-4 | 150 | 86.71 |

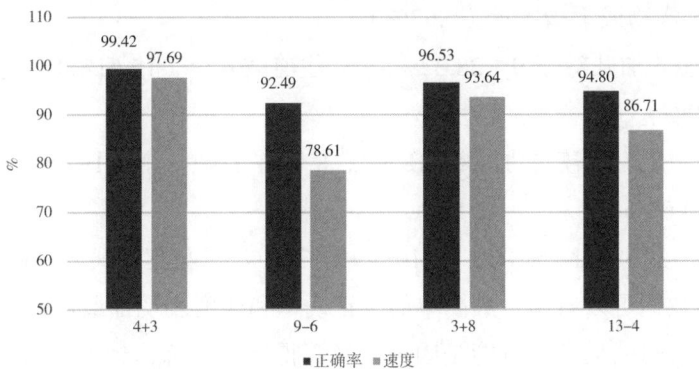

图 6　四道计算题的正确率与速度统计图

　　仅就上述图表数据看，总体正确率相当高，速度也较快。还未进入一年级正式学习阶段，就有将近 90% 的学生最终能全做对，甚至超过 60% 学生的速度已达到课标规定的要求。但是，考虑到出错后会有提示，且鼓励用圆点图片、小方块实物等辅助，不限时间也不限策略，依然有 10% 的学生不会算或发现不了错误，这个问题还是不容忽视的。

对比四道题的表现看，整体加法的正确率和速度都高于减法。就加法而言，不进位加的正确率和速度都高于进位加法。就减法而言，"9-6"的正确率还略低于"13-4"的正确率，速度上差异更大。减法的难度似乎并不在于是否退位，而是取决于减数的大小。

## （五）计算的策略

计算策略相对比较复杂，如前所述，本次访谈虽然已经尽力让学生表达，如果学生表达不清，教师再通过观察学生的点头、手指的细微动作或出声思维等去判断学生的计算策略，但依然有一些学生的策略处于不被察觉的状态。

1. 四道题看不出计算策略的

表9　四道题看不出计算策略的情况

| 题目 | 看不出策略的人数 | 百分比（%） |
|---|---|---|
| 4+3 | 44 | 25.43 |
| 9-6 | 32 | 18.50 |
| 3+8 | 24 | 18.87 |
| 13-4 | 29 | 16.76 |

2. 每一道计算题占据前三的计算策略

4+3：与其他算式（如3+3，4+2）关联（26.01%）；4个往后数3个（24.28%）；实物或手指展示（8.67%）。

9-6：想6加几等于9（28.32%）；9往前数6个（15.61%）；与其他算式联系（13.29%）。

3+8：（8+2）+1凑十加（53.18%）；8个往后数3个（19.65%）；与其他式子联系（4.05%）。

13-4：（13-3）-1（52.02%）；10-4+3（7.51%）；与其他式子联系（5.20%）。

从上面数据可以看出，最简单的、正确率和速度表现都最佳的"4+3"，反而说不出其策略的最多。可能是因为已经算得特别熟练，到了自动化阶段，完全忘了怎么算，也有可能因为相对来说数比较简单，家长并没有重视教学生丰富的策略，计算技能仅是通过反复训练获得。

所有策略中，进位加法中的"凑十法"和退位减法中的"先减到十"（即所谓的"平十法"）是使用最多的策略，都超过了50%。说明这是学生容易掌握的策略，也有可能是家长对进位加、退位减更为重视的缘故。计算"3+8"，最多的学生是"给8凑十"或"8往上数3个"，而不是机械地从第一个加数加起，说明学生有着对加法交换律朴素的认识，并能灵活应用。计算减法，想加算减的策略使用不多。从学生普遍选择的策略来看，学生对减法的认识还停留在"去掉""拿走"，不能根据部分和整体的关系建立加减法之间的联系。因此，计算减法的主要方法就是从被减数里逐一往前数，显然，减数越大，往前数得越多，难度就越大。这也解释了计算 10 以内减法 "9-6" 的正确率和速度反而不如 20 以内退位减 "13-4"。

### （六）补充：对部分家长的追踪访谈情况

访谈结束后，我们对表现最弱的九个学生的家长进行了追踪电话访谈。十分意外的是，其中七位都表示"口算在家天天练"，甚至花了大量的时间，或者说"可能最近一周练得少，又退步了"。练习的方式几乎都是利用现成的口算练习题，让学生写得数。据此，我们或许不能直接把计算能力弱归因为这种机械的训练（可能也有学生本来数学方面的天赋所致），但是至少可以说明，仅仅依赖这样机械的训练，对计算技能的培养是毫无效果的。

## 四、结论与建议

### （一）结论

（1）总体来说，一年级新入学儿童的数数能力，无论是唱数还是点数均高于预期。相对来说，往前数的难度要大于往后数。学生对数"0""10"的认识有些不足。部分学生对 10 以内的数量还没有形成"数觉"，始终依赖一一点数确定总数，访谈老师努力推动（如有意呈现关联的圆点卡）也不起作用。

（2）学生抽象的加减基本计算能力普遍较好，表现在所有的算式学生都能读能认，并且有着较高的正确率和速度。但是有少部分学生对加减运算的理解、对基本加减计算的策略使用上还存在不少问题。甚至在遇到问题和困难时，都不会求助于图形或实物，也不能通过图形或实物来帮助检验。我们在访谈时还发现，有些学生耻于掰手指。他们会很骄傲于"我都不用掰手指就能在心里算"，即使不会算的也不掰。有的在老师提示下掰手指，依然使用十分抽象的方式（不是一个手指对着"1"表示，而是用另外的方式表示，如勾起食指表示"9"），这种抽象表示实际无助于起始阶段学生对数和运算的认识。

（3）学生对加法意义、加法交换律等都有较好的理解，加法策略的使用比较有效灵活。对减法运算意义的理解比较单一，不能认识到加减法之间的联系，导致减法计算缺少有效策略。

（4）根据算式讲故事的调研本次未能完成，可以看出学生把加减运算联系实际生活的能力较弱，可能和家长过于关注计算的技能、忽视联系实际去理解、忽视在生活中去应用有关。

## （二）建议

（1）教师在教学"数的认识"时，要关注数与实物的对应，尤其是 10 以内有结构数量的快速识别。这些形象能很好地辅助学生对加减基本计算的理解和策略使用。另外，要加强对难点的突破，如数"0"和"10"的认识。

（2）根据调查结果，学生对减法的认识、减法的计算技能、减法的计算策略要弱于加法，这可能和学生自然状态下减法的经验要远远低于加法所致。因此，教学时教师要有意识地把更多时间放在减法上，同时加强加减法之间的联系。

（3）教学加减基本运算时，要注意依赖直观，联系实物操作、实物观察，从动作思维到形象思维再到抽象思维，是必须经历的过程。这个过程欲速则不达。积累多了，学生自然会摆脱对动作、形象的依赖。此外，在教学加减基本计算时，要加强计算策略的讨论，学生拥有丰富的策略才能灵活运用并广泛迁移。教师可以不必拘泥于教材根据数的大小把加减计算分成过细的类型，可以按照策略类型进行整合。

（4）教学加减基本计算时，教师要用数学的眼光观察学生生活的世界，联系实际，在真实、丰富的情境中进一步理解加减运算的意义。

（5）对于基本运算能力弱的学生，教师在加强个别辅导的同时，要全面了解其家庭的教育辅导方式，在此基础上作出诊断，给予家长专业的支持和干预。

# 于"线上教学"之境，育"数学文化"之心，铸"创新教育"之魂

崔　蕾

## 一、问题的提出

2020 年注定是不平凡的一年。新冠肺炎疫情防控期间，学生从在校学习变成居家自主学习，无论是教学方式还是教学内容都需要进行重新思考，教师需要结合居家学习特点进行教学设计，培养学生的数学素养和综合能力。的确，不管怎样看待这令人难忘的"线上学期"，最核心的问题还是要反思我们在线上教学的过程中，是否高效务实地解决了"怎么教"与"怎么学"的核心问题。

数学是一门学科，也是一门科学，更是一种文化。《普通高中数学课程标准（2017 年版 2020 年修订）》指出："数学文化是指数学的思想、精神、语言、方法、观点，以及它们的形成和发展；还包括数学在人类生活、科学技术、社会发展中的贡献和意义，以及与数学相关的人文活动。"

结合"现象学习"的原则，笔者认为，数学教学需要让学生感受真实世界的真实现象，同时还要以学生为中心，整合不同学科的元素之后让学生对学习进行深度和整体化的理解。因此，融入数学文化开展的线上教学，要基于学情实际，深研内容设计，重建教学结构，把终极目标定位在线上教学模式下学生爱国情怀的厚植、数学素养的提升和创新精神的培育上。

## 二、数学文化的内涵

具有鲜明文化特质的数学教学内容究竟有哪些呢？笔者认为，应该涵盖以下几个维度：

数学之源（知识、规律、原理、公式等起源）；

数学之品（思维方式、思想方法、态度品质、人文精神等）；

数学之用（应用、关联等）；

数学之奇（精巧的问题、神奇的规律、深邃的哲理等）；

数学之美（图形美、数字美、问题美、定理美等）；

数学之谜（数学游戏、谜题等）……

特别是在疫情防控期间，彰显数学文化价值、充满育人力量的线上教学设计也就成了深化数学课程改革的突破点和着力点。

## 三、线上教学渗透"数学文化"的内容设计

在以往的课堂教学中，教师讲解是不可或缺的一部分。在学生居家学习期间，教师直接讲解的内容有所消减，大量的视频课程、在线授课对于孩子们的视力以及注意力集中都是不适宜的。而现象教学正是强调教师要以学生为中心，学生可以自己引领整个学习过程，同时要对自己的学习负责，对学习内容有选择权并且能参与到整个计划和评估过程中。延学期间，学生在家有大量的时间和空间可以进行操作、记录、体会，线上教学模式的探索也正是对现象教学的实践与检验，其中具有实践性、研究性、主题性的内容在这种个性化的自主学习中具有不小的优势。

在渗透"数学文化"的线上课程设计中，重点可以让学生对生活中感兴趣的数据进行测量和记录，这样数学核心素养中的"数学抽象"和"数据分析"能力就能得以培养。在培养数学能力的同时，学生也在不断地感知自己与社会生活的联系，比如：测量心跳频率——关注自己；记录一周支出——关注家庭；分析温度变化——关注环境；分析疫情人数变化——关注国家与社会……通过不同的内容设计，与不同学科相融合，培养学生核心素养的同时，提高其综合能力与德行品质，让学生的眼光不再局限于课本和课堂，这不正是"停课

不停学"的意义和价值吗?

课程内容具体设计如下:

**(一)数学小探究**

目标:以培养统计意识为目标,进行德育、体育、科学等多学科融合,充分体验收集数据、整理数据、表示数据、分析数据的完整过程,增加数学活动经验。

内容:时间小主人;心跳的秘密;春天在哪里;数学发言人。

以"时间小主人"的设计为例,核心设计突显的是引领孩子们在居家学习的特殊时期,学做时间的主人,养成珍惜时间的好习惯,培养合理规划时间的能力。同时也要与各年级"时间"教学的知识点巧妙结合,在尊重学生元认知的基础上有提升、有拓展,重实践与体验,突出文化价值中的"数学之品"和"数学之用"。

一年级:以直观感知为主,体验记录的过程,初步学习记录的方法,尝试提出问题。

二年级:注重直观体验,将时间管理与24时计时法巧妙融合。

三年级:强调所学"时间"的相关知识与实际生活需要的应用和关联,突显学生的自我管理和个性化规划。

学生热情高涨地参与到系列"数学小探究"的研究活动中,不同内容、不同年级、不同个体都有个性化的成长与体验,文化无声浸润心灵,孩子们收获颇丰。

**(二)数学新挑战**

目标:以激发探究兴趣为目标,设计有趣的数学游戏、活动。在探究过程中以"小锦囊"的形式进行讲解、提升,在解决问题方法和数学表达方面得到提高。

内容:吃不完的巧克力;智取草莓;钟表的秘密;"数"说战"疫";擦地知多少;你有多高;有趣的测量;体重知多少。

此类课程内容设计,突出数学文化价值中的"数学之奇""数学之谜""数学之美"和"数学之用"。

例如,"吃不完的巧克力"一经推出,学生反响强烈、兴趣盎然。学生们积极投入研究中,基于问题出发,从多个角度进行思考。

再如"智取草莓"的活动设计,作为一项亲子游戏,其以开放性高、互动性强的特点引起学生强烈反响，且热度不减。学生在操作中增进了情感交融，在互动中探寻了智取规律，在游戏中体会到了学习的乐趣。

### （三）系列专题研究

目标：基于学生自己提出的问题开展研究，学生经历选题、制作调查问卷、调查、分析结果、答辩等全部过程。在新的学习方式中，学会持续深入地钻研问题。

内容：关于选题（用数学讲述抗疫中的感人故事）；关于如何提出问题；关于如何搜集资料；关于问卷调查；关于数据分析；学习他人小研究；线上答辩会。

此类课程内容设计，主要是组织高年级学生参与，侧重突出数学文化价值中的"数学之源""数学之品"和"数学之用"。

## 四、线上教学渗透"数学文化"的方法、策略

如何挖掘数学的文化因素，从文化视角看数学，用数学浸润文化，践行并彰显数学的文化本性，让文化成为线上课堂的自然本色呢？研究中我们提出，要突出"四味"，即生活味、文化味、趣味儿、人情味。

现举例说明我们在实施过程中的具体方法和策略。

【案例】"数学小探究——春天在哪里"

数学与生活密切相关，学生可以从生活中去收集数学素材和感受数学的应用，进而提升解决实际问题的能力。结合"统计"和"数据分析"的相关内容，我们为学生制定了"数学小探究"系列活动。内容选择上，让学生在时间、运动、温度等各个领域，充分去发现和收集数据，在进行记录的过程中了解数据的实际意义，掌握统计的不同方式。同时，在教育中我们也希望培养学生的主动性、责任感、创造力、韧性等。

"春天在哪里"是系列活动之一。随着季节的变化，我们的课程内容中原本会有主题类的研究活动，让学生感受春天，但是在疫情防控期间学生不能出门的情况下，又该如何更好地感受春天？于是，我们想到让学生通过记录气温的变化，以记录数据、分析数据的方式换个角度来感受。

在内容设计上，我们从"引入、设计、记录、分析、猜想、延伸"六个

部分为学生设计任务单，同时提供了绘本和简短的阅读参考素材。在"春天在哪里"的设计中，学生可以选择两个不同地区的气温来记录，从而进行数据的分析和比较。与此同时，在举例和引导中培养学生关注社会的意识，提升学生的爱国情怀。在关注气温的同时还能计算一下温差，通过零上和零下温度相差多少学生可以体会和感悟数的运算。同时还以图表的形式给学生提供日常生活中一周气温的变化情况，让学生体会不同的统计表示方式所表现出来的不同效果，从而积累统计经验。

在指导评价方面，学生可以以照片、视频的形式分享自己的作品。同时，老师可以针对个性化的问题进行一对一的指导。

下面呈现的就是任务单的设计：

一部分学生可以按照任务单的步骤完成数据的记录和分析，正确地计算温差，在分析数据之后进行合理的猜想，初步感受到数据分析的意义和数学在生活中的应用。

部分学生能够在阅读提供的素材后进一步探究不同的统计方式；有的尝试将自己记录的数据绘制成图表来展示，积累了统计的经验。

部分学生还能够拓展和延伸，将多个地区同一天的温度进行整理和比较；有的还能将不同两地的最高气温和最低气温绘制在同一幅统计图中，通过图表的形式更好地描述和分析两地气温的区别和特点，感受到使用统计图表达的价值。

从学生分享的任务单来看，大部分学生能够按照步骤完成实践活动，正确地记录最高气温和最低气温，结合生活经验有意识地区分"零上"和"零下"的表示形式。

针对个性化的问题和反馈，老师进行了及时的指导和点评。主要集中在以下几点：

（1）二年级学生能够理解温差，但是涉及正、负数导致温差的计算有误，在结合生活经验和用数线作为辅助的同时，进一步感悟和理解零上和零下气温差，延伸、拓展了运算能力。

（2）学生对图表的表示形式很感兴趣，能够模仿提供的素材进行折线统计图的绘制，有的学生甚至自己查阅了折线统计图的资料，画出了标准的折线统计图，这些其实也是学生自主学习能力的体现，积累了统计经验。

（3）学生在地区选择上，很多都选择了疫情严重的湖北地区，也出现了选择南北半球和接近赤道的地区，在探究之后进而提出了有关地理知识的小问题，这恰恰促进了学生的思考，培养了学生提出问题的能力，也是学科融合和延伸的体现。

结合"数学小探究"系列活动中的几个内容来看，主题性的综合实践探究活动在学生居家学习的过程中能够增强学生的探究意识，激发学生的学习兴趣，同时与学校课堂学习形式互为补充，使学生在积累生活经验的同时提高综合能力。

# 五、结语

回顾反思，彰显数学文化价值、充满育人力量的线上教学设计与实施，后疫情时代的教学创新、线上线下有机结合的实践研究都还只是刚刚开始。对于学生而言，学习不仅是表层记忆，需要多角度解决问题。同时需要教师进一步思考的问题还有很多：

思考一：任务单、导学单的设计怎样才能更好地体现出"有目标、重保底、分层次"？

思考二：除教师的引导外，如何体现小组交流的不可替代性？

思考三：线上教学前提下，对学生个性化的评价方式、激励方式还有哪些？

思考四：学生在数学文化、数学素养上的收获和感受如何利用思维导图的形式加以深化？

于"线上教学"之境，育"数学文化"之心，铸"创新教育"之魂，是我们不断的追求。只要我们努力实践、不断反思、及时调整，不论线上还是线下教学，都会具有时代的气息和生命的活力！

# 融合多种英语教学资源，打造别样正泽英语矩阵

刘　宇

北京市正泽学校是自中国改革开放以后，在教育改革浪潮中产生的一所新型学校，是一所融合教育家理念的学校。正泽学校的理念是要创新一种新的教育，在已有的、经过多年实践的、成熟的教育教学理念基础上，提炼可复制的经验；在实践的基础上，将新的理念、经验，与实践相结合，将其运用到正泽学校方方面面的教育教学中；强调对今日教育的理解，开创当今的理想教育。依托正泽教育理念，经过多年的研究与实践，多元、融合、系统的正泽英语矩阵已打造完成。

## 一、研习正泽学校理念，摆正"道"与"术"的关系

### （一）正泽学校课程理念

正泽学校课程建设的整体理念是"在全人教育理念指导下，搭建各学科课程建设"。课程设置力求体现多元化，本着在不同时代，根据人的不同需求，对未来人进行教育，培养符合未来所需技能的人才。

### （二）正泽英语矩阵

通过"道"与"术"的研讨与学习，融合多种教学资源，以英语课标为核心，打造别样的正泽英语矩阵。

在正泽学校课程整体理念指导下，结合《义务教育英语课程标准（2022年版）》的精神和要求，如何将英语课程做到与众不同，这是"道"与"术"的关系。"道因术而生，术因道而显。"经过潜心研究，通过"道"与"术"的融合贯通，将正泽学校课程理念根植于心，将课标精神作为搭建正泽英语课程的

指导，逐渐悟出：必须将多种教学资源整合，方可打造别样的正泽英语矩阵。正泽英语课程坚持以落实立德树人作为根本任务，树立课程育人的基本理念，明确育人与课程内容的关系。课程设置力求兼顾丰富、多维的教学资源，汲取多种教学资源中专业、丰富的课程框架，帮助学生感知、体验、理解和运用语言，了解不同文化的差异性，汲取不同文化精华，客观理性地看待世界，形成跨文化沟通与交流的意识与能力，树立国际视野，增强家国情怀，养成良好品质，形成正确的世界观、人生观和价值观。

### （三）正泽英语教学理念始终贯穿于英语教学全过程

正泽学校英语课程目标，是从培养学生的综合语言运用能力向培养学生的英语学科核心素养转变；通过整合课程内容、改变教学方式，研究和探讨培养学生英语学科核心素养的路径。正泽英语课程建设始终秉持着上述理念，将理念贯穿于课程设置、课程内容、教学方法、教学活动及教学评价的始终。

## 二、深入学习，提高对英语课程改革的理论认识

### （一）正确理解教学视域与课程视域的关系

深刻理解课程视域与教学视域的内涵，为英语课程改革提供强有力的理论支撑。王月芬（2021）在《重构作业课程视域下的单元作业》一书中指出：教学视域与课程视域，是指我们从哪个角度去看待问题，即是从教学的角度，还是从课程的角度。课程视域和教学视域的关系，就是课程和教学的关系。

### （二）课程视域为强化正泽英语课程理念提供了广阔的辩证空间

从两个视域的维度看，教学视域更加强调基于已规定好的教学目标和教学内容，更加关注通过科学有效的方法去进行教学，从而达成这些已经规定好的目标和内容；课程视域更加强调从学习者的角度出发，关注如何培养学习者，通过学习内容达到学习目标，以及如何判断学生的学习效果，并进行反思、调整。课程视域的研究，更加注重依据学生的表现和学习结果，对目标和内容进行反思与改善。

从实施方法来讲，教学视域更强调教师在课堂教学实践中的忠实执行；而课程视域，则更多强调的是根据课程目标、学生学习情况，自主设计并实施适合的作业目标，内容与评价任务等。

从个性化和针对性的角度上来看，教学视域更加强调统一要求，强调已经

确定的知识体系的传承；而课程视域，更加强调根据学校和学生的实际情况，自主设计和灵活调整，强调学生在学习过程中的理解，综合运用和创新，强调个性化。

# 三、正泽英语课程（小学阶段）设置

正泽英语课程（小学阶段）设置，融入正泽英语教学理念，融合多种教学资源，运用全新的课程视域教学理论，使课程设置更贴近于学生需求，彰显正泽英语矩阵的优势。

## （一）正泽英语课程设置具有丰富的理论依据，同时考虑到学生心理、英语课程标准和教师的施教水平

相应的教育理论、课程理论支撑了课程设置，新的教育理论是课程改革的主要动力。课程设置应以先进的教育思想、教育理论为指导，兼顾处理好课程与知识，课程与学生、教师的关系。如：课程设置是否能反映本学科中最基本的、规律性的知识；课程设置所选教学资源之间是否能够协调发展；课程设置是否有利于学生德、智、体、美、劳全面发展，以建立知识结构体系；课程设置是否按照学生心理、生理发展水平而安排；课程设置是否能够达到课标所规定的教学目标要求；课程设置是否符合现有教师的实际水平，有利于教师施教、方便学生乐学；等等。一言概之，课程是为实现学校教育目标而选择的教育内容的总和。同时，课程改革也是一个渐变的过程，它需要在原有课程结构的基础上，进行相应的调整与变革。

## （二）正泽英语课程教学资源

（1）《新标准》教材（一至六年级）。

（2）正泽英语教学资源（一至六年级）。

（3）自然拼读课程（一至二年级，融合《新标准》和正泽英语教学资源同时学习）。

## （三）正泽英语课程教学资源的融合意图就是让学生通过学习，更快、更系统地掌握英语学习主要内容，多角度培养学生英语核心素养

正泽学校英语课程中，主教材（《新标准》与正泽英语教学资源的融合）与自然拼读课程是相融合的。这样的融合可以让主教材与自然拼读课程成为一个有梯度、相互交融，层层递进的教学体系。合理、细致地对教材进行融

合，可以减轻学生在语言学习上记忆、认知的负担（在语言学习的启蒙阶段尤为凸显），进而提升学生自主建构语音系统的能力。在主教材情境与自然拼读补充阅读材料提供的语境中，学生将词形、词音、词意对应起来，提高了解读英语书面文字的能力和理解力，逐渐养成了自主阅读的习惯，为形成并具备独立阅读能力打下了基础，为持续提高英语语言综合运用能力发挥了有益作用，为形成英语学科核心素养奠定了基础。多种学习资源的融合有益于课程间的相互支撑、相互促进、螺旋上升，对有效提高英语课程的落地效果起着重要的促进作用。

**（四）正泽英语课程（小学阶段）的优势就是运用多种教学资源和教法，将《新标准》教材校本化**

与以往的单一英语课程相比，正泽学校的英语课程（小学阶段）更多关注英语学习的系统性、完整性、多元性、丰富性和语言应用性，将国家课程的校本化实施作为正泽英语课程的特色（通过课程建构、课时分配和教学内容体现）。教学内容包含新知、操练及语用三个环节，课程所选用的教学资源均融入跨学科教学理念及价值观理念，符合教育改革立德树人的方向，所有教学资源均注重素质教育和全人发展，强调"内容与语言整合"（CLIL）①的学习法，以英语为媒介，将数学、科学、社会、健康、艺术等学科内容自然融入语言学习中。

# 四、正泽英语课程（小学阶段）教学方式方法

**（一）充分发挥自然拼读课程 "语文启蒙"的作用，激发学生自主学习的主观能动性，寓教于乐**

在英语启蒙阶段，以培养学生的兴趣为重，寓言于学、寓学于乐。自一、二年级开始，以自然拼读课程入手，为学生"学会阅读"打下基础。自然拼读课程是学习一门语言的"语文启蒙"，学习自然拼读，最终用于阅读。它的目标是为搭建英语的词形、词音、词义三者间的联系，让拼读规则内化，形成学生无形的阅读能力，在不断的阅读实践中自我学习和自我提升，这样的内化过

---

① CLIL："内容与语言整合"教学法，即：将语言学习与课程内容学习相结合，CLIL 更有利于学生通过使用目标语言，在模拟社会、学校、生活中从事各类事务的过程中进行语言应用。

程亦是语言能力形成的过程。

在教学方法上，从学生的心理和生理特点出发，让学生通过体验和实践，在轻松自然的状态中，逐步学会拼读，为今后的语言学习打下基础。一方面，低年级学生具有模仿力强、求知欲强、记忆力好、表现欲强、创造力强等优势，通过学生的积极体验、参与、实践、主动尝试与创造等教学活动，更有利于帮助学生获得认知及语言能力的发展。另一方面，低年级学生的理解力相对较弱，注意力集中时间有限，在教学方式上则更多采用听做、说唱、玩演、读写和视听等方式，达到激发兴趣、培养语感、提高交流能力的目的。在教学过程中，重体验、重实践、重参与、重创新。在教学中，主要通过以下方式，进行自然拼读基础知识的学习，巩固学习效果：

（1）歌曲（教学软件提供）。

（2）发音动作（教学软件提供）。

（3）学生自创动作（在单词、故事教学中体现）。

（4）根据发音，找到对应的单词进行拼词练习；读出词汇卡片的单词，夯实发音规则（课堂教学中、课下操练中进行）。

（5）根据听到的发音，写出对应的单词（课堂教学中进行）。

（6）通过课下夯实，帮助学生强化对音、意、语音语调的认知与识别。如：收听伴读音频；进行模仿发音；录制自己的发音；收听自己的录音。

**（二）多种教学形式的融合 ——《新标准》教材与正泽英语教学资源的融合**

正泽学校强调以"政策引领、特色突出、需求导向、重点落地"为主线开展各项工作，其中"特色突出"是重点要突破的问题。正泽学校于2017年成立，建校多年来的英语教学科研和实践成果，都为英语课程改革注入了源源不断的活力。回望改革道路，正泽英语课程一直在不断更新、不断推进中提高课程质量和教学效果。

1. 正泽英语课程大单元设计理念：将《新标准》教材与多种英语教学资源有机融合，形成正泽英语课程设置特色，使正泽英语课程更加立体和丰富

大单元教学设计是新课程改革的需要，也是小学英语课堂教学改革的需要。新课程改革，对教师在教学中采用以主题为引领、以语篇为依托、以活动为途径的整合性教学模式提出了更高要求。基于大单元理念开展的教学，可以

帮助学生将碎片化的小概念之间建构起有意义的联结，可以帮助学生更好地建构知识网络，提高知识迁移能力。学生语用能力培养视域下的英语单元教学设计，不仅具备了英语单元教学设计的一般内涵，还体现了语言教学设计和语用教学设计的结合，改变了英语传统"备一课上一课"的教学设计局面，能更加系统地对课程进行规划。

以正泽英语课程设置为例，正泽英语课程将《新标准》教材与正泽英语教学资源在"大单元设计理念"的基础上作了有机的整合。整合方法是以正泽教学资源的大单元框架为依托，在深入分析《新标准》教材各主题后，将《新标准》教材内容与正泽英语教学资源进行融合，并将《新标准》教材中无法与大单元框架下的正泽英语教学资源整合的学习内容，作为补充学习资源融入正泽英语课程中。这样的融合，就为原本已是大单元设计理念的正泽英语课程增添了新鲜的血液，使正泽英语课程更加立体和丰富。

2. 正泽英语课程戏剧元素的融入：教师与学生携手入戏，激发了学生的认知兴趣和求知欲望，进而提升了英语学习效果

"双减"政策的进一步推进，对课堂上实现减负提质提出了新的要求。"戏剧教学法"正是可以帮助实现减负提质目标的有效手段之一。"戏剧教学法"利用孩子爱听故事、爱演故事这一特点，将英语学习和戏剧表演结合起来，通过有趣的故事情节、鲜明的人物形象、丰富的词汇、复杂的情感以及多样的身体语言，营造出了快乐而自由的课堂气氛，抓住了学生的注意力，激发了学生的认知兴趣和求知欲望，提升了英语学习效果。

正泽英语课程自 2021 年 9 月开始尝试将教育戏剧中的角色引入低年级的课堂。在课堂的热身导入环节，利用教育戏剧范式——空间行走来热场，让学生放松且更快地投入课堂学习中，为本节课接下来的教学环节做好准备。正泽英语课程的"角色戏剧教学"利用《新标准》教材，以对话、故事为主要形式，运用角色、动作和语言，传达故事主题、情感和思想；用教育戏剧范式，如教师入戏、学生入戏、即兴创编等，让学生表演课文中的内容，使学生更加自然，也更具趣味地掌握所学的内容。

3. 正泽英语课程对因材施教的思考：通过运用 "Guided Reading"[①] 教学法（以下简称 GR 教学法），借助绘本或分级阅读读物，诱发学生的学习兴趣和积极性，保持良好的教学效果

因材施教是重要的教育理念，也是教师必须遵循的教育原则，更是一种最佳的教育方式。为满足不同学生的需求，使不同英语水平的学生都能保持英语学习积极性，正泽英语课程的语用课（每个单元 CLIL 部分的学习），采用了 GR 教学法来开展相关的教学活动。在采用 GR 教学法的课堂上，教师会根据学情，将学生分组，并设置不同难度的学习任务和任务单，同时会与三组不同级别的孩子分别进行互动，以达到分层教学、因材施教的目的。在教师与每组学生进行交流的时候，另外两组学生会在没有教师直接指导的情况下独立或两人合作完成任务。此类课程，二至六年级学生每个单元上一次，一个学期会经历四次，以此作为分层教学的课堂实践。在教学资源上，教师结合教学资源中的相关主题单元，借助绘本或分级阅读读物，将绘本或分级阅读内容融入每个单元的 CLIL 教学中。学生在采用 GR 教学法的课堂中，还可以依据教师对任务单的难度介绍，自主选择想要完成的学习任务和任务单，同时也可以完成其他组的学习任务单。

具体方法如下：

（1）A 类学习任务：用于夯实课上所学知识

侧重知识的保底。结合本单元所学知识（《新标准》、自然拼读及正泽英语教学资源），关注教学资源中的重难点。在注重学生学习兴趣的同时，夯实语用，帮助基础薄弱的学生查漏补缺。（听、说、读、写全覆盖教学理念）

（2）B 类学习任务：用于在夯实课上所学知识的基础上，适当补充课外阅读

侧重知识的熟练应用。结合本单元所学知识（《新标准》、自然拼读及正泽英语教学资源），辅以适当难度的阅读资料，如经典绘本、分级绘本等，力求帮助处于"中游"的学生提升英语语言交际和语言应用能力。（听、说、读、

---

① Guided Reading 是英、美中小学阅读课堂上流行的一种教学方法。它是小组教学法，融合了一对一互动、测评分析等来实现听说读写全覆盖的效果。Guided Reading 教学理论是由研发海尼曼教材的两位专家根据多年实际教学经验、横跨多个出版社及教育体系发明的。简单来说，Guided Reading 就是老师根据学生们的实际水平，帮助学生选择适合阅读的书，为学生定制阅读方案，并且在阅读过程中不断进行引导、提问、阐释与评述，进而培养学生的独立阅读能力，并实现听、说、读、写全覆盖的效果。

写全覆盖教学理念）

（3）C 类学习任务：用于提升和拓展所学知识

侧重在原有基础上的提升。精选符合此类学生水平的学习资源，学习任务强调语言应用。在师生或同伴交流过程中，侧重高阶思维或批判性思维的训练。教学资源上，多选择语言上稍有难度的绘本或分级阅读读物，同时可以运用"读者剧场"或"戏剧表演"等形式，为学有余力的学生提供更多同伴交流和展示的机会。（听、说、读、写全覆盖教学理念）

4. 正泽英语课程的融合框架：将已在英语教学中产生良好效果的正泽教学资源融入《新标准》教材中，运用大单元设计理念与 GR 教学法形成正泽英语完整的教学体系

正泽英语课程由最初的自然拼读课程（一至二年级）与正泽英语教学资源（一至六年级）相结合，到后来的自然拼读课程与正泽英语教学资源及部分《新标准》教学资源相融合，已经形成了较为成熟的教学体系。自 2021 年起，一至六年级还增加了绘本阅读课，对绘本教学进行研究与实践。正泽学校将《新标准》作为正泽英语的主教材，但不局限在《新标准》教材里，将多年来一直在深入探讨、苦心钻研，且已经带来优异教学成果的正泽英语教学资源内容融入《新标准》教材中，全面覆盖《新标准》教材内容，并借助正泽英语教学资源的大单元框架，将《新标准》教学内容与正泽英语教学资源有机融合，使正泽英语多维的教学资源更好地起到相互借鉴、相互作用、相互支撑的作用。课程融合也让正泽英语课程更多元、更立体、更完善。同时，我们也持续在一、二年级配合自然拼读课程的学习，持续开展各年级的阅读教学。自 2019年起，英语学科也开始对 GR 教学法进行持续的关注和研究，二至六年级教师对 GR 教学法已有近三年的课堂教学实践经历，GR 教学法主要应用于分层教学课堂中。多年来的教学研究、教学实践，为继续推进、优化正泽英语课程起到了推动作用。

# 五、教学评价

教学评价是检测学生阶段性学习成果的手段，更是对教学进行反思以及调整下一阶段教学目标的依据，有助于促进学生获得高质量的学习效果。教学评价是动态循环的过程，教师通过对日常学习的评价，发现问题、及时调整，采

取行动、调整教学，以促进下一阶段的学习。正泽学校英语学科的教学评价努力实现以评促学、以评促教，逐步完善英语教学评价体系。

正泽学校英语课程的评价原则：根据学校育人理念，采用形成性评价方式，教学评价由平时成绩和期末成绩两部分组成，平时成绩占学期成绩的60%，期末考试成绩占学期成绩的40%。正泽英语课程的教学评价体系由以下几个维度构成。

### （一）乐表达（10%）

《义务教育英语课程标准（2022年版）》提出：采用多种教学方式激发学生的学习兴趣，为学生创设体验成功的机会。引导学生做到"想表达""能表达"和"会表达"。

正泽英语课程对"乐表达"的评价是通过课堂观察，结合发言质量、精彩两分钟展示、课堂活动参与度等形式进行的。根据各年级学生年龄特点、学习特点、教学内容、教学要求、教学形式、教学活动等作为评价参考依据，如：是否能够对课上提出有效问题进行分析，通过推理、猜测等方式，猜测故事发展情节，借助思维框架图进行提问、回答，持续探究；是否在学习方法上大胆尝试，寻找技巧，敢于提问、质疑；是否能够在学习方法上有自己的思考，并逐渐找到适合自己的学习方法。

### （二）爱读书（10%）

《义务教育英语课程标准（2022年版）》对阅读提出了更高的要求。正泽学校英语课程在阅读方面的评价主要是通过阅读日志成绩进行的。阅读日志由两部分构成：对课内所学知识的阅读；对课外补充阅读读物的阅读。对于课外补充阅读，教师在学期初会提供分级阅读书单，学生可以依据自己的兴趣和英语水平选择适合自己的读物，也可以选择自己喜欢的其他阅读书目。教师每两周检查一次学生的课外阅读情况，并根据学生对阅读情况的记录，随时跟进、随时调整，以帮助学生有效地在课外阅读中收获更多。

### （三）善书写（10%）

英语的听、说、读、写是一个不可分割的整体。依据英语课标，书写教学应严格要求，培养学生具备正确、端正、熟练地书写字母、单词和句子的能力，注意字母的大小写和标点符号。这不仅强调了英语书写教学的重要性，而且对书写教学提出了具体的要求。

正泽学校英语课程始终将"规范写、写规范"作为书写方面的要求。对

"善书写"维度的评价，是依据学生平时的作业、书写练习、听写、学期单词闯关、写作（高年级）等的书写等级构成的。

### （四）重积累（10%）

合理运用多种形式的评价，能够有效促进课堂教学任务的完成。教师随时关注学生的日常学习过程，了解学生的实际学习情况和需求，有利于教师及时进行教学方法和教学内容的调整，满足不同学生的个性需求。

正泽学校英语课程对"重积累"维度的评价方式是：一至三年级以课堂及课下任务单完成情况作为"重积累"维度的评价；四至六年级除对任务单完成情况进行评价，还包括对周周练完成情况的评价，各年级的评价也同时包括改错是否及时。

### （五）有过程（20%）

正泽学校英语课程对"有过程"维度的评价方式是：将每学期4个单元综合练习的平均等级成绩作为"重积累"维度的评价依据。

"有过程"作为正泽学校英语课程形成性评价维度之一，属于过程性评价。过程性评价是在教育、教学活动的实施过程中，为了解动态过程的效果，及时反馈信息，及时调节，使计划、方案不断完善，以便顺利达到预期的目的而进行的评价。

### （六）有成果（40%）

相对正泽学校英语课程前五个维度的评价方式（过程性评价），"有成果"维度的评价属于结果评价。它是通过期末考试成绩来进行评价的，结果评价注重考查学生对本学期所学知识的整体掌握程度。

按照课标要求，在小学一、二年级是不进行期末考试的，正泽学校英语课程对"有成果"维度的评价方式是这样实施的：

一年级：

自然拼读6次特色口语活动平均表现等级占20%；

学期末主题单元综合练习表现等级占20%。

二年级：

自然拼读4次特色口语活动平均表现等级占20%；

学期末主题单元综合练习表现等级占20%。

三至六年级：

由学期期末考试成绩构成，各年级均占40%。

# 六、结语

别样正泽英语矩阵的形成，离不开校长的正确引领、言传身教，离不开教学主管的精心设计、呕心沥血，离不开一线教师踔厉奋发、身体力行。为使正泽英语更加贴近正泽理念，取得教学相长的良好效果，我们正泽英语教师的不懈努力永远在路上。

# STEAM 与 PBL 融合教育的实践探索

乔 辰

## 一、引言

新一轮基础教育课程改革提出"以人为本"和"以学生发展为本"，基础教育要适应学生的全面、终身发展。教育部制定《义务教育小学科学课程标准（2017 年版）》，将小学课程定位为基础性课程、实践性课程、综合性课程，并且在一至二年级增设课程。小学科学课程的学习对于从小提高公民的科学素养，改善生活质量，增强参与社会和经济发展的能力，建设创新型国家意义重大。

近些年，随着 STEAM 教育理念以及 PBL 教学模式被越来越多的教育工作者以及家长认可，小学科技课堂迎来了新的发展，同时也面临着一系列新的挑战。义务教育阶段的科技课堂如何在贯彻课标的基础上合理运用 STEAM 教育理念，适时引入 PBL 课程形式成了一线教育工作者首要的研究问题。

## 二、背景分析

### （一）STEAM 的内涵与发展

STEAM 教育理念的前身是 STEM 理念，是由美国教育部根据当代社会特点，结合现代小学教育的不足和缺陷所提出的一种全新的教育理念。它由科学（Science）、技术（Technology）、工程（Engineering）、数学（Mathematics）四个单词的首字母组成，经过一段时间的发展，美国教育机构在原有的基础上加上了艺术（Arts），最终形成了 STEAM 教育理念。STEAM 教育理念打破了原有学科的疆域，将多种学科内容融合在一起，凭借多元化、灵活化、现代化的特点很快显示出了其自身的教育优势。在 STEAM 教育理念中，教师鼓励学生发出自己的声音，对各种概念和理论提出自身不同的看法，并通过亲身实践去鉴定自身想法的正确与否。通过这种方式，学生在实践中获得的知识，不仅比课堂上教师教授的知识印象更加深刻，而且学生对于知识的理解也更加透彻，增强了学生的动手实践和知识应用能力。

## （二）中小学 STEAM 教育理念的课堂表现形式

结合基础教育阶段学生的年龄特点以及认知发展水平，作用于中小学的 STEAM 课程通常由以下几种形式展开：

### 1. 基于真实问题情境的学习

问题情境的创设是指在教学过程中，教师有目的地引入或创设具有一定情绪色彩的、以形象为主体的生动具体的场景，以引起学生一定的态度体验，从而帮助学生理解教材，并使学生的心理机能得到发展的教学方法。对于中小学的学生而言，真实问题的情境往往源于学生可以接触到的生活环境，如学校、家庭、旅行中的见闻等。

### 2. 基于项目的学习

以项目的驱动性问题为出发点，以学生为项目的学习和执行主体，在教师的整体把握和指导下，使学生分析真实的问题完成项目任务来建构项目承载的科学知识和科学方法。突出体现依靠项目的驱动性问题，给予学生具有一定挑战性的学习空间，继而激发学生学习的原动力，突出以学生为主体。

## （三）PBL 教学法的内涵与特征

PBL（Project-Based Learning）是一种教学方法论，中文译为"基于问题的学习"或"问题本位学习"。PBL 教学方式是将教学内容与实践经验所碰到的问题或挑战整合起来，而这些实践主要聚焦于学校环境或者日常生活。PBL 教学法的特点主要有：以真实的项目（问题）为学习的起点；学习过程以学生为中心；旨在培养学生的"4C"能力，即批判性思维与解决问题的能力（Critical thinking ang problem solving）、沟通能力（Communication）、创新与创造能力（Creativity and innovation）、团队合作能力（Collaboration）等。

# 三、 STEAM 课程中 PBL 的特点与实践探索

由上可见，STEAM 课程与 PBL 教学法都强调了"驱动问题"的真实性以及以学生为学习过程的主体。因此，笔者认为在中小学科技课课堂中运用STEAM 教学理念与 PBL 教学法融合的课程设计有以下特征。

## （一）学生是学习过程的中心，追求"真问题""真参与""真获得"

STEAM 教育理念和传统教育理念最大的不同点就是强调学生的实践活动，鼓励学生通过自身的亲身实践了解知识、验证知识、获得知识。在实际教学过程中，教师敢于让学生犯错，敢于让学生了解多种不同的观点，并让学生通过自身的实践验证各种观点正确与否，从而得出最终的正确结论，在此过程中加深学生对课程知识的理解和掌握，从而达到最终的教育目的。在 STEAM 教育理念中，学生作为学习过程中的主体，不再是被动接受知识，而是在挑战"驱动问题"的过程中，制定不同的实施方案、然后敢于试错，总结经验，在教师的引领下主动反思，不断完善"项目作品"，最终获得成功体验（见图 1）。

图 1 PBL 课程实施环境

例如，小学科学二年级第一单元的主要教学目标是认识天气，了解天气对人类生活的影响。结合本校学生特点、时间安排（临近清明放假）以及课标内容，教师将本单元的教学内容进行了整合，并设立了以《制定我的天气出行计划》为题的"游学项目"。为了完成这个有关天气的项目挑战，首先，教师与学生一起利用思维导图将问题进行了拆解，如有什么不同的天气现象、如何获得目的地天气预报、天气预报有哪些信息、根据天气信息我应该准备带些什

么等等一系列"子问题"。其次，学生在分别对天气图表信息以及如何利用网络进行天气情况搜索等内容学习后，结合生活经验，以小组的形式准备了一个"行李箱"。再次，在班级分享时，小组成员要有针对性地说出为什么要带这样东西，同时接受其他"小评委"的质疑。最后，学生对其他同学以及教师提出的修改意见进行完善与修改。随着假期的结束，很多学生都反馈说在本次的小长假出行前，首次和家长一同制订了出行安排，或按照自己在校制订的计划进行了旅行（见图2）。

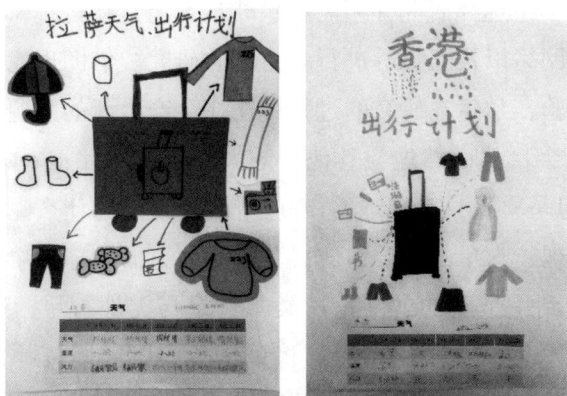

图2  学生根据天气信息绘制的"行李箱"

### （二）STEAM 教育理念下的 PBL 课堂需要跨学科教师团队

虽然 STEAM 教育提出了五种不同类型的学科类型，但是对我国中小学课堂而言，仅凭任何一个学科的老师进行项目设计是远远达不到学科深度融合的。因此，很多所谓的 PBL 课程设计其实只是一种传统的"情境创设"，没有一个"项目"和实体作为可视化的学习评价。比如，笔者在上文中所提到的案例，也仅仅算是一种基于驱动问题的学习方法。由此可见，培养具备 PBL 课程开发能力的专业教师团队是现阶段 STEAM 课程体系开发中的核心问题。为此，本学期结合本校新校区的校园文化建设，结合小学科学课标中有关"太阳系"以及美术学科中关于"同类色的区别和造型表现"的教学内容，本校科技教师与美术组教师共同设计了《绘制〈太阳系星空墙〉》的类 PBL 课程。而本次项目活动可以分为以下几个阶段。

1. 制订计划

结合这个真实的校园项目（规定了时间与地点），双方教师共同研究备课。

首先带领学生对项目问题进行"头脑风暴",罗列了一系列具体实施中需要解决的问题。学生提出了如太阳系都有哪些星星、为什么从九大行星变成了八大行星、每颗星球有什么特征、作为室外景观应该用什么颜料来画等各种实际问题。其次结合学生提出的问题,科技老师与美术老师共同与学生制订了"工程计划",同时对小组进行了分工。最后结合学科特点分别引领学生对天文知识以及美术技法进行了有意指导。

2. 多维研究

例如,有的小组选择研究并绘制的星球是木星,在科技课上学生便以小组的形式充分利用网络以及书籍等进行多角度的研究。借助现代信息技术手段所提供的直观化体验,学生在研究的过程中往往会产生新的问题,比如在研究木星有多大时,就会自然而然地与其他星球大小进行对比:"木星的体积是地球的1300多倍,但是质量只有地球的300多倍。"这是为什么呢?通过进一步的搜索,学生会发现,木星的主要组成成分是气体,而地球的主要构成成分是固体,继而又会得到一个新的名词——类木行星与类地行星,这又是什么意思呢?……随着互联网式的学习研究,将单一的问题不断拓扑,由点至链、由链至网,拓展了学生的科技视野。与此同时,美术老师通过大量影像资料以及美术技法,与学生共同试验,选择最能表现木星"风起云涌"的艺术表现手法(见图3、图4)。

图3 学生利用平板电脑进行"星球探索"    图4 研究过程中的思维导图

图 5　学生利用流体丙烯画的技法进行星空创作

除了在课堂中进行有关天文知识的学习，本次活动项目在设计之初，还安排了一次北京天文馆的游学活动。学生可以带着课堂研究中未解决的问题走进天文馆，在更直观、更丰富的学习平台上找寻答案。在观看穹顶影片的过程中进一步领略太阳系的壮阔，体会宇宙星空的艺术美感，为后续的绘制工作做好视觉铺垫。

3. 项目实施

随着研究的深入，各小组结合本组研究内容进行各个"星球"以及星空背景的绘制与制作。在遵循科学规律的基础上，学生还进行了适当的艺术加工。例如，有的学生小组为了表现水星如钻石般的肌理，选择用锡箔纸进行剪贴与装饰；而研究太阳的小组则充分抓住了太阳是一颗燃烧的"大火球"的特点，利用流体丙烯画的形式进行了夸张的艺术化表达（见图 5）。

4. 交流分享

为了培养学生的主人翁意识，巩固教学重点，在完成星空墙的绘制后，学生将作为"校园文化讲解员"，结合所创作的星球内容进行展品介绍。内容包含：研究星球的大小、组成、特征，卫星数量、美术技巧以及创作意图等。最后由其他同学以及各学科老师进行点评。

# 四、结语

通过本次研究活动，笔者对 STEAM 理念下的项目式学习（PBL）有了一系列新的认识与反思。

## （一）学生的学习积极性得到了充分挖掘

项目式学习打破了传统课堂以讲授为主的模式，学生以小组为单位在教师的引导下自主探究，充分体现了"做中学，学中思"的理念，培养了学生动眼观察、动耳倾听、动脑思考、动手制作的能力（见图6）。正是由于充分调动了不同的学习感官，学生在项目研究的过程中能始终保持着很高的学习热情，不断研究与成长。同时项目式学习对于学生掌握科学知识、增强科学探究能力、提高科学态度，拓宽对科学、技术、社会与环境的了解起到了积极的作用。

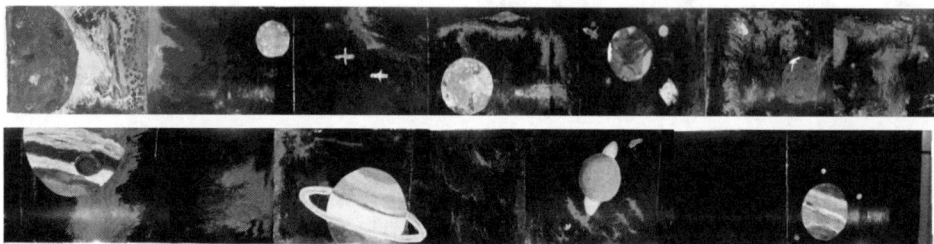

图6 项目成品《太阳系星空墙》

## （二）对教师团队的专业化建设提出了更高的要求

STEAM 理念下的项目式学习为小学科学与技术带来了一种更加契合"倡导探究学习"的理念，让小学科学课程的学习更加生动有趣。同时对于教师的要求也大大提高，教师不再是只注重钻研教材，更要注重多学科知识的融合。教师应该做到使用教材又不拘泥于教材。另外，STEAM 课程倡导跨学科的学习方式，无论是以项目式学习的课程组织方式，还是以问题解决为导向的课程组织方式，都需要在融合科学、技术、工程、数学的基础上，综合运用语文、信息技术等各个学科的知识，提高艺术、人文素养。

# "双减"政策背景下道德与法治课程项目式学习的实践探究

丁丽瑶　周晓超

## 一、小学高年级道德与法治课实践现状及问题

道德与法治是九年义务教育阶段国家级重点学科之一。现阶段道德与法治课程的实施，一般以教材为主体，以教师讲授为主，结合观看视频、设置课上活动及小游戏等形式开展。但在实施的过程中笔者发现，这样相对常规的教学方式，高年级学生的参与积极性较低。这主要由于活动和游戏本身提供的参与机会有限，参与到课上活动中的学生人数自然较少。而在教师讲授阶段，学生作为信息的接受者，本身能得到的信息就比较有限。基于以上原因，道德与法治课对教学目标的落实、学生对知识点的掌握情况，都会打折扣。

基于此现状，为了落实国家"双减"政策，提升道德与法治学科课堂教学效率，使道德与法治课程的实施更生动、更多样化，也为了让学生更多地参与到课上的学习活动中来，更为了促进道德与法治课程目标的落实，我们在"双减"政策背景下的道德与法治课上引用项目式学习，开展了提高教学实效性的实践探究。

## 二、引入项目式学习（PBL）实施小学高年级道德与法治课

在实施一节道德与法治课时，有两个主要参与要素，一个是教师的教学方式，一个是学生的学习方式。而教育讲究因材施教，也就是我们所说的"以学

论教"，所以在确定教师教学方式前，首先要研究分析学生的学习方式（包括其接收信息的方式与能力、学习新知的习惯与方式、对不同教学活动的兴趣与反馈）。

高年级学生，尤其是五、六年级学生，随着年龄的增长，也随着其上课经验的增加，其注意力可集中的时间会逐渐变长，同时对课上的环节、活动的设计要求更高。他们对几个人参与的简单游戏，或针对某个话题和小案例谈自己的想法和感受这样的环节会有呼应，但是兴趣度会随年龄升高而有所下降。所以针对高年级学生的这种情况，我们开始探索对于高年级更适合的道德与法治课的实施方式。

学生的学习方式和习惯确定之后，我们有针对性地选择了项目式学习的方式作为探索的方向。项目式学习（PBL，Project-based learning），作为一种动态的学习方法，通过探索现实世界的问题和挑战，让学生更深刻地领会知识和掌握技能。项目式学习，一方面培养强化了学生的团队合作能力、领导力、动手能力、计划以及执行项目的能力；另一方面也让学生更早更深入地面对和解决现实生活中或未来可能要面对的问题。因此，项目式学习这个更加注重过程的学习方式，带给学习者的更多是在应对未来挑战时更精准、更到位的能力。

另外，在项目式学习的过程中，老师的角色是什么呢？教师要作为引导者、辅助者，而非主导者，来循序渐进地辅助学生更好地完成整个项目。在查阅资料期给予适当的支持，在制订计划期给予相应的建议，在计划实施过程中尤其是在团队合作过程中出现新的情况时给予适当的指导，在必要时拓展学生对问题理解的角度和视野。同时教师要在项目开始之初，通过适当的鼓励，给学生建立强有力的自信心，让学生敢于接受难题。这样才能保证学生在项目式学习的过程中通过自己的思考、探索和推理来实现目标。

具体的操作过程中有这样几个必备的步骤：明确所涉及内容的重点概念、确定研究问题、团队（个人）头脑风暴、构建和假设解决方案、梳理学习（项目）目标、团队（个人）学习、梳理项目全程并概括总结。简单展开来说，就是要在遇到一个需要解决的问题时，先明确这个问题是什么，再梳理有关这个问题自己已知的、未知的（需要知道的），怎么获得解决问题的信息（知识）。

为什么选择项目式学习作为道德与法治课程探索尝试的方向？因为它是一种以学生为中心的教学方法，与"以学论教"的总体教学理念相契合；并且通过让学生组建团队，解决一个相对开放的问题的方式来学习，以提升技巧和能力。项目式学习不仅能够达到道德与法治课的教学目标，还能让学生更加立体地体会并收获一些解决实际问题的方法与能力，同时还可以促进学生树立正确的世界观、人生观、价值观。

## 三、小学五年级道德与法治课"辩论项目"的实践

基于对学生的充分认识和对教法的深入探索研究，我们对小学五年级道德与法治课的实施作出了尝试性的实践探索。

我们选择了部编版小学道德与法治五年级上册中第一单元《面对成长中的新问题》的第二课内容"学会沟通交流"。这一课的内容由三个板块组成："正确对待不同看法""真诚坦率很重要""与人沟通讲方法"。三个板块间是递进的逻辑关系，先学习如何正确对待不同看法，理性对待分歧，再认识真诚坦率对于有效化解矛盾的重要性，最后学习一些与人沟通的方法与技巧。

基于项目式学习的方式，又考虑到"理性面对分歧"这一主题的特点，我们选择了"辩论"这一项目形式来实施这一课。以辩论为形式，有两方面考虑：一方面，辩论的形式本身就是对本课教学目标中"让学生了解不同人的不同看法是正常的"一种极有力的体现；另一方面，辩论的过程其实就是让学生充分参与，学会理性对待分歧，理解沟通中既要有效表达更要学会倾听的过程，因为不论正方、反方，都会涉及面对分歧时不同的处理方式会带来不同结果的思考。

在进行课堂实施之前，我们先从儿童心理和知识能力这两方面对学生的情况进行了分析。从儿童心理方面分析，儿童对客观事物的认识往往不同于成年人的认识，他们的认识充满了童真和情感。而本节课的授课对象是五年级学生，在与人交往方面的社会能力上，他们既有儿童身上的纯真与直率，又有处于青春期初期学生的自尊心强、面对不同意见反应易强烈等特点。教学中，教师要注意学生的这种年龄特点，既维护他们纯真的童心，又保护他们的自尊心，让学生通过自己真实的体验来了解存在不同看法是正常的现象，进而实现课程整体目标。从知识能力方面分析，正泽学校的学生由于参与活动较多、课程形式丰富，经常需要作为团队的一员参与到团队合作项目中；同时在"教师与学生零距离"的学校理念下，师生之间这种跨年龄的沟通也较多，所以学生在与人沟通方面有较丰富的经历，表达欲望较强，沟通能力较强。但面对不同

观点时的理性认识与正确处理方式，还有所欠缺。而理性认识来源于感性认识的累积和深化，所以我们通过辩论的形式来呈现课堂内容，让学生直面不同观点，让其在感受、体验中，深刻体会并开始了解、接受存在不同观点是种正常现象。

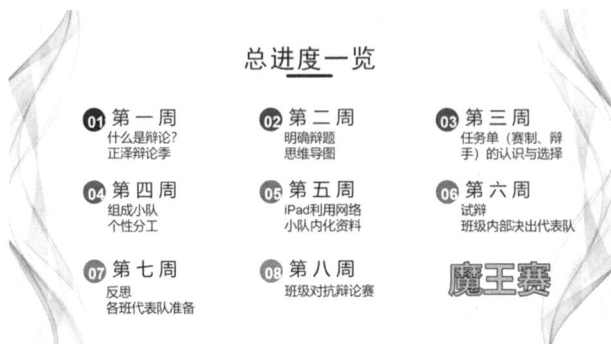

图 1　项目总进度一览表

我们按照项目总进度（见图1），第一周，对辩论这种形式给予了比较明确和深入的介绍，并且通过一些辩论的小视频让学生对辩论产生好奇、感兴趣。第二周，直接给出了终极辩论的辩题："遇到问题时，更应该独立思考还是请教他人？"这也是一种以终为始的项目式学习策略的体现，提前布置项目，中间不做硬性要求，学生分组后可以根据自己需求针对最终辩论进行准备，同时这一周课上也是给每个孩子一次借助思维导图呈现有关辩题所有观点的机会，对正反方的观点都有一个初步准备。第三周，我们认识辩论赛的赛制、辩手的不同位置，让学生对于辩论有更进一步的了解。第四周，我们为辩论做初步准备，由学生自主进行组队，并做好不同位置辩手的分工。第五周，在课堂上我们利用平板电脑让各个小组自行查阅资料并内化资料，将资料变成论点、论据，为自己辩论所用。第六周，我们进行班级内部的试辩，每班六个小组，共分三场进行班内辩论赛，让每个学生都能参与到辩论的真实场景中，同时都能亲身体会到直面分歧的真实感受。在这一次的班内辩论后，每组选出一名最佳辩手，并自动组成班级六人辩论小队（考虑到各班参与人数以及辩论赛的形式多样，我们的终极辩论赛增设了自由辩手、开杠手，后期会对终极辩论进行详细解释）。第七周是年级终极对抗赛前的代表队准备阶段，我们根据辩手的不同位置进行准备，在班内辩论中为最终辩论赛的参赛队伍共同做准备，然后再由双方最终的辩论队进行各自整合准备。第八周为终极辩论赛。

其中，涉及本课的辩题"独立思考 VS 请教他人"中，"请教他人"本身就是与人沟通的一种具体情境。在请教他人时，可能会出现两种情况：一种是对方赞同你本来的思考并给了你一定的建设性意见或启发，这样对他人的请教就给我自己带来了效率上和实质性的提升，显然在辩论中这是对反方（"请教他人"一方）更有利的论点。而另一种情况是对方给予你的意见是完全与你本身思考相左的，这种情况其实就是我们教材目标中的"理性面对分歧"的一种表现形式。这个时候，这个论点就更适用于反方（"独立思考"一方）的准备，我们究竟是理性面对分歧并通过合理的沟通去处理和统一意见，还是各持己见两不相让甚至发生争执，对于解决问题本身可能会起到完全相反的作用。

在这里，笔者需要重点说明一下最后一周的年级终极辩论赛。在整个辩论大项目中，除了终极辩论赛环节，其他每一个环节都是需要每位同学全程参与和思考的，所以学生的积极性和参与度特别高。但如果按照传统辩论比赛的流程去开展，那么只有台上学生才能真正地参与到活动中。考虑到这个辩论赛同时也是五年级两个班的道德与法治大课，需要做到全员参与、全程参与，所以我们对终极辩论赛的规则和赛程，作了必要的调整：(1) 增设"自由辩手"位置，增加了台上辩论参与人员以及自由辩论环节的观赏性；(2) 增加"开杠"这一创新辩论环节，增加了辩论赛的趣味性，给个别学生提供了展示平台；(3) 最重要的一点，是增设了"场下自由辩论"环节，且在时间设置上超过了台上辩论时间，将辩论的重点从台上变为台上、台下互动，最终让这一节"辩论大课"不仅是台上学生展示的平台，更是全体同学这八周辩论项目的一次汇报，同时也让这八周的道德与法治课每次都做到了全员全程参与。

## 四、小学五年级道德与法治课"辩论项目"的实践效果

辩论项目在道德与法治课上的实施，不光有对教材知识、技能、目标的落实，更有对学生发展核心素养的培养。

对教材目标的落实上，通过项目实施的整个过程，学生将尊重选择、面对分歧、理性沟通的一个个目标真正内化为他们切身的思考与行动。当学生拿到一个辩论题目的时候，他们立刻就会在心里有一个对题目的判断。这个时候，班级内部针对一个题目会自动形成正反方，这其实就是最初的"遇见分歧"。那我们辩论项目的第二步，就是针对辩题每个同学作出有关正、反两个方面的

思维导图。这样，每个同学不仅了解了自己倾向的观点，还深入了解了与己不同的对方的观点，这正是我们所说的"认识分歧"，知道了分歧究竟是什么。自己做完思维导图后，小组对辩论中论点的准备、论据的查找、整个资料的内化过程，其实就是一种对分歧的再认识，明确分歧来自什么。最后在真正的辩论过程中，不论是组内的试辩、班内辩论赛，还是最终的年级辩论赛，都体现了我们直视分歧、面对分歧的过程。在与对方辩手一次次的语言交锋中，在不断的倾听与表达中，学会理性地面对分歧。至此，教材的目标已经达到。但不止于此，我们在辩题设置中，也隐含了对教材内容的体现；在独立思考与提问中，其实就包含了面对分歧的具体实例。当他人与己对一个问题出现了不同观点时，如果各持己见，甚至背道而驰，显然提问他人就会变成一种不好的选择，因为会使解决问题的效率降低；而如果理性地面对分歧，通过倾听、协调、沟通，将不同观点取长补短集合成更好的方案，则会如虎添翼、锦上添花，使提问他人变成效率更高、更好的选择。

从培养学生发展核心素养的角度看，在初期的任务布置中，学生收获了以终为始、心中有数这一项目实施的好策略。在辩论的准备期，一方面培养了学生查阅收集资料、内化资料的能力；另一方面也培养学生的发散思维，让学生能多角度思考问题，并最终对某一问题得到很多新的思考；同时还可以增强团队合作意识，提升与人合作的能力。这里特别要提到的是，还有一个"尊重选择"的能力。在准备辩论的过程中，由于不同位置辩手有不同的任务，通过对适合自己、适合他人的辩论身份的抉择和这个抉择的过程，让学生对自己和他人的认识有了更进一步的发展，并体会到其中蕴含的"尊重选择"的道理；同时这也与因材施教教育理念相符合，希望培养出的学生是各有特色、各有擅长的。在项目中期，辩论赛场上，锻炼了学生的语言表达能力，尤其通过特殊赛制的设置（加入场下自由辩论环节，尤其是增长了场下自由辩论的时间），让不论是场上同学还是场下同学，都能在认真倾听对方见解的同时，迅速找到合适的对策并及时表达出来，培养了思维的敏捷性和灵活性以及辩证思维方式；辩论过程更是全程锻炼了学生在很多人面前发表见解的勇气。举个小例子，自由辩论的过程中，有一种情况经常会发生（且刚才的课堂上就不止一次地发生），即同一方中有多人同时起立想要发言。这个时候我们就看到有同学会主动先坐下留一名同学发言，以达到最高效的辩论效果。这些其实都是孩子们在整个项目的体验过程中和反思中不断进步而形成的良好的辩论礼仪和素养。在项目后期，渗透了反思精神。这里体现了两层反思：一层是学生自评、互评阶段，通过在辩论过程中对教材知识的收获以及辩论技巧、交往能力、礼仪素养的收获而进行的自主反思；另一层是教师在整堂课最后的反思引导，让整个辩论活动以项目学习开始，以项目学习的反思收尾，点明学生在其中的感悟与收获，为孩子树立正确的道德观和价值观奠定基础。

通过这一次项目式学习在小学高年级道法课中的应用，我们可以看到，其中的收获是多层次多角度的。从学生学习的角度看，不仅让学生认识了项目式学习，认识了辩论，还让他们了解了辩论的具体技巧。同时，通过辩论的准备和场上参与，提升了学生的个人能力及素养，也提升了团队参与感、合作意识，更加提升了整个人的气度。从教师教学的角度看，首先我们守住了教学底线，通过项目学习的形式，更生动更立体地完成了最基础的教学目标的实现；其次我们通过多样的课堂形式，并将辩论赛制进行自主创新（加入场下辩论和开杠环节），使课堂参与度大大提高，可以做到全员全程参与，真正使课堂变成全体学生的课堂；最后这一上课方式更加强调学生能力上的培养，如团队合作能力、收集内化资料能力、语言表达能力、思辨精神、反思精神。

# 五、结语

"双减"政策的高质高效落实需要各学科教师共同努力，改变传统教学方式，积极探索新形势下教学模式，不断提高课堂教学效率。

针对现阶段道德与法治学科课程实施中的学生参与感较低、体验感较差等现状，我们在摸清现状、查阅资料、自主研究、探索尝试后，将研究落实为课堂实践，取得了一些成果，也发现了一些问题，现总结如下：

在整个研究过程中，笔者不断感受到"双减"中道德与法治课实施方式改良的紧迫性。如前文所述，道德与法治学科是国家级重点学科，也是让学生形成世界观、人生观和价值观最直接的一门课程，其重要程度不言而喻，学生对学科课堂的参与度、最终教学目标的接受度必须要达到一个较高水平。而纵观整个研究，结合项目式学习的探索是较为成功的，我们不仅摸索出了一个比较成熟的教学方式，并且从课堂呈现出来的学生的积极性、感兴趣程度（表现为学生特别喜欢、感兴趣，会主动想能为辩论项目做些什么），学生在活动中参与的人数和程度（学生的辩论赛从仪式感到内容、表现力，都特别精彩），课后达到的教学效果（和传统道法课堂相比学生参与和获得的深度、广度）这几个方面，都能看出这一次研究探索的成果与收获。

而在提高教学质量的研究过程中，随着思考、探索的不断深入，我们也萌生了一些新的研究需求和方向。本次辩论项目的实施是成功的，说明了项目式学习这种探索方向的可行性，但其所涉及的教材内容较为有限，后期对于其他教材内容的丰富和拓展、如何将项目式学习的方式与更多教材内容相结合去实施、教材中是所有内容都用项目式学习的方式还是有选择性地选取教材内容的一部分进行尝试，还需要我们继续进一步的研究。

深入研究"双减"政策下提高教学质量的方式方法，积极推进教学创新，构建新型的教学模式，改进和创新教学策略，运用项目式学习促进课堂教学融合创新，组织学生进行拓展学习和深度学习让我们尝到了"甜头"，也让我们深刻体会到：注重启发式、体验式、互动式、探究式教学，全面提高课堂教学质量将是"双减"政策下我们的坚持和追求！

# 促进学生全面发展与个性成长的小学艺术课程体系

胡荣堃　王　辉

艺术课程是学校实施美育的最主要途径，其质量决定着学校美育实践的有效性，影响学生全面发展目标的落实。作为一所年轻的九年一贯制民办学校，北京市正泽学校自建校以来，就一直探索构建自身的艺术课程体系。经过多年的持续建设，学校初步形成了促进学生全面发展与个性成长的小学艺术课程体系（见图 1）。这一体系以学校培养目标为最终目的，以课程目标为直接引领，将课程理念贯穿于课程的设置、实施与评价的各个环节。

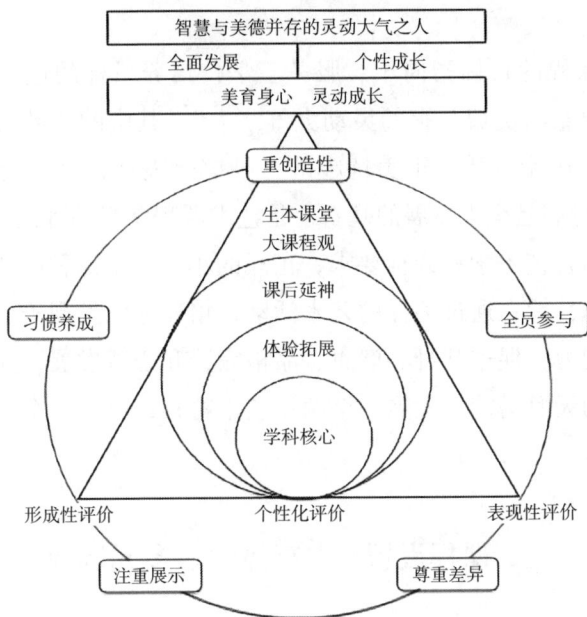

图 1　促进学生全面发展与个性成长的小学艺术课程体系

# 一、课程理念：全面发展、个性成长

学校坚持以促进学生全面发展为前提的课程理念。一方面，坚持全人教育理念，明确艺术课程对于学生全面发展的重要作用，在课程设置、课时安排、实施方式等方面予以保障落实。另一方面，充分认识艺术课程的全面育人功能，发挥艺术在陶冶品格、提高素养、开发智力、培养动手能力等方面的作用。

同时，学校坚守个性化教育理念，以实现学生的个性成长为课程导向，充分尊重每一个学生的独特性，允许学生存在发展上的差异。因此，课程设置上，既要提供丰富的课程内容以满足学生的需求，又要给学生自主选择的空间；课程实施上，要关注每一个学生，关注差异，采取针对性的教育教学方法；课程评价上，既有保底要求，又有弹性空间，鼓励和支持学生的独特表达。

# 二、课程目标：美育身心、灵动成长

正泽艺术课程的目标指向于、服务于学校培养目标的达成。学校明确提出，要培养"智慧与美德并存的灵动大气之人"。其中的"灵动"是指健美体魄、阳光心态、优雅气质、审美情趣的一种综合表现，是对健与美的不懈追求。"灵动"的身心是全人发展的基石，是艺术课程承载的育人目标。

基于此，结合艺术学科课标要求，正泽的小学艺术课程以"美育身心、灵动成长"为目标，旨在通过多样的艺术活动，培养他们发现美、欣赏美、表达美、创造美的能力，促进其身心健康、品格完善和心智发展，同时帮助每一个学生发掘自身的天赋潜能，发展一至两项艺术特长，成为一个素质全面、特长突出的灵动个体。

# 三、课程设置：丰富体验、多元选择

依据以上理念和目标，结合国家课程要求，学校形成了由学科核心课程、体验拓展课程、课后延伸课程三类课程组成的小学艺术课程内容体系。

## （一）学科核心课程

学科核心课程是特定年级学生必修的艺术学科课程，是学校美育实践的核心途径，由造型艺术和表演艺术两大类学科组成。造型艺术包括书画（各年级）、美术（二至五年级）和工艺（五年级）三个科目；表演艺术包括音乐（各年级）、创意舞动（一、二年级）、戏剧（一、二年级）和京剧（三、四年级）四个科目。这些科目不仅涵盖义务教育阶段的国家课程内容，更结合学生年龄特点和地域特色，加入了丰富的校本课程内容（如京剧），以及对艺术课程的校本化创新（如书画、创意舞动）。其中，京剧课程依托北京地域文化特色，通过学唱经典京剧选段，引导中年级学生体验和弘扬国粹艺术。书画课程以"书画同源"思想为指导，将我国传统书法、绘画、篆刻等艺术形式融合为一，面向各年级学生开展传统书画教学。创意舞动课程（Creative Movement）借鉴国际青少年舞蹈训练的先进理念，超越动作的模仿和练习，引领低年级学生在感受肢体、空间的基础上，创造性地运用肢体动作传递内心的情感和态度，建立对舞蹈的个性化审美认知。

## （二）体验拓展课程

体验拓展课程是校本化艺术体验活动，属于学生必修的学科实践活动范畴，旨在通过专业艺术活动的体验和熏陶，拓宽学生视野，提升学生的艺术素养和学校的艺术氛围。主要有两种形式：校内的"艺术时空"系列活动和校外的"馆园采风"活动。"艺术时空"专为表演艺术设计，每学期定期举行两次，主要是"请进来"，即邀请国内外的专业艺术人员到校进行现场表演和教学。"馆园采风"活动则针对造型艺术，每学期举行一至两次，主要是"走出去"，即根据不同年级学生的特点，带领他们前往适合的校外艺术场馆、园艺景观等场所参观、欣赏和写生。

## （三）课后延伸课程

课后延伸课程是面向全体学生开设的课后艺术兴趣小组/社团，由学生自主选择参加，每周定期开展活动，旨在鼓励每一个学生找到自己的兴趣、爱好，发展特长。目前开设的科目主要分为造型艺术和表演艺术两类。造型艺术类涉及书画、美术、工艺三个领域，具体包括书画、软笔书法、硬笔书法、美术、儿童创意绘画、衍纸、非物质文化遗产（六个项目）、超级黏土等八门课程。表演艺术类主要分为声乐、器乐、舞蹈、京剧、其他表演五类，具体包括合唱、管乐（九个声部）、（行进）打击乐、长笛、舞蹈、京剧、口才与演讲、朗诵、魔术、英语戏剧等九门课程。

以上三类艺术课程中，学科核心课程是所有学生必须掌握的基础，体验拓展课程是对基础的补充，课后延伸课程是学生个性化的发展路径。三者内容丰富、紧密结合，既能让每一个学生都能获得多样的艺术体验和基础素养，同时又为不同的学生提供了自主发展的空间，让他们能够找到所爱、发展所长。

## 四、课程实施：“大课程”观、“生本”课堂

### （一）倡导“大课程”观

（1）凸显课程融合。一方面，依据我国义务教育阶段艺术课程标准，加强不同艺术学科的融合，打通艺术学习的内在联结。比如，工艺与书画、美术紧密结合，将学生在书画、美术课上学到的表达方式转化到工艺制作上；将音乐、创意舞动、戏剧融合形成歌舞剧表演的艺术学习活动。另一方面，促进跨领域融合，培养学生的高阶思维。比如，三年级学生合作完成了科技与美术的跨领域项目学习作品《太阳系星空墙》，一、二年级语文与戏剧相结合形成课本剧编创和表演活动。

（2）注重环境育人。一方面，将校园看成是“大教具”，在校园中加入艺术的要素，形成艺术熏陶的环境和氛围。比如，楼道中随处可见多样的书法和篆刻作品，专业教室和学校公共空间中布置和展示教师、学生作品，校园中的建筑、植物、园区等作为学生观察、写生的场所。另一方面，充分利用“馆园采风”活动和各类社会实践活动中的艺术要素，带领学生在自然风光、园艺景观中感受美、创造美。比如，组织学生在颐和园、陶然亭公园、北戴河阿那亚黄金海岸等地进行写生活动。

### （二）“生本”课堂

学校坚持“以学生为主体”的课堂教学理念，在艺术学科的课堂教学中尤为注重从以下五个方面构建“生本”课堂。

（1）重创造性培养。课堂教学要格外关注培养学生创造性的目标，坚持“有创造、无统一”，即教学环节中必须设置让学生进行艺术创作实践的环节，对于学生的作品没有固定的模板或标准化的要求，尊重学生的独创性。

（2）强调全员参与。学生的主体地位首先体现为广泛的参与度。因此，在课堂教学中要通过小组活动、同伴互动、实践操作等多种形式，确保100%

的学生都参与到艺术学习活动中，让每一个学生都能有体验、探究、实践的机会。

（3）尊重个体差异。"以生为本"就要关注个体差异，发现每一个学生的天赋、潜能，最大化地促进其发展。因此，教师要注重个性化的课堂反馈评价，让每一个学生能够感受到艺术学习带来的自信和愉悦，支持他们的独特表达，并对不同发展水平的学生给予针对性的指导。

（4）注重作品展示。"生本"课堂还体现在为学生提供"展台"和"舞台"。因此，学校要求在艺术学科的课堂教学中，必须有学生作品展示、交流互动的环节，学期末也要进行各种形式的展示活动，用学生的作品、表演体现教学效果，确保艺术课程教学目标的有效达成。

（5）关注习惯养成。"以生为本"就要始终坚持促进学生的全面发展。因此，在课堂教学中，所有教师都要关注学生的习惯培养，通过小组合作、用具整理、交流互动等环节，培养学生形成良好的行为习惯、学习习惯，促进其规则意识、合作意识的形成与内化，将学生德行品质的培养贯穿于教学活动的始终。

## 五、课程评价：形成性、表现性、个性化

### （一）普遍采用形成性评价

课程评价上，学校坚持保底标准和弹性达成，注重过程性，普遍采用形成性评价方式。艺术学科的形成性评价有两项内容：一是学科专业技能掌握；二是综合素质提升，包括习惯养成、心智发展、品格培养等方面。比如，一年级书画课程的评价内容包括习惯养成、学具使用、书法、中国画、造型表现、色彩感受等六个方面，课程初期关注习惯培养和基本技能。随着课程的开展，学生完成规定类型和数量的作品，可以有不同的完成速度和兴趣倾向，教师通过学生整个学期的作品对其专业能力水平给出评价。

### （二）全面推行表现性评价

学校在艺术课程中全面推行表现性评价方式，即在期末进行作品展示，真实呈现学生专业能力的发展水平，并对每一个学生在此过程中表现出的学科核心素养进行评价。造型艺术类的科目主要通过作品展览；表演艺术类的科目主要通过现场表演。这种方式不仅适用于艺术学科核心课程的期末评价，也适用

于课后延伸课程的评价。作品展示要求学生"百分百参与、个性化表达"，即每个学生都有作品或参与作品的完成，但学生可以自主选择最佳的作品或最适合自己的任务。

### （三）注重个性化定性评价与反馈

艺术课程在评价中尤为注重个性化的定性评价与反馈，即对学生的作品及其呈现出的艺术素养，给出有针对性和指导性的评语，主要包括过程性评语和总结性评语两类。过程性评语是对学生阶段性作品或表现给出指导性评语。总结性评语是在期末对学生的学期表现给出总体评价。这两类评语都要遵从"评价三原则"，即语言有温度、表述要专业、指导能落地，以真正落实对学生的个性化指导。

# 六、结语

学校初步形成的小学艺术课程体系，有效促进了学生整体素养和个性特长的发展，推动了自身育人目标和理念的落实。在此基础上，学校将持续进行艺术课程建设，进一步发挥九年一贯制的优势，构建内容更为丰富、方法更加多样、必修与选修相结合的一贯制艺术课程体系，更好地促进学生的全面发展与个性成长。

# 大数据分析在体育学科的应用 [①]

王　珅　张永岐　汪　洋　赵宇航　陈兆烽　邵宝华

## 一、案例背景

### （一）研究背景

近年来，我国教育信息化发展呈现出跨域式前进的势头。国家及各省市地区陆续提出了教育信息化发展的纲领性文件，并制定了相应的发展纲要，大力推进教育信息化发展，力求通过教育信息化实现个性化教学。

自"双减"政策推出以来，国家密集出台体育相关政策文件，体育教育受到了空前的重视。《教育部教育信息化"十四五"规划》也对体育教育提出了更高的要求。深化"互联网+"健康教育，大力发展智慧体育成为大势所趋。

正泽学校自建校伊始，始终秉持"全人发展、首选体育"的体育工作指导思想，在"正本泽根、正己泽人"的育人理念下，坚持以体能为核心，坚持关注每一个孩子的健康成长。学校每一名学生的身体数据都需要进行详细的记录与追踪，更需要对这些数据进行详细的分析，以更好地指引体育个性化教育教学的落实。体育学科亟须通过信息化手段进行统计、分析，更科学、更及时地给予学生反馈、指导。

① 北京市西城区教育科学规划 2019 年度校本专项一般课题"大数据分析在小学体育个性化教学的应用"（课题编号：S2019Y0062）。

## （二）现状问题

### 1. 体育教育现状分析

当前学科类教育信息化已经取得了一定的突破，但在艺体教育中，信息化的教学手段发展仍较为滞后。传统教学中很多动作不能进行讲解展示，导致教学效率低，同时教师教学绩效和教学质量评价以及学生学习效果和体质监测评价中主观意识较强。很多地区师资力量匮乏、体育老师教学水平参差不齐使得体育课后训练和体育兴趣社团很难开展，体育教研信息化需求普遍难以满足。

### 2. 大数据与体育教育结合的难点

大数据技术在学校体育教学当中的应用也存在着诸多实际问题。首先学校教育数据共享存在障碍。在小学体育学科中，体育学科获取到的信息化数据较少，少量的数据在大数据分析中的使用不具备普遍性和准确性，无法成为个性化体育教学的依据。其次，学校教育数据挖掘难度大。大数据时代信息分析的难点就在于对海量的非结构化数据的分析，但是使用的数据越多，成本也会相应提高，而采用的数据过少，又不能充分认识教育过程的本质。

## （三）预期目的

构建体育学科大数据分析系统，通过系统辅助体育学科实现对学生的个性化教学，深入探索大数据技术在体育教育中的应用，打造蕴含教育理念和教育特色的智能教育软件平台，为学校提质增效，提升课堂教学质量，优化教学方式，全面提高学校体育教学质量与教学效率。

# 二、实施过程

## （一）数据采集与分析

针对学生数据进行采集，将各个科目的体育成绩都汇总到统一数据表中，并按照国家体育标准进行设置。通过数据计算，能够得到全校的数据分析结果（见表1）。

表1 个别数据示例与全校数据分析

| 年级 | 班级 | 学号 | 姓名 | 性别 | 体测总分 | 50米 | 成绩 | 体前屈 | 成绩 | 跳绳 | 成绩 | 跳绳加分 | 仰卧起坐 | 成绩 | 身高 | 体重 | BMI值 | BMI分数 | BMI评价 | 肺活量 | 得分 |
|---|---|---|---|---|---|---|---|---|---|---|---|---|---|---|---|---|---|---|---|---|---|
| 3 | 1 | 192103 | ** | 男 | 111 | 10 | 74 | 16 | 95 | 175 | 100 | 20 | 40 | 85 | 127 | 31.1 | 19.2 | 100 | 正常 | 2188 | 90 |

| 全校数据分析 | | | | | | | | | | |
|---|---|---|---|---|---|---|---|---|---|---|
| 有效人数 | 1099 | 共1108人 | 人数 | 一年级 | 二年级 | 三年级 | 四年级 | 五年级 | 六年级 | |
| 免体人数 | 优秀率 | 75.34% | 828 | 67.08% | 81.07% | 81.99% | 71.98% | 71.43% | 88.33% | |
| 9 | 良好率 | 20.66% | 227 | 24.58% | 15.53% | 16.59% | 25.12% | 24.57% | 10.00% | |
| 未测完人数 | 及格率 | 4.00% | 44 | 8.33% | 3.40% | 1.42% | 2.90% | 4.00% | 1.67% | |
| 0 | 不及格率 | 0.00% | 0 | 0.00% | 0.00% | 0.00% | 0.00% | 0.00% | 0.00% | |
| 跳绳 | 优秀率 | 86.17% | 947 | 67.92% | 87.86% | 93.84% | 91.30% | 92.00% | 91.67% | |
|  | 良好率 | 6.19% | 68 | 10.00% | 6.80% | 1.42% | 6.28% | 5.14% | 8.33% | |
|  | 及格率 | 7.64% | 84 | 22.08% | 5.34% | 4.74% | 2.42% | 2.86% | 0.00% | |
|  | 不及格率 | 0.00% | 0 | 0.00% | 0.00% | 0.00% | 0.00% | 0.00% | 0.00% | |
| 50米 | 优秀率 | 25.27% | 278 | 42.08% | 26.21% | 17.54% | 11.59% | 21.71% | 40.00% | |
|  | 良好率 | 17.64% | 194 | 13.33% | 18.45% | 16.11% | 15.46% | 24.00% | 26.67% | |
|  | 及格率 | 55.36% | 609 | 43.75% | 52.91% | 65.40% | 69.57% | 53.14% | 33.33% | |
|  | 不及格率 | 1.64% | 18 | 0.83% | 2.43% | 0.95% | 3.38% | 1.14% | 0.00% | |
| 体前屈 | 优秀率 | 57.18% | 625 | 79.17% | 71.36% | 59.24% | 37.20% | 29.14% | 58.33% | |
|  | 良好率 | 25.02% | 275 | 9.17% | 21.84% | 29.86% | 34.30% | 30.29% | 35.00% | |
|  | 及格率 | 17.93% | 197 | 11.67% | 6.80% | 10.90% | 28.02% | 40.00% | 6.67% | |
|  | 不及格率 | 0.18% | 2 | 0.00% | 0.00% | 0.00% | 0.48% | 0.57% | 0.00% | |
| 仰卧起坐 | 优秀率 | 46.02% | 301 | 0.00% | 0.00% | 28.44% | 43.96% | 54.86% | 90.00% | |
|  | 良好率 | 23.55% | 154 | 0.00% | 0.00% | 21.80% | 23.19% | 32.00% | 6.67% | |
|  | 及格率 | 30.12% | 197 | 0.00% | 0.00% | 49.76% | 32.37% | 13.14% | 3.33% | |
|  | 不及格率 | 0.15% | 1 | 0.00% | 0.00% | 0.00% | 0.48% | 0.00% | 0.00% | |
| 50×8 | 优秀率 | 54.89% | 129 | 0.00% | 0.00% | 0.00% | 0.00% | 53.14% | 60.00% | |
|  | 良好率 | 18.80% | 44 | 0.00% | 0.00% | 0.00% | 0.00% | 20.00% | 15.00% | |
|  | 及格率 | 25.64% | 60 | 0.00% | 0.00% | 0.00% | 0.00% | 25.71% | 25.00% | |
|  | 不及格率 | 0.85% | 2 | 0.00% | 0.00% | 0.00% | 0.00% | 1.14% | 0.00% | |
| 肺活量 | 优秀率 | 62.42% | 686 | 75.83% | 66.99% | 55.45% | 58.45% | 50.29% | 66.67% | |
|  | 良好率 | 26.66% | 293 | 16.67% | 23.79% | 32.70% | 32.37% | 30.86% | 23.33% | |
|  | 及格率 | 10.92% | 120 | 7.50% | 9.22% | 11.85% | 9.18% | 18.86% | 10.00% | |
|  | 不及格率 | 0.00% | 0 | 0.00% | 0.00% | 0.00% | 0.00% | 0.00% | 0.00% | |
| 肥胖率 | 肥胖率率 | 5.10% | 56 | 3.33% | 6.80% | 3.32% | 5.80% | 4.57% | 11.67% | |
|  | 超重率率 | 11.19% | 123 | 8.75% | 13.11% | 11.85% | 10.63% | 12.57% | 10.00% | |
|  | 轻体重率 | 5.46% | 60 | 4.58% | 2.91% | 9.00% | 4.83% | 6.29% | 5.00% | |
|  | 正常率 | 78.25% | 860 | 83.33% | 77.18% | 75.83% | 78.74% | 76.57% | 73.33% | |

同时也能根据各个年级的实际情况进行综合统计，以六年级为例（见表2）。

表2 六年级数据分析

| 六年级数据分析 | | | | | | | | | |
|---|---|---|---|---|---|---|---|---|---|
| 有效人数 | 60 | 共60人 | 人数 | 1班 | 男 | 女 | 2班 | 男 | 女 |
| 免体人数 | 优秀率 | 88.33% | 53 | 86.67% | 80.00% | 93.33% | 90.00% | 86.67% | 93.33% |
| 0 | 良好率 | 10.00% | 6 | 10.00% | 13.33% | 6.67% | 10.00% | 13.33% | 6.67% |
| 未测完人数 | 及格率 | 1.67% | 1 | 3.33% | 6.67% | 0.00% | 0.00% | 0.00% | 0.00% |
| 0 | 不及格率 | 0.00% | 0 | 0.00% | 0.00% | 0.00% | 0.00% | 0.00% | 0.00% |
| 跳绳 | 优秀率 | 91.67% | 55 | 96.67% | 93.33% | 100.00% | 86.67% | 86.67% | 86.67% |
| | 良好率 | 8.33% | 5 | 3.33% | 6.67% | 0.00% | 13.33% | 13.33% | 13.33% |
| | 及格率 | 0.00% | 0 | 0.00% | 0.00% | 0.00% | 0.00% | 0.00% | 0.00% |
| | 不及格率 | 0.00% | 0 | 0.00% | 0.00% | 0.00% | 0.00% | 0.00% | 0.00% |
| 50米 | 优秀率 | 40.00% | 24 | 36.67% | 33.33% | 40.00% | 43.33% | 46.67% | 40.00% |
| | 良好率 | 26.67% | 16 | 20.00% | 6.67% | 33.33% | 33.33% | 13.33% | 53.33% |
| | 及格率 | 33.33% | 20 | 43.33% | 60.00% | 26.67% | 23.33% | 40.00% | 6.67% |
| | 不及格率 | 0.00% | 0 | 0.00% | 0.00% | 0.00% | 0.00% | 0.00% | 0.00% |
| 体前屈 | 优秀率 | 58.33% | 35 | 60.00% | 40.00% | 80.00% | 56.67% | 26.67% | 86.67% |
| | 良好率 | 35.00% | 21 | 36.67% | 53.33% | 20.00% | 33.33% | 53.33% | 13.33% |
| | 及格率 | 6.67% | 4 | 3.33% | 6.67% | 0.00% | 10.00% | 20.00% | 0.00% |
| | 不及格率 | 0.00% | 0 | 0.00% | 0.00% | 0.00% | 0.00% | 0.00% | 0.00% |
| 仰卧起坐 | 优秀率 | 90.00% | 54 | 83.33% | 66.67% | 100.00% | 96.67% | 93.33% | 100.00% |
| | 良好率 | 6.67% | 4 | 10.00% | 20.00% | 0.00% | 3.33% | 6.67% | 0.00% |
| | 及格率 | 3.33% | 2 | 6.67% | 13.33% | 0.00% | 0.00% | 0.00% | 0.00% |
| | 不及格率 | 0.00% | 0 | 0.00% | 0.00% | 0.00% | 0.00% | 0.00% | 0.00% |
| 50×8 | 优秀率 | 60.00% | 36 | 46.67% | 26.67% | 66.67% | 73.33% | 53.33% | 93.33% |
| | 良好率 | 15.00% | 9 | 13.33% | 20.00% | 6.67% | 16.67% | 26.67% | 6.67% |
| | 及格率 | 25.00% | 15 | 40.00% | 53.33% | 26.67% | 10.00% | 20.00% | 0.00% |
| | 不及格率 | 0.00% | 0 | 0.00% | 0.00% | 0.00% | 0.00% | 0.00% | 0.00% |
| 肺活量 | 优秀率 | 66.67% | 40 | 60.00% | 33.33% | 86.67% | 73.33% | 53.33% | 93.33% |
| | 良好率 | 23.33% | 14 | 30.00% | 53.33% | 6.67% | 16.67% | 33.33% | 0.00% |
| | 及格率 | 10.00% | 6 | 10.00% | 13.33% | 6.67% | 10.00% | 13.33% | 6.67% |
| | 不及格率 | 0.00% | 0 | 0.00% | 0.00% | 0.00% | 0.00% | 0.00% | 0.00% |
| 肥胖率 | 肥胖率率 | 11.67% | 7 | 16.67% | 20.00% | 13.33% | 6.67% | 13.33% | 0.00% |
| | 超重率率 | 10.00% | 6 | 10.00% | 13.33% | 6.67% | 10.00% | 20.00% | 0.00% |
| | 轻体重率 | 5.00% | 3 | 3.33% | 6.67% | 0.00% | 6.67% | 6.67% | 6.67% |
| | 正常率 | 73.33% | 44 | 70.00% | 60.00% | 80.00% | 76.67% | 60.00% | 93.33% |

此外，正泽还建立了体育成绩大数据平台，在平台中可对各类数据进行检索和查询。

## （二）内在规律分析和建模

大数据需要深入挖掘数据之间的规律：一是对整体数据进行描述，找到数据之间的规律；二是对数据之间的关系进行分析，达到预测的目的。

对身高体重、BMI 指数、50 米跑步和跳绳成绩进行分析，并对其中的关键因素进行数字化建模，通过模型对学生的体育成绩进行预测。

在定量化模型方面，针对 50 米跑的成绩进行影响因子分析。发现在相关变量中，年龄（年级）对 50 米跑的成绩影响最大，其次是身高、肺活量和体重，性别略有微小差异。

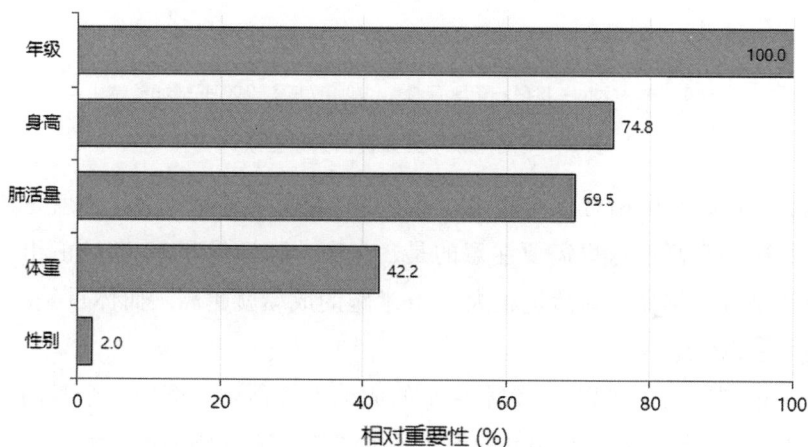

图 1　相对变量重要性

注：变量重要性测量拆分预测变量时的模型改进。相对重要性定义为相对于最佳预测变量的改进百分比。

通过对关键因素的筛选，建立线性回归方程，由于不同年级的差异比较大，因此针对不同的年级分别进行建模。

| 年级 | 性别 | |
|---|---|---|
| 1 | 男 | 50m = 15.026 - 0.03677 身高 + 0.05017 体重 - 0.000471 肺活量 |
| 1 | 女 | 50m = 15.269 - 0.03677 身高 + 0.05017 体重 - 0.000471 肺活量 |
| 2 | 男 | 50m = 14.685 - 0.03677 身高 + 0.05017 体重 - 0.000471 肺活量 |
| 2 | 女 | 50m = 14.929 - 0.03677 身高 + 0.05017 体重 - 0.000471 肺活量 |
| 3 | 男 | 50m = 14.393 - 0.03677 身高 + 0.05017 体重 - 0.000471 肺活量 |
| 3 | 女 | 50m = 14.636 - 0.03677 身高 + 0.05017 体重 - 0.000471 肺活量 |
| 4 | 男 | 50m = 14.217 - 0.03677 身高 + 0.05017 体重 - 0.000471 肺活量 |
| 4 | 女 | 50m = 14.461 - 0.03677 身高 + 0.05017 体重 - 0.000471 肺活量 |
| 5 | 男 | 50m = 13.695 - 0.03677 身高 + 0.05017 体重 - 0.000471 肺活量 |
| 5 | 女 | 50m = 13.938 - 0.03677 身高 + 0.05017 体重 - 0.000471 肺活量 |
| 6 | 男 | 50m = 13.402 - 0.03677 身高 + 0.05017 体重 - 0.000471 肺活量 |
| 6 | 女 | 50m = 13.645 - 0.03677 身高 + 0.05017 体重 - 0.000471 肺活量 |

表 3　不同年级学生关键因素模型统计

从表 3 可以看出相对影响变化的重要性，最重要的是年级，也就是孩子的年龄，其次是身高。这里需要注意的是，身高、肺活量和 50 米呈正相关的关系，也就是身高越高，肺活量越大，50 米跑的成绩就越高。而体重是减分项，体重越大，跑得越慢。

有了模型以后就可以对 50 米跑步的成绩进行预测。例如一个身高 160 厘米、体重 50 公斤、肺活量 3200 的五年级男同学，50 米跑的预测为：

设置：

| 身高 = 160, | 体重 = 50, | 肺活量 = 3200, | BMI 值 = 19.53, | 年级 = 6, | 性别 = 男 |
|---|---|---|---|---|---|

预测：

| 观测值 | 终端节点 ID | 拟合值 |
|---|---|---|
| 1 | 1 | 8.8131 |

经过综合判定与模型测算，该同学的合理成绩应该在 8.81 秒。这个结果是从正泽学校的大量数据中反映出来的规律。如与这个预测的成绩偏差很大，如跑得快很多，则说明该同学在短跑方面具有较大的潜力，超过常人；如果慢很多，则需要对该同学的健康情况以及跑步动作姿势进行深入的分析，以提高其

成绩。

### （三）系统架构设计

体育大数据系统的功能架构如图 2 所示。

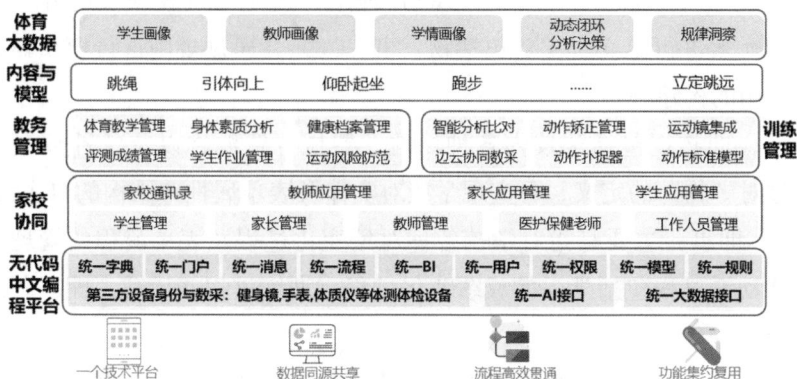

图 2　体育大数据系统功能架构

体育大数据系统是构建在无代码中文编程平台之上的，分为家校协同、教务管理、训练管理内容与模型、体育大数据四个部分。

家校协同针对学生的身体健康和体育锻炼情况，将学生、家长、体育老师、医护保健老师和其他工作人员衔接成一个整体，并通过建立通讯录和构建系统应用的方式，强化各方人员的协同。借助微信移动端可以为教师、学生和家长分别开发相关的体育应用，以实现相互协同、提高效率的目的。

体育教务管理包括体育的教学管理、体育成绩、作业管理、健康档案、素质分析和风险管理等内容。教学管理包括教学计划、排课以及学生情况查询分析等。体育成绩管理可以按照学生班级、年级、学校对体育成绩进行汇总，支持对体育中考项目进行评测。作业管理是体育老师根据学生的个性化情况，一对一生成学生的个性化训练方案，学生可以在课间或放学后完成相关的训练内容并进行反馈。健康档案是记录孩子健康成长的档案，包括体质情况、测试成绩、锻炼内容等，同时对孩子的重大疾病史和体检资料进行记录，在训练时提醒体育老师注意。风险防控是根据体育教学的风险点，对学生的体能进行分类，避免低素质学生的大负荷训练，并根据学生的历史患病请假情况，供体育老师作针对性调整。

针对跳绳、引体向上等运动项目，需要建立内容与模型，其中项目内容包括各种运动示范讲解的视频以及针对各类肌肉情况和运动素质提升的单项训练视频，模型是针对各种动作建立数字化的"火柴人"模型，实现数据标准的统一化和共享化。

无代码中文编程平台以系统工程思想为根基、致力于打造面向智慧教育的无代码智能软件平台。平台采用"WSR 理论＋规则"的模式实施开发。对业务环节的元素进行定义，主要包括物、事、人，并通过规则进行模型驱动，实现体育应用的构建。

"W"，即物：包括学校内各种场地、器械等资源，以及各种数据采集单据。通过对"物"的定义，可实现学校对实体及表单属性和结构的自主设定。

"S"，即事：主要是指对学校各种对象变化过程及表单流程的管理，包括过程和活动。过程包括学生的成绩变化过程、训练过程。活动，即对各流程的节点管理。

"R"，即人：包括对组织架构、人员结构、岗位设置、汇报关系等情况进行管理。其中组织架构包含行政组织关系及项目组织关系等，汇报关系可从多个组织架构中进行选择。

规则：即对以上"WSR"三者之间建立关系的约束条件，平台可发现规则冲突并提出解决意见。

## （四）系统实现

体育大数据主要是针对学生运动情况，进行综合统计分析，对学生和学情分别进行画像，便于教师帮助学生更好地提高学体育成绩。综合收集学生各类体质信息和训练信息，为体育老师构建一个动态闭环的分析决策环境，让体育老师能够专注于学生身体素质的提高，以更好达到强身健体的目标。

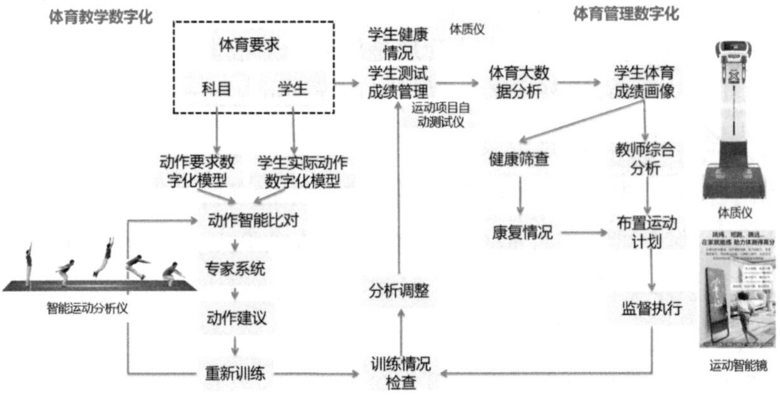

图 3　体育教学数字化和体育管理数字化的区别和联系

体育数字化分为体育管理数字化和教学数字化两个方面（见图3）。体育管理数字化通过记录健康情况、管理成绩，构建体育大数据分析能力，对问题学生进行健康检查，定位体育成绩难以提高的生理性原因，通过体育老师布置运动计划并监督执行，实现学生身体素质持续提高为目的。体育教学数字化是通过建立运动动作的数字化模型，对两个模型进行比较，并根据系统专家给出的具体建议，通过监控训练实现动作姿势准确率的提高，从而提高学生的运动成效。

1. 体育管理数字化

体育管理主要指体育教务管理，包括体育教学管理、体育成绩、作业管理、健康档案、素质分析和风险管理等内容。

（1）教学管理

教学管理：教学计划、单元计划、校本教研、自动备课、课堂考勤、兴趣班管理。

智能课程：授课内容管理、排课管理、算法匹配教学内容。

教学分析与评价：评价权重设置、教师评价、学生评价、评价维护、学生成绩查询分析、教师教学成果比较、班级间比较、各类汇总表。

（2）成绩管理

成绩管理：按学生、班级、年级、学校，对体育成绩进行计算并汇总分析。

中考成绩：对体育中考进行评测分析，并帮助学校进行差异帮扶教学。

运动员选材：根据学生的运动素质分析，为学生推荐适宜的运动项目。

（3）身体素质管理

素质自动计算：学生体质测试成绩得分自动计算，根据体测成绩分析学生的身体素质。

运动素质跟踪分析：根据学生各项指标，持续跟踪身体发展趋势。

统计报告：可切换个人展示、班级、全校展示，以满足不同层级需求的监管及报告。

（4）作业管理

作业的快速布置：系统根据教师授课内容及学生水平，一键生成适宜学生成长的学校作业和家庭作业。

个性化：教师可对每个班级学生，布置适宜学生成长的家庭作业。

运动处方：根据学生身体素质，自动为学生推荐个性化每日训练内容。

（5）健康管理

成长档案：记录孩子的健康成长档案，包含体质测试成绩、运动锻炼的历史记录。

重大疾病：重大疾病史、体检资料。

健康报告：学生个性化分析，运动建议、营养膳食建议。

差异教学：根据体质分层教学，避免低素质学生进行大负荷训练风险。

（6）风险管理

风险预警：根据健康档案，将患病及请假学生及时通知教师，降低运动事故风险。

器械管理：体育器械建档管理、巡查记录。

2. 体育训练数字化

体育 AI（人工智能）通过对学生的运动能力和姿态进行识别评估，使体育老师能关注到每一个孩子的运动特点，并给出个性化训练方案，帮助孩子有效地提高自身的身体素质和运动能力。

根据国家的各项训练要求，通过设置边云协同环境对运动时的数据和动作进行捕捉，同时将动作进行数字化，与标准的动作模型进行比对，得到差异，给出动作矫正的建议，持续观测学生的动作矫正情况并给出提醒。

为学生建立一人一档，能够通过每次的指导，得到每一次的运动分数，进而以观测到学生的运动分数是否提高。

# 三、实施成效

大数据分析应用于小学体育学科，与体育学科深度融合，为教师评价提供了数据依据，为实现全人发展和学生个性化教学助力。拓展大数据分析应用于体育学科针对学生个性化教学的深度，以及在小学体育教育中运用大数据分析发展个性化教学的广度。

学校层面：有效促进信息化与教育教学的深度融合，是适应未来社会发展，提高信息素养的大胆尝试。同时，也对其他学校具有一定的示范作用，引领教育信息化落地的具体行动。

教师层面：简化数据录入，避免人工誊写重复劳动，提高效率。实时呈现统计结果，有助于教师判断、把控体育教学质量；为教学评价提供数据依据；及时定位个性化数据，为个性化教学提供可能性。

学生层面：促进学生个性发展，因材施教。根据体能测试实时呈现的结果以及历次测试结果累加所反映的趋势，使学生及时了解自身情况，针对性提高自身体质（见图4）。

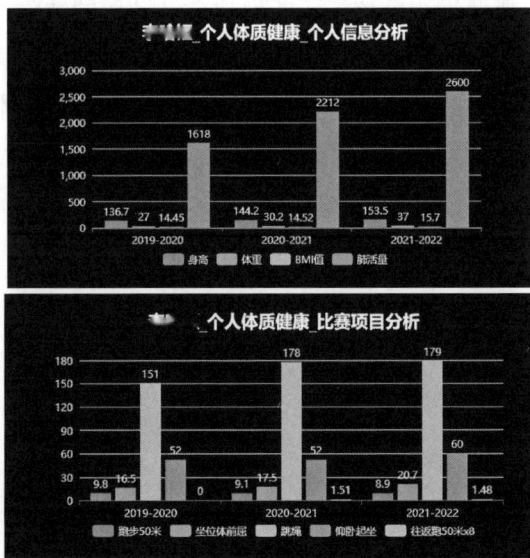

图4 学生个人体质健康信息分析

# 四、结语

虽然在无代码平台上构建体育大数据应用已经基本具备雏形，但后期还有很多的研究工作需要开展。

（1）建立体育教学效果的指标体系。针对年级、班级建立各种数字化指标，深入分析指标的变化及其内在规律，为每个学生建立个性化的指标分析机制和有针对性的训练措施，尤其是未能达标的学生，要深入分析其身体内在生理和病理因素，实现身体健康和体育成绩的综合平衡发展。

（2）构建个性化身体素质大模型。基于无代码平台的各种数据分析模型，构建学生饮食习惯、学校菜谱、摄入食物量，以及身体营养、运动和训练等全方面的数据，挖掘饮食健康训练和科目训练成绩之间的因果关系，挖掘其内在的规律。通过构建体能素质的大模型，帮助学生个性化地开展训练，更好地提高身体素质。

（3）构建身体训练数字化模型。在前期的研究过程中，我们发现许多学生的训练成绩难以提高，跟身体动作不规范有很大关系。但体育老师的精力、能力和注意力很难完全覆盖到每一个学生的动作。因此，需要构建基于人工智能的训练动作模型，帮助每一个孩子不断发现自己动作的缺陷，能矫正自己的动作。在动作完全数字化的基础上，建立数字化评价体系并加强学校、同学之间的评比互动，提升运动的趣味性，甚至开展专项比赛，从根本上提升同学们对体育运动的兴趣，从而实现更强健的体魄。

北京市正泽学校
—— BJZZ SCHOOL ——

素养导向的教学实践

# "双减"政策下小学语文阅读平行选修课教学实践

霍青玥

## 一、背景分析

2021年7月，中共中央办公厅、国务院办公厅印发《关于进一步减轻义务教育阶段学生作业负担和校外培训负担的意见》（以下简称《意见》）。《意见》要求，以新的教育制度与体系促进每个学生全面发展、主动发展、特长发展与健康发展，满足每个学生获得因材施教的权利与支持，培养每个学生具有终身学习品质与创新精神及实践能力，成为德智体美劳全面发展的建设者与接班人。由此可见，"双减"不仅是对教育体制和结构的重大改革，也是对学生学习方式的一种调整和优化。

正泽学校一直坚持"以学论教"的教育理念，即以学生发展的需要来确定教师教的起点与方法，以学生发展的质量来评价教师教的效果与水平，创设真实、高效的课堂。在课程设置方面，坚持必要性、实践性、整合性、开放性和系统性五项原则，通过为学生提供兼具丰富性和选择性的课程，帮助其拥有充分的学习体验，挖掘自身的兴趣及特点，形成主动和积极的个性化发展。

作为我校在课程实施方面的特色举措之一，平行选修课是以年级为单位，在每单元学习及期末总复习阶段实施的一种课型。课程通常以一个大主题下包含多个小课题的形式呈现，课程突破以班为单位的上课方式，由学生根据自己的兴趣和需要自行选择课题，走班上课。

五年级上学期，针对"培养学生广泛的阅读兴趣，扩大阅读面，增加阅读量，多读书，读好书，读整本书。应加强对阅读方法的指导，让学生逐步学会精度、略读和浏览"的课标要求，结合语文第八单元"阅读"的人文主题，我们在年级范围内设计并开展了一次以"推荐一本书"为主题的平行选修课程。

在"双减"政策下，开展以平行选修为课程形式的整本书导读教学活动，能够为学生的阅读学习提供支持性氛围，有利于充分落实新课标中对语文要素的要求，在教材、课文的基础上进行拓展和延伸，为课内外阅读、课内精读与课外泛读构建桥梁，在阅读方法、审美鉴赏等共性学习的基础上给予学生自主选择权，充分激发学生阅读兴趣，形成良好的阅读氛围，从而实现课堂效率、学生学习能力与学习兴趣的全面提升。

## 二、语文阅读平行选修课教学目标

此次语文平行选修课程面对五年级学生，以"推荐一本书"为主题，希望达成的目标如下：

通过老师的书目推荐范例，了解"推荐一本书"所包含的主要内容。

通过老师分享的读书感受，拓宽读后感的写作思路。

通过多种类型的书目推荐，激发阅读不同类别书目的兴趣。

通过讲解、对比赏析、视听说（影音文）相结合等方法，学习整本书阅读的阅读方法，掌握阅读技巧，形成阅读能力。

通过小组讨论、师生讨论等方式提供对于文章内容的讨论空间，构建交流平台。

通过人人阅读、同伴共读、师生共读等方式营造全年级共同读书的阅读氛围。

## 三、语文阅读平行选修课程设置

本次语文阅读平行选修活动围绕语文第八单元人文主题"阅读"展开，根据学生群体近期的阅读兴趣、教师的个人兴趣与擅长方向、图书类别等几个维度，开设了七本书的阅读推荐，图书类别及书目见表1。

表 1  阅读平行选修课图书类别及书目

| 类别 | 经济类 | 外国小说 | 儿童文学 | 外国散文 | 中国现当代散文 | 科普类读物 | 中国古典小说 |
|---|---|---|---|---|---|---|---|
| 书目 | 《牛奶可乐经济学》 | 《哈利·波特》系列 | 《神奇点心店》 | 《万物有灵且美》系列 | 《人间滋味》 | 《世界未解之谜》 | 《杨家将》 |

# 四、语文阅读平行选修教学实施

此次语文阅读平行选修活动的具体实施方式，主要为贯彻落实我校"三段式"的课堂教学方法。具体实施情况如下。

## （一）课前参与

教师备课。五年级语文组教师们在教研后确定了每个人的推荐书目，共同探讨确定了书目推荐的内容和方向：推荐内容以第八单元习作要求为出发点，同时给予阅读方法和审美鉴赏的指导。主要包括基本信息、主要内容、经典赏析、推荐理由、阅读建议等几部分，并根据书籍特点介绍其特色。

学生参与。课程开展前一周，为每个班级提供一张选课报名表，为避免学生受授课教师、地点等其他因素影响，表格仅呈现七本书书名。报名人数不设上限，学生可最大限度根据自己的喜好进行课程报名。

经过学生的选择与报名，其中四部图书大受欢迎，将作为平行选修的主讲内容，分别是《世界未解之谜》《人间滋味》《杨家将》和《哈利·波特》系列。在课前，要求学生查找所选书目的资料，并浏览或回顾书籍内容，对书目有初步的了解和印象。

## （二）课中研讨

在平行选修活动中，四门课程均根据图书性质发挥特色，学生兴致高涨，讨论热烈。

《世界未解之谜》紧紧抓住其"谜"的特点，通过引人入胜的猜谜、解谜等互动环节，揭示科学道理和人类探索成果，牢牢吸引学生的兴趣和注意力，引发学生的科学探索热情，感悟"昨天的未解之谜，今日已不再神秘；今日的未解之谜，需要靠每一个我们共同解谜"的道理。

《哈利·波特》对于学生来说并不陌生。经统计，所有选课的学生都读过至少一本《哈利·波特》系列作品。鉴于课程学习群体的阅读基础，本课的学习内容放在对故事情节、人物性格和作者写作意图等的深层次讨论上。由于学生在阅读此类作品时，常因为关注情节，导致读后遗忘率高，仅"读个热闹"，所以教师将教学重点放在帮助学生掌握阅读技巧，使其从"读懂小说"变得"会读小说"。课程通过摘录作品经典语句，借助同名影视作品，帮助学生进一步剖析人物形象，解读作品情节，并给予相应的阅读方法指导。通过此次学习，学生都对《哈利·波特》中的情节、人物有了更深层次的理解，课堂气氛热烈。

散文作品《人间滋味》首先引导学生走近作者，再用"视—听—说"的方式通过朗读、欣赏插图等多种方式，探讨平淡生活中不平淡的生活之趣，激发学生运用多种感官，身临其境地感受作者对生活的热爱与情趣。

《杨家将》属于中国古典文学名著的类目，虽然作品中的古白话对于学生准确全面阅读理解可能造成一定困难和障碍，但从学生的自主选择与课堂表现可以看出学生对该作品兴趣浓厚。因此，在课堂上，教师从作品中的人物入手，帮助学生理顺人物关系，扫除阅读障碍。再通过分享经典选段，引导学生了解杨家将领保家卫国的英雄事迹，进一步走进作品和人物。

### （三）课后延伸

选修课结束后，所有学生都感到意犹未尽，在回教室的路上以及在教室内，关于书目内容的讨论与交流不绝于耳。在书吧中，也能看到孩子们寻找并阅读相关书籍的身影。

鉴于此次平行选修活动的目的之一，是为第八单元的习作做铺垫，在四部书目的推荐课上，教师均对所推荐图书与读后感受的内容和要求做了讲解，并要求学生进行笔记记录。因此在进行单元习作时，学生们已经对图书推荐的内容和方向有了一定的认识，能够较好地理解习作要求。大多数学生能够根据学到的推荐方法，推荐自己喜欢的书籍，习作内容精彩纷呈。

## 五、语文阅读平行选修课学习评价

对于此次阅读平行选修的评价机制，我们采用了即时评价与总结性评价相结合的方式。在课前，学生已经知晓笔记记录和课堂表现将作为课程评价的一部分。在课上，学生认真记录笔记并积极发言，讨论交流。同时每位主讲教师都配有一位辅助教师，密切关注学生的学习状态，并在必要时给予帮助。回到班级后，各班语文老师组织学生探讨个人在阅读平行选修课上的收获，评比优秀笔记并展出。在学期末评价手册的填写中，对平行选修课的印象和评价被纳入本学期评价内容的一部分。学生可在"我印象最深的一次活动""学期自评"和"同学互评"三个版块写下他们对课程、个人表现和同伴表现的评价。

# 六、结语

此次年级范围内的平行选修活动效果良好，深受学生喜爱。我们认为，平行选修课作为一项特色课程，落实了"双减"政策，体现了学校特色，切实提高了课堂时间使用效益，实现了课堂教学质量的实质性提升，有助于学生阅读与学习能力的切实提升。与此同时，此次活动也给教师带来了思考，即如何改进才能够发挥其最大作用和价值。

（1）课程内容选择符合学生学龄特点。课题的选择要充分考虑学生的认知能力和兴趣方向，内容避免过易而使学生产生"小儿科"的想法，也要避免过难而使学生"望而生畏"。两者均不利于学生发展，也不利于选课的均衡性。

（2）交流方式应更加灵活。由于本次平行选修以"推荐一本书"为主题，所以对学生的前期参与没有详细要求，上课方式也以教师推荐为主进行。从学生状态和课堂效果上看，学生听得专注，同时也有部分学生跃跃欲试，分享欲望强烈。在今后的活动中，可根据主题性质拓展教学形式，如小组讨论合作、知识竞赛、小组画报等。这些形式均有利于推动学生自主学习，并且能够增进不同班级学生间的交流，锻炼其学习能力和团队合作能力。

（3）教学时长可灵活调整。本次平行选修活动以一节课（40分钟）为时长单位，由于所推荐书目都是经典之作，且多为丛书，因此课程内容较为充实，教学节奏较快，下课时学生仍旧意犹未尽，想要了解更多关于书籍的知识，进行更多相关活动。鉴于此，在进行主题式活动教学时，可以根据教学内容和教学方式灵活调整教学时长。这样不仅有利于课程教学的完整性和多样性，也能为学生学习提供尽可能多的支持性氛围及帮助。

（4）课后延伸方式应更加多样，制度应更加完善。平行选修课程打乱了原有班级顺序，学生走班上课后又回归本班级，可能导致教学效果检验困难。教师在进行教学准备时应提前设计课后延伸方式，并尽可能丰富课后延伸方式，如思维导图、小报、笔记、视频等。同时应制定完善的课后作业反馈机制，细化作业内容、提交时间、提交方式，确定好负责检查批阅的教师名单，并确保学生知晓并理解。教师对学生的作业要给予反馈和评价，这样才能有助于教师关注学生的学习发展，有助于学生课后拓展，真正做到学有所得。

# 小学低年级语文识字与写字教学中挖掘并渗透美育的探索

王艺静

## 一、背景

美是教育的根基，是教育不可或缺的主题。学校美育工作是立德树人、培根铸魂的事业，是党的教育方针的重要组成部分。2020 年 10 月，中共中央办公厅、国务院办公厅印发的《关于全面加强和改进新时代学校美育工作的意见》，就全面贯彻党的教育方针，加强和改进新时代学校美育工作进行了系统设计和全面部署。学校美育必须不断增强以习近平新时代中国特色社会主义思想为指导，提升思想自觉、政治自觉、行动自觉，与党中央国务院的要求同向同行，与推进素质教育的要求同向同行，与学生全面发展的迫切要求同向同行。

识字是阅读的基础，是低年级语文教学的首要任务。语文课堂上识字与写字的教学，无疑是对美育的最好渗透。小学生在学习识字与写字的过程中，感受汉字文化的魅力，有利于培养热爱祖国语言文字和中华优秀传统文化的情感，增强文化自信。而目前，我国的汉字教学中普遍存在"重教字、轻文化"的现象。很多教师的识字教学停留在"能认""会写"层面，学生的学习还停留在对汉字的反复认读和笔画部件的增减换等层面上。看似形式多样，实则流于表面，学生是通过词语的不断复现、反复认读来建立字音与字形之间联系的。常用的"字形小魔术""加一加""减一减""换一换"，看似使汉字的学习简单化了，但是缺少与字形、字义的沟通。学生的学习是一种机械重复，未能感受到汉字之美，不能激发学生积极探索的兴趣，导致识字教学枯燥单调。在写字练习中，很多教师对学生的书写指导也局限于"横要平、竖要直、撇捺要舒展"等等汉字的外形结构上，其实仍是对汉字字形的死记硬背和枯燥练写，学生在写字时自然也难以理解到汉字所携带的文化信息，更难以将汉字生动、优美地演绎，自然就贻误了写字目标的达成。

汉字教学的目的不只是要让学生会识字写字，在识字写字教学中渗透美育能够有效培养学生的审美能力，让学生写出具有美感的字。因此，在识字与写字教学中，教师要充分挖掘汉字的教学价值，注重对学生健康的审美情趣的培养。小学语文教师在汉字与写字的教学指导中，可以为学生讲解汉字起源和文化内涵，读出汉字的音韵美，赏析汉字的形态美，感悟汉字的意境美，让学生在识字与运用中获得美的享受，增强识字写字的兴趣及写好字的动力，自觉规范自身的书写过程，做到规范、端正和整洁。

## 二、做法及效果

### （一）读出汉字的音韵美

汉字具有抑扬顿挫的声调，加之表情达意的需要，使得汉语具有平仄曲折的音律美，读来朗朗上口，变化多样。在低年级识字教学中，应把朗读和识字结合起来，根据汉字的特点，把识字内容按照一定的规律组合起来，以儿歌和韵文的形式呈现，让学生感受汉字的音韵美，受到美的熏陶。

例如，在教学统编版小学语文一年级上册第一单元第五课《对韵歌》时，可以采用听录音、配乐读、师生对读、同桌对读、男女对读、拍手读等多种形式，让学生感受小韵文对仗押韵的特点，感受汉字朗朗上口的音韵美。在此过程中，认识"对、云、雨、风、花、鸟、虫"等生字，对表示自然现象和动植物的汉字有了更清晰的认识。此外，还可以给学生拓展延伸《笠翁对韵》和《声律启蒙》等国学经典，让学生在初步诵读中激发学生学习古文古诗和对对子的兴趣。对于学生的朗读，教师要及时鼓励："你们的朗读声音洪亮，富有节奏，声音整齐，太好听了！"在朗读中，感悟意蕴，获得美的享受，才能读出韵味和情感。

### （二）赏析汉字的形态美

汉字是世界上最古老的文字之一，经历了几千年的漫长历程，历经甲骨文、金文、篆书、隶书、楷书、草书、行书等阶段。在形体上，逐渐由图形变为笔画，象形变为象征，复杂变为简单；在造字原则上，从表形、表意到形声。汉字造字法有六种，又称"六书"——象形、指事、形声、会意、假借和转注。其中，象形字是汉字体系得以形成和发展的基础。象形即为描画事物形象的造字法，如"日、月、山、水、人、木、火、口、目、田"等就是通过描绘其图案来造字，后来逐渐演化变成如今的字形。

在小学低年级教学中，象形字较多接触到，学生在接触这些汉字时，教师不仅要让学生看到它是由笔画组成的方块字，更要让学生了解汉字的起源和演变的过程，让他们知道我们的先人在造字时依据的多是事物的形态，要联系事物本身，这样更加有利于汉字的识记。例如，在学习统编版小学语文一年级上册第一单元第四课《日月水火》这篇课文时，我们出示"太阳""月亮""水"和"火"的画面，提问学生："他们是什么样子的？自己试着描绘一下吧！"然后给学生讲解，古时候，人们就是根据太阳的模样，创造出了表示太阳的这个字，"日"的甲骨文⊙，像圆圆的太阳。后来经过演变，慢慢地变成了今天的"日"字：⊙⊙⊙日日。这种教学方式，遵循了小学低年级儿童心想思维的心理发展特点，学生能充分感受到汉字的形态构造之美。在统编版一年级上册第一单元第二课《金木水火土》中，要学习"上"这个汉字，可以给学生渗透指事字的概念。"上"字是指事字，字形原由两横组成，下面较长的一横是地平线，上面较短的一横是指事符号⸗。后来为了避免与同样是两横的"二"字相混，字形逐渐发生变化。汉字背后的这些故事，能够激发孩子们学习汉字的兴趣。

此外，汉字中的大部分字是形声字。形声字是在象形字、指事字、会意字的基础上形成的，是由两个文或字复合成体，由表示意义范畴的意符（形旁）和表示声音类别的声符（声旁）组合而成。统编版一年级下册语文园地五"识字加油站"，通过识字儿歌让学生体会形声字的构字特点。其中"饱、泡、跑、炮、抱、袍"这几个字的相同点是六个汉字中都有"包"字，而且读音与"包"相似；不同点是偏旁不同，意思也不一样。所以，通过指导学生正确、流利地朗读识字儿歌，可以帮助学生在趣味中认识并区分这几个汉字，体会形声字的构字特点。

中国人使用的方块字外形端庄大方、内蕴丰富厚重，真实地记录了我们祖先认识世界、改造世界的过程，凝聚了我们中华民族的智慧。汉字的美，一直是与生命相通的，鲁迅说过："书法艺术不是诗却有诗的韵味，它不是画却有画的美感，它不是舞却有舞的节奏，它不是歌却有歌的旋律。"学习欣赏书法能使人体会到字体结构美、线条美、章法美、意境美，从中受到美的熏陶。书法教学有四大美育功能：审美感知力、审美想象力、陶冶情操、提高创造力。在小学语文教学时，应渗透书法文化，让学生体会到汉字的外形之美，在横竖撇捺点钩折提的顿挫中感受汉字之美。小学低年级语文课堂上书法教育的重点是启蒙，不是教会什么，而是感受什么。让孩子们通过学习，知道什么是美。比如，教师在课堂上可以讲一些艺术名家的成长史、美学史等，以趣味方式进行名作分析，提高其鉴赏能力等。艺术没有标准，最忌机械式教学，每位孩子都是一张张白纸，尊重其童真本性非常重要。

### （三）感悟汉字的意境美

诗歌抒发了诗人强烈的情感，而情感又一定要通过一种意境，然后借助语言文字表达出来。所谓"诗中有画，画中有诗"，就是这个道理。在教学中，如果教师能将抽象、凝练的语言与具体、形象的实物联系起来，巧妙地运用多媒体手段为学生创设优美的诗境，这样有助于学生迅速、深刻地整体感知诗词，体会作者蕴含在诗词中的思想感情，教学往往也会收到事半功倍的效果。如统编版小学语文二年级上册第七单元第十八课《敕勒歌》一诗，其描绘的"天似穹庐，笼盖四野"中，用"穹庐"作比喻，说天空如蒙古包，盖住了草原的四面八方，以此来形容极目远望、天野相接、苍茫壮阔的景象。对现在住惯高楼的孩子们来说，他们很难理解，更谈不上体会作者的思想感情了。因此，教师在教学中可以以视频导入，用诗画作对照，相映成趣，学生轻松进入诗的意境之中。带着感情朗读诗句，可以帮助学生更好地识记诗中的生字。教学统编版二年级上册第四单元第八课《望庐山瀑布》时，可以让学生通过视频欣赏庐山瀑布的壮观，在脑中形成大瀑布的壮丽景象，领悟古诗中"飞流直下三千尺"的意境美。在学习古诗的过程中，还可以和音乐课结合起来，配合着音乐演唱古诗，根据古诗内容设计动作，更加深了学生对诗人内容的理解。

### （四）享受识字的创意美

识字与写字教学中的美育，还需要教师引导学生根据汉字本身的特点，巧妙地通过编儿歌、编字谜、画一画、剪一剪、贴一贴等学生喜闻乐见的活动，从中感受汉字之美，激发学生识字写字的乐趣，从而达到提高识字效果的目标。

例如，在统编版小学语文一年级上册第四单元第三课《江南》中，需要学习"采"这个汉字。学完"采"字以后，根据会意字的特点，教师可以引导学生借助图画来体会。"采"字属于上下结构，上面是爪之象形，表示与人的手有关。下面是木，表示与树木有关。在教师的指引下，一个学生画了一幅画：树上生长着红色的苹果，一只手正在从树上摘取果子，这就是"采"这个字的由来。在创造的过程中，学生的想象力、创造力得到了发展，不仅体会到了学习汉字的快乐，而且也获得了创造的享受，一举两得。再如，教师可以引导学生在生活中识字，把生活中见到的和课外阅读中认识到的汉字写下来，也可以把包装盒上的汉字剪下来，进行装饰和塑封，制作"汉字小报"，贴到教室的"识字角"，比一比谁认识的字多。在这一过程中，学生既动手又动脑，锻炼了审美能力，在快乐中识字写字，在班级里形成了主动识字的良好氛围。

要想在低年级语文识字与写字教学中发掘并渗透美育，教师要有一双善于发现美的眼睛，通过多种方法，让学生感受到美的熏陶和享受，逐步提升审美情趣，增强识字写字的效果，从而达到全面育人的效果。

# 三、结语

美育对于培养学生健康的审美观念和审美能力，陶冶高尚的道德情操，培养全面发展的人才具有重要作用。识字与写字教学，不仅是为了让学生掌握一门语言，更是让学生了解汉字中所蕴含的丰富的文化信息，感受中华文化的博大精深，汲取中华民族优秀传统文化的智慧，培植热爱祖国语言文字的情感，提高文化品位和审美情趣，最终形成伴随终身的语文素养。这理应成为语文识字与写字教学的终极追求。

在小学低年级识字与写字教学中，教师应注重挖掘并渗透美育，让学生能感受到汉字"翩若惊鸿，矫若游龙"之美，读出抑扬顿挫的语音语调，不断进行联想和想象，体悟汉字内涵丰富的意境……把一颗颗美的种子根植于心中。

# 《三字经》在小学低段阅读教学中的实践探索

宋思源

《三字经》作为学习中华优秀传统文化不可多得的启蒙读物，千百年来，广为流传。小学低段学生诵读国学经典对于传承中华优秀传统文化具有深远意义。

《义务教育语文课程标准》指出："小学生应具有独立阅读的能力，学会运用多种阅读方法；扩展阅读面，课外阅读总量不少于 100 万字。"小学低段和高段的学生由于年龄和能力等原因，其阅读重点和教学目标有所区别。那么，如何在小学低段《三字经》教学中培养学生的阅读兴趣，渗透阅读方法，提升低年级学生认字识句的能力，使其养成良好的阅读习惯呢？

## 一、选取《三字经》作为阅读材料的原因

### （一）与教材识字契合度高

《三字经》成于宋代，已属于近代汉语，与现代汉语差别不大，由于版本不同，篇幅长短略有区别。根据王相注本正文，加上后人在历史部分的增补，全文共有 384 句、1152 字，除去重复的字，共用了 541 个不同的字，其中约 400 个是小学课程标准中的用字。

部编版小学语文教材（2016 年审定）一年级下册第五单元课文《人之初》即节选自《三字经》。选取《三字经》作为阅读材料，既对选入课本的文本进行了拓展，补充了蒙学经典，又同时贯彻落实了识字要求。相关学者研究表明，《三字经》541 字中，有 202 字出现两次以上，同一字出现次数最高 22 次。此外，《三字经》中的字，笔画最少为 1 画，最多 24 画，其中以 8 画的字最

多。根据统计，10画以下属于易认易记的字，占全文60%以上。

低段学生识字、记字是一个不断复现的过程。伴随着不断诵读，课标"识字、写字教学基本字表"中约有一半的汉字跟随语句重复出现。相较于单一识字，依托于《三字经》，识字、记字有了文本环境，易于学生识记与回想。

### （二）符合学生的心理特点

《三字经》以短句形式出现，四句一组，整齐和谐，音律优美，读起来朗朗上口，轻松愉快，符合儿童朗诵的语言特点，容易激发儿童的朗诵兴趣。学生从学习《三字经》开始，慢慢生发对传统国学经典的学习热情，进而能认同国学经典的优美意蕴与深远意义。

《三字经》的内容不只适用于语文一个学科，其中"一而十，十而百，百而千，千而万"正是一年级学生数学学习中的十进制问题；从"经子通，读诸史"到"通古今，若亲目"，阐述了历史更迭，培养了学生历史思维能力；学生联想到相关学科的课程知识，不禁感叹古人智慧，更加激发了查找资料的兴趣和与古人共情的能力。

### （三）培养积极健康的"三观"

在教育实践中，立德树人是根本任务。优秀的传统文化是一个国家传承和发展的根本，是民族的精神命脉所在。学生科学的世界观、人生观、价值观是在持续的读书学习中逐步形成的，在一定程度上，少儿的品德修养与人格建构必然得益于大量阅读蕴含真善美和哲理思辨的书籍。《三字经》提出了以"仁、义、礼、智、信"为基本范畴的价值观，这对于低龄学生人生观的建立具有鲜明的道德导向性作用。

《三字经》中"见闻""训蒙""历史"都属于知识教育范畴，"孝悌""学习"更多的是在进行勉励读书、为人处事的教育。将识字、知识教育和思想教育三者结合在一起，重孝敬，会谦让，知荣辱，善体谅，懂自勉，使语文课更好地发挥了人格塑造、思维培育的作用，学生的举止、内涵在诵读中得到自然提升。

## 二、运用《三字经》作为阅读材料的策略

### （一）学前准备

《三字经》作为课内诵读材料的补充，应确保学生人手一份。相较于公开

出版的《三字经》书籍，纸质打印的《三字经》材料更易于学生翻看、携带，可正反面打印，减轻书包负担。

在排版上，《三字经》是四句一组，即采用每行四句、逐行对齐的排版方式（见图1）。为更好地帮助学生认字识字，低年级学生使用的《三字经》为全文注音。拼音与汉字的对应出现与复现，可以帮助低段学生练习拼读，更好地巩固拼音这一工具。

| rén zhī chū<br>人 之 初 | xìng běn shàn<br>性 本 善 | xìng xiāng jìn<br>性 相 近 | xí xiāng yuǎn<br>习 相 远 |
|---|---|---|---|
| gǒu bù jiào<br>苟 不 教 | xìng nǎi qiān<br>性 乃 迁 | jiào zhī dào<br>教 之 道 | guì yǐ zhuān<br>贵 以 专 |
| xī mèng mǔ<br>昔 孟 母 | zé lín chǔ<br>择 邻 处 | zǐ bù xué<br>子 不 学 | duàn jī zhù<br>断 机 杼 |
| dòu yān shān<br>窦 燕 山 | yǒu yì fāng<br>有 义 方 | jiào wǔ zǐ<br>教 五 子 | míng jù yáng<br>名 俱 扬 |
| yǎng bù jiào<br>养 不 教 | fù zhī guò<br>父 之 过 | jiào bù yán<br>教 不 严 | shī zhī duò<br>师 之 惰 |
| zǐ bù xué<br>子 不 学 | fēi suǒ yí<br>非 所 宜 | yòu bù xué<br>幼 不 学 | lǎo hé wéi<br>老 何 为 |

图1 《三字经》排版

## （二）学中任务布置

让学生带着任务阅读。阅读时让学生去读什么，带着什么样的问题去读，是很有讲究的。诵读、阅读《三字经》的过程中，朗读、识字、提取信息应逐步进行，逐渐培养学生的阅读兴趣，提升阅读能力。

### 1.大声朗读，熟读成诵

小学低段的学生约在七八岁的年纪，传统的蒙学教育也是从幼儿时期就开始。蒙学强调背诵，因此蒙学教材的编写，特别注重韵语，听来铿锵悦耳，读来朗朗上口，通过反反复复朗读，使所学知识精熟不忘。这也是我国传统语文教学的特色。

在教室中朗读《三字经》，一定要要求学生大声朗读，放出声音，逐字练习拼读，直至朗读通顺。

师：现在我们朗读第三页1—6行，请你左手扶书——

生：右手指字。

师：请同学们借助拼音朗读，如果遇到不认识的字，我们可以——

生：拼一拼，听一听，问一问。

低年级的学生在朗读中容易出现一开始声音大，渐渐声音减弱，还容易出现拖长声朗读的情况。《三字经》全文较长，针对学生易出现的问题，可以通过教师范读、拍手节奏读，学生自由读、男女生对读、小组长领读等多种朗读形式进行。还可以开展"电话传声读"的游戏，让"打电话"的两名学生根据座位距离远近，判断使用合适的音量，朗读一段文字。在大声诵读的阶段，教师不对文本内容做释义，只是通过反反复复地朗读，最终达到"烂熟于胸"的境地。

2. 巩固识字练习

在课堂教学中，教师往往采用集中识字、随文识字等方式帮助学生识记汉字。《三字经》作为补充阅读材料，由于与教材识字契合度高，可以辅助增加基本字的复现频率，为集中识字丰富语境，同时在随文识字中复现字形。

以《三字经》对读书的顺序所做的梳理为例，"为学者，必有初，小学终，至四书"，此时教师补充"四书"的知识，将"四书是《论语》《孟子》《大学》《中庸》的合称"板书出来，并要求学生在诵读指定内容后，圈出"四书指的是什么"。在一年级下学期首次做相关训练的时候，八成以上的学生能正确找到相应文字，出现了对应位置圈画而忽视文本的情况（见图2）。

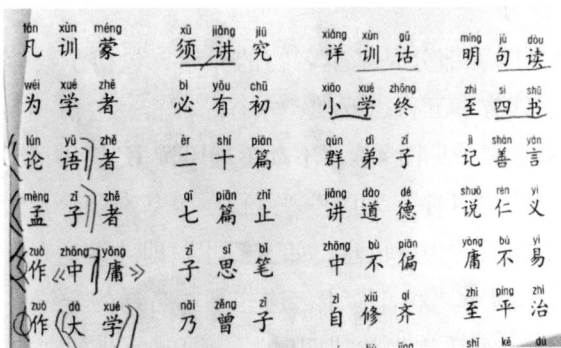

图2　学生出现根据文本位置判断文本的问题

《三字经》的"历史"部分，共用了468字讲述历代的世系，叙述了中国历史的发展，所占篇幅相当大。诵读这一部分之前，笔者为学生补充了人教版历史四年级上《朝代歌》的知识。如图3所示，圈画了识记汉字，有重点地先识记一部分汉字与朝代。《朝代歌》粘贴于班级"阅读园"中，约两周后正式讲读《三字经》"历史"部分。如在"夏有禹，商有汤"至"五霸强，七雄出"这一片段中，要求学生找一找"夏""商""周""春秋""战国"这些汉字，使学生完成记字—复现字—随文识字的过程。找字、圈字的过程里穿插开展小组计时活动，看一看哪一组在限定的时间里找到的朝代字多、全。学生对阅读文本和识字、记字的热情显著提高，更有学生找到了《三字经》文本中朝代字以时间线出现的规律。

有的学生在识字、记字、找文本的过程中会提出问题："只有'周'，是西周东周吗？""这个'三国'，是《三国演义》吗？"伴随学生的问题，进一步为学生补充相应历史事件，继而讲读文本。教师与学生间、学生与文本间互动显著增加，学生主动发现问题，教师也与学生一起探讨、学习，共同进步。

三皇五帝始　　尧舜禹相传

夏商与西周　　东周分两段

春秋和战国　　一统秦两汉

三分魏蜀吴　　两晋前后延

南北朝并立　　隋唐五代传

宋元明清后　　皇朝至此完

图3　《朝代歌》重点识记字

3. 提取信息练习

《三字经》"见闻"部分是基本名物的介绍，包括了数学单位，三才、三光、三纲、四时、四方、五行、五常、六谷、六畜、七情、八音、九族等自然科学以及生活基本常识（见图4）。"不动笔墨不读书"，讲读中，先要求学生圈画出"三才""三光""四时""四方""五行"等基本概念，然后依次指导学生在文中找到该词语前后的相应信息，如"三才"即"天地人"，"三光"即"日月星"。自"四时"起至"八音"止，这些基本名物的介绍格式一致，教学中先以"四时"为例，指导学生从"四时"一词向前找到"曰春夏，曰秋冬"，继而提取出信息"春夏秋冬"即为"四时"。以此类似，教师由带领学生找信息，到逐步放手，锻炼学生边阅读边提取信息的能力。

在处理《三字经》中有关伦理道德、勤学等内容时，教师可以采用补充典故或小故事的方式，如为学生讲"孟母三迁""黄香温席""悬梁刺股""囊萤映雪"等故事。在听过故事之后，请学生找一找故事的主人公或相关描述在文本的什么位置。学生在完成了听故事、看文本、找信息的这一过程后，逐步养成了在阅读中提取信息的能力。

图4 学生对"见闻"篇的信息提取标记

### （三）学后及时小结

在完成每一段内容的诵读、识字、找寻信息之后，教师可以鼓励学生及时进行小结，尝试写读书笔记。教会学生把阅读中的精彩之处或自己的体会记录下来，掌握圈画、摘录的读书方法，让他们理解学会写读书笔记一定会受益终身的道理。小学低年级的学生虽然年龄小，但依旧可以从摘录词语做起，逐步积累，培养并建立良好的阅读习惯。

从一年级学生对基本名物所做的词语积累来看，学生普遍可以积累三组以上类别词语，水平较高的学生已经可以将"高曾祖，父而身，身而子，子而孙，自子孙，至玄曾；乃九族，人之伦"整理概括为"九族（高曾祖父子孙玄曾）"。从出现的问题来看，有的学生在找寻对应信息时出现了错误，有的学生不理解"曰""此"的含义。找寻对应信息出现错误可以更进一步有针对性地进行训练。关于词语理解的偏差，可以依靠逐步的学习积累来纠正（见图5）。

图5　一年级学生对《三字经》基本名物所做的词语积累

## 三、教学《三字经》中应注意的问题

### （一）不采用增量思维

课标指出，语文课程对继承和弘扬中华民族优秀文化传统和革命传统，增强民族文化认同感，增强民族凝聚力和创造力，具有不可替代的优势。"童蒙养正"，诵读蒙学经典，营造传统文化氛围，培养兴趣，正是落实以文化育人的德育理念。在实际的教学中，低年级的学生往往是读着，或者说背着《三字经》时就停不下来。在一段时间的诵读之后，几乎是从任意一小句起头，学生都能"自然而然"地接下去，甚至是颠倒、混淆顺序。这源于学生的语感体验。学生乐于听故事，在讲读的过程中，无形将故事内容、历史知识和语文学习结合起来，使说故事与讲道理相辅相成。学生在形成积累之后，逐渐将这些语言运用到习作、口语交际中，进而提升语文能力。

让低年级学生感到困难的多是具体的字、句、成语含义。在低年级《三字经》阅读教学中，并无须追求逐字逐句的释义，主要在于积累。《三字经》一直被誉为"小型百科全书"，内容丰富，涵盖子史经书，又集劝学、勤学、励志、修身等具有普世价值观的内容于一身。熟读《三字经》是学生了解历史、增长见闻的重要经历，对学生的德育教育、人格完善能起到一定的熏陶作用。

学生对诵读《三字经》充满乐趣。教师对学生背诵熟练程度不宜做要求。

**（二）合理穿插学习时间**

低年级语文教师，往往感觉课时不够用，学课文、写生字、做练习、改错题，哪里还有课时让学生诵读《三字经》？在教学实践中，如果采用每天早读10分钟，午读10—15分钟的方式，每周安排4天，两个月左右就可以完成全文讲读。配合每周一次的读书笔记练习，识字记字、词语积累、提取信息等阅读能力随之在潜移默化中渗透。

在利用零碎时间中，课前稍作诵读收获的效果最好。原本上课铃响后，学生急着往教室跑，喘息声伴随桌椅碰撞，教室里会纷乱一会儿。但自从提前告诉学生"准备上课啦"，朗朗的诵读声就会逐渐响起。学生一边诵读，一边调整坐姿，准备一节课的开始。诵读改变了课前节奏，简洁有效地规范了课堂纪律，使学生被经典沁润，迎接新一堂课的开始。

**（三）减少机械诵读**

低年级的学生会出现一种状况，那就是机械地重复诵读，特别是对于《三字经》这样朗朗上口的内容，孩子们会不自主地重复着韵律，头脑中已不再思考。此时如果提问读到哪里了、人物是谁，学生可能已经完全置身于情况之外了。长此下去，学生会割裂朗读与思考感悟之间的联系，不利于学生阅读能力的提高，也不利于养成良好的倾听习惯。

基于此，教学中可穿插抽签诵读的方式，即抽到谁谁来读，随时抽签。这样一来，学生倾听、指读的情况得到了明显改善。抽签的方式也同样可以用来检查信息的提取情况，教师随机请学生回答《三字经》中的基本名物、著作知识，可以使学生保持诵读的同时稍作思考，减少进入机械诵读的状态。

# 四、结语

《三字经》作为经典的蒙学教材，在学生语感养成、思想道德教育、文化知识教育上具有当代意义，有益于中华民族品格、中华优秀传统文化的传承。在小学低段补充阅读、诵读《三字经》，应致力于常用汉字的复现记忆、阅读信息的提取和熟读成诵能力的培养，在诵读中及时给予阅读方法的渗透与指导。针对小学低段学生的心理特点，教师应着重培养学生的阅读兴趣，将说故事与讲道理相结合，将文本诵读与讲历史和语文阅读学习相结合，引导学生亲近古文，树立学习榜样，引发质疑与思考，逐渐培育经典诵读的氛围。

# 轻叩诗歌大门，让美好照进心田

冯　迪

如艾青先生所说，"诗是人类向未来寄发的信息，诗给人类以朝向理想的勇气"。在引导学生学习诗歌单元时，如果仅仅停留在"法"的学习上，那诗歌就失去了其应有的意义。当然，无"法"的学习，也如无源之水、无本之木，最终沦为一现的昙花。因此，我们结合四年级下册语文的诗歌单元，设计了一系列的活动，引导学生们既有对"法"的学习，又有对"情"的感悟，在诗歌中感受生活的美妙与美好。

## 一、教材中学方法

与古诗相比，现代诗无论在格式上还是内容上，都更为自由，也更为易懂。因此，我们在教材的单元教学中没有过多地对现代诗的内容及表现手法进行解读，而是将诗歌与音乐、绘画结合在一起，一方面引导学生感受文学和艺术上的共通之处，即"所见所闻皆美好"；另一方面也在引导学生可以将自己的所见所闻转化为诗歌的形式。同时，我们也以读代讲，让学生通过反复诵读，感受诗歌的韵律、节奏，想象诗歌要表达的画面，并结合自己的生活，体会诗歌背后所要表达的情感。

## 二、阅读中受熏陶

在孩子们对现代诗有了初步的体会和认识之后，我们通过拓展阅读，帮孩子们叩响了诗歌的大门。拓展阅读分为三个层次：教材匹配的《同步阅读》、教师补充资料和课外阅读书籍。孩子们饶有兴味地在《同步阅读》中画出了自己感兴趣的诗句，并在一旁写下自己的想法或感受，但即便如此，仍不解渴。所以我们又从多本现代诗集中，选择了适合孩子们品读的十几首现代诗，这里面有成人写给孩子的，也有孩子们写给自己的，供孩子们阅读品鉴。随后，我们又利用阅读课的时间，为孩子们推荐了《给孩子的诗》《新美南吉诗歌选粹》等现代诗集，同时在班级、大小书吧中补充了很多现代诗集，供孩子们借阅。在那段时间里，孩子们对现代诗歌已经到了一种痴迷的程度，不仅纷纷在学校借阅现代诗集，更是将自己家中的诗集带来与同伴们分享。

借着孩子们的兴头，我们又将硬笔书法与现代诗进行了一次融合，让孩子们用最工整的书写，摘录下五首自己最喜欢的现代诗，并在班内进行展出。这样的活动让孩子们感受到了，诗歌与他们并不遥远，诗歌就在自己的笔下，就在自己的心间。

## 三、习作中露头角

我们的诗歌创作课是在孩子们的欢呼呐喊声中开启的。通过前面的铺垫和积累，孩子们早已摩拳擦掌、跃跃欲试。为了不限制孩子们的想象力，我们一改习作课的风格，在孩子们的诗歌创作前，我们没有进行过多的干预和指导，而是鼓励孩子们将生活中看到的、感受到的美好以自己喜欢的形式写下来即可。前期的阅读积累在孩子们的心中开了花，他们创作出了一首首美妙而又视角独特的小诗，内容上至天文，下至地理；有对历史的思考，有对现在的感悟，有对未来的展望；有美丽的植物、可爱的动物，也有奇妙的自然现象……面对如此真挚的情感、丰富的想象，我们在点评时也只能是表达自己心中的赞美和赞叹了，因为在童真童趣面前，一切评价都显得那样苍白无力。

## 四、朗读中促深化

引导孩子们创作诗歌还不够，他们笔下的美好还需要通过朗诵来表达和传递。因此，我们又将朗诵与诗歌创作相结合，开展了"小朗读者"活动。在优美的背景音乐中，孩子们声情并茂地朗诵了自己创作的小诗，而听众也沉浸在其中，有时频频点头，有时捧腹大笑，有时惊呼绝妙！孩子们在同伴的朗读中汲取了营养，拓宽了思路，打开了视角，甚至有的孩子在朗读活动中灵感突然迸发，又提起笔来进行创作。诗歌此刻不再仅仅是属于孩子一个人的作品，而是变成了一群孩子的梦幻乐园。

## 五、生活中感美好

孩子们的诗歌作品首首精彩、篇篇美妙，为了留住这份美好，我们将四年级所有孩子们创作的小诗合编成了诗集《轻叩诗歌大门——我们的诗》，鼓励孩子们更为广泛地去品读同伴的作品，也让孩子们铭记住诗歌带来的这份美好。值得一提的是，诗集的背景是我们特意邀请艺术组的老师设计的水拓画，画中的灵动、自由与孩子们的诗歌创作风格完美融合在了一起。

独乐乐不如众乐乐，四年级孩子们创作的美好应该与更多的同学、老师进行交流和分享。我们为这本诗集专门开了一场发布会，发布会上既有孩子们的精彩朗诵，也有他们的倾情介绍。孩子们手捧着自己和同伴共同完成的诗集，仿佛手捧瑰宝，是那样的小心翼翼，而那份情感却又是那样的真挚、热烈。

至此，"轻叩诗歌大门"的活动算是告一段落了，但是诗歌似一缕阳光，将美好照进了孩子们的心田，那份美好在孩子们的心中生了根，发了芽。此刻的他们仿佛更加能够体会现代诗所带来的那份奇妙的节奏和强烈的情感，也更愿意在生活中去观察、去发现美好，再以诗歌的形式记录下来。这样的活动促进了孩子们源源不断地创作，而这份创作背后，恰恰是孩子们对美好生活的感知、思索和热爱。

# "双减"背景下如何提升小学语文课堂教学

郭　欢

　　义务教育是国民教育的重中之重。一段时间以来，中小学生课业负担太重，成为义务教育中存在的一个突出问题。为切实提升学校育人水平，持续规范校外培训，有效减轻义务教育阶段学生过重作业负担和校外培训负担（以下简称"双减"），中共中央办公厅、国务院办公厅印发了《关于进一步减轻义务教育阶段学生作业负担和校外培训负担的意见》，提出着眼建设高质量教育体系，强化学校教育主阵地作用，深化校外培训机构治理。"双减"政策的落实和落地，有效减轻了义务教育阶段学生作业负担、校外培训负担和家长经济负担，人民群众的教育获得感、幸福感不断增强。

　　作为学校教学的主力军，教师应丰富课堂教学活动，从多角度合理设计课堂教学，精简课后练习，抓重点、抓难点，提升课堂教学和课后练习的质量，充分体现"双减"的真正价值。这不仅是实施"双减"政策的有力措施，也能使学生有更多自由、自主的时间，帮助学生更加深入地践行习近平总书记提出的"爱读书""读好书""善读书"和"会用书"的目标。

　　语文教育作为小学基础教育的重要学科之一，对提高小学生的核心素养、学习能力，促进其未来发展具有重要意义。"双减"背景下，教师在教育过程中必须注重培养小学生的语文学习意识和综合素养，积极转变传统的教育观念和方法。正泽教师积极引导学生进行"三段式"（课前前参—课中研讨—课后延伸）学习，鼓励学生自主前参和课后延伸复习，认真高效地完成课上知识学习等，进而提高课堂教学的有效性，满足小学生发展的需要。目前，许多教师开始按照新课程标准进行教学，尝试创新教学方法，但在教育过程中仍然存在很多问题。以下笔者将详细论述"双减"背景下，小学语文课堂在教学过程中存在的问题及对策，让学生真正能够获得"减负增效"。

# 一、小学语文课堂教学中存在的问题

## （一）教学理念相对陈旧

《基础教育课程改革纲要（试行）》指出："教师在教学过程中应与学生积极互动、共同发展，要处理好传授知识与培养能力的关系，注重培养学生的独立性和自主性，引导学生质疑、调查、探究，在实践中学习，促进学生在教师指导下主动地、富有个性地学习。"但是一些老师还是一直采用单方面教授知识的教学模式，没有注重师生之间的沟通和生生之间的交流。教师对学生的学业成绩更感兴趣，因此在教育中更注重对学生的理论知识的教育，忽略了对学生核心素养的培养和创造力的激发。

## （二）教学方式单一，缺乏创新

目前，在小学语文课堂教学中，教师多采用单一的线性教学法，一课一课地讲、一段一段地教，把握不住语文课应该教什么、怎么教；同时，在教学过程中过度挖掘人文性却忽视了工具性；过多地强调对文本内容的理解，在阅读教学上耗时多、效果差。除此之外，教师课上大量使用 PPT，知识点多而不精。这样不仅会影响孩子视力，还会使学生的思维受到限制，没有办法进行很好的知识拓展，进而使学生逐渐丧失自己读文感受、想象、探索的能力。

## （三）学习负担重，影响学生学习语文的兴趣

减轻学生的课业负担是我国教育的不变课题，但是当前课堂的呈现情况恰恰相反，由于教材知识点的增多和难度的提升，有些学生对语文课程有畏难情绪。语文课程的目标原本是扩展学生视野、增长文学底蕴，但是由于课时紧张，老师对知识点讲解想要面面俱到，导致了其实际效率不升反降；而且学生缺乏"自主"学习意识与探究精神，对课本文章都没有仔细阅读，更没有深入的思考，就导致学生不但学习成绩没有提高，还失去了对语文学科的学习兴趣。

## （四）与学生实际生活联系不够

知识来源于生活。在小学语文教材中，许多文章和知识点都与学生的真实生活联系在一起。因此，教师需要引导学生回顾自己的生活，并引入积极的生活素材来激发学生的思维。可是一些教师忽视了与学生真实生活的联系，使其语文学习的水平停滞不前。

## 二、"减负增质"——提升小学语文课堂教学的具体措施

通过改进小学语文课堂教学，进一步落实"双减"政策，增强课堂教学的实效性，顺利完成语文课堂教学任务，提高教学质量，使学生真正获得"减负增质"，拥有更多课余时间，减轻学业压力。

### （一）双线融合，探索"主题统合"单元整体教学

"主题统合"即打破原有的线性教学，教师以单元为教学基本单位，按照"教方法、学知识、会运用"三个环节重新建构每节课的教学内容和达成的目标。每个单元以"1+X"的形式进行统合，即每单元保留一篇课文作为精讲内容，其他内容进行单元整合教学。精讲课文重在引导学生理解内容、提升阅读感悟能力；"X"重在对已学方法、能力的巩固和应用。

在教学时，教师努力做到"勇敢地退，适时地进"，每篇课文的学习中可给出一个提纲挈领的大问题，让学生使用多种方式朗读课文，在小组合作中积极讨论、分享，抓住课文中的关键词语、句子体会情感主题，训练学生的语言表达能力和倾听能力；具体教学时，可使用一课时完成字词学习和课文文本解读，第二课时完成字词复习、课后练习与拓展阅读，使学生经历一个由认知到实践再到迁移运用的过程，使之对本单元的语言训练点掌握得扎扎实实，情感得到升华。

"主题统合"的教学模式，是"教师简单教、学生简单学"的有效路径。通过改变课堂结构和重构教学流程，充分落实学生的主体地位和教师的主导作用，让课堂成为学生们的展台、舞台、擂台，让学生在完成学习任务时能有愉悦的情感体验，在有限时间内求得最大教学效益。

### （二）课前质疑，充分激发学生自主前参的能力

"双减"政策的实施，意味着小学语文教育开始前的预习成了影响教学效果的最重要因素之一。良好的课前预习——前参，是学生学习新语文知识的第一步。如果学生前参做得好，就可以节省很多时间，将学习的重点留在课堂上，同时还可以在课堂上提出并解决各种问题。然而，在传统小学的语文教育中，很少有学生在语文课堂上预习他们想要学习的课本知识。主要原因是教师对预习的作用重视度不够，重点把握不明确。因此，教师应该多关注课前预习对教学效果的积极影响，让小学生养成课前预习的好习惯，指导小学生在预习

中善于发现问题，及时记录这些问题，并在课中研讨时找到相应的答案，进而充分了解语文知识。在这样的反复学习中，小学生的语文水平和小学语文教育的质量均得到了提高。

良好的前参不仅可以帮助学生自主探索语文知识，而且可以在潜移默化中培养学生学习语文知识的主动性和积极性。在养成良好习惯的同时，学习语文的乐趣也会增加。语文课开始前，学生可以带着问题走进课堂，在老师的讲解中解决这些记录下来的问题，让学生从被动学习转变为自主学习。

例如：在《曹冲称象》一课的教学中，学生就可以在读课文前，对标题质疑，提出小问号，如：曹冲是谁？他为什么要称象？他是怎么称象的？最后称出大象的重量了吗？通过自读课文，自主解答问题，并提出新问题：为什么曹冲的办法好？从而激发学生去了解"秤"是什么，怎么使用"秤"。了解了"秤"的使用原理，也就明白了课文中官员们方法的不实际，进而了解了曹冲的智慧。

### （三）情景教学，提升小学语文课堂教学效果

课堂是教师组织学生落实课程标准的时空，是师生、生生之间对话的舞台。小学生对很多事情都很好奇，传统的教育方式远远不能满足当前小学生语文学习的要求。灌溉式教学法虽然有效地提高了小学语文课堂的有效性，但是严格限制了小学生的思维发展，甚至会影响其他学科的学习。

随着时代的发展和教育环境的变化，学生学习呈现出新的特点，如更加关注他们感兴趣的细节。这就要求教师认真把握课程目标，研读课文，抓知识点的同时自身也要多学习、了解更多的背景知识，在教学中设置生动、有趣的情景，引导学生入情入境，根据教科书的内容创造一个有利于学习各种语文知识的教育环境，将学生的注意力聚集起来，提高语文课堂的教学效率，促进他们的全面发展。

例如：在学习部编版小学语文二年级《绝句》一课时，语文老师可以根据当时的历史背景、诗人杜甫身处的位置以及周围的环境，创设情景，以故事导入，作为杜甫的朋友，走近杜甫，让小学生更好地理解诗歌的含义及表达的情感。可让学生模仿杜甫吟诗，体验作者当时的心境，教师要及时评价、肯定、鼓励，不断提高学生课堂活动的参与度。

### （四）加强小组合作学习和合理评价，提高小学语文课堂的有效性

小学语文课堂在教学的过程中实施小组合作学习，合理安排学生主动提问

的环节，同时，对学生的回答给予相应的鼓励和评价，让学生在整个语文课堂上感受到学习的乐趣。通过集体合作学习的教育模式，学生不仅可以提升语言表达能力，还能在倾听他人观点的同时，有新的启发和思考，真正达到事半功倍的效果。但也要关注，在小组合作时，务必要保证小组的每位同学都能有发言表达的机会。

例如在部编版小学语文二年级《坐井观天》一课的教学中，老师在课前把班上的学生分成几个学习小组，以小组的形式讨论课文中的问题。此外，小组通过讨论统一意见，选一名代表进行陈述观点。同时评价也可以贯穿师生评价与生生评价中，这些不仅能保证学生都能表达自己的观点，还能培养学生的团队合作意识和荣誉感，使学生更有参与感。

总而言之，随着"双减"政策的实施，正泽学校开始通过多种方法提升小学语文课堂教学质量，以实现学生学习"减负"的目的。因此，在培养学生的语文素养时，要合理整合教学资源，创设教学情境，培养学生的合作探索能力等。这不仅可以提高学生学习语文的兴趣，而且有利于加深对所学知识的印象，使学生在"双减"的背景下，也能得到充实的知识学习。

# 低年级图形教学中的思维品质培养

赵铂楠

## 一、问题的提出

在数学教学中，培养和提高学生的思维品质一直是非常重要的教学目标之一。2011 年版的数学课程标准也将"发展学生的数学基本思想"提到了课程总目标之中，可见思维品质是构建数学学科能力的重要因素，而数学课是培养学生思维品质必不可少且极其重要的主阵地。

"思维品质"是指智力活动特别是思维活动中智力与能力特点在个体身上的表现，体现了个体的思维水平、智力与能力的差异。它包括深刻性、灵活性、批判性、敏捷性、独创性五个品质，全面反映了学生的思维能力。在教学过程中，训练学生的思维品质是培养学生能力的突破口，从而为课堂教学中促进学生以思维能力为核心的智力发展提供了科学的理论和有效的操作方法。

一、二年级的学生年龄小、思维活跃、思维模式尚未形成，是培养学生思维品质的重要时期。小学数学的教学内容分为数与代数、图形与几何、统计与概率和综合与实践四大领域，其中图形与几何部分相对于其他三个领域，直观、形象，更贴近学生的生活。以下从思维品质的五个方面谈一谈如何遵循低年级学生的思维特点，设计好图形教学活动以培养学生的思维品质。

# 二、思考与实践

## （一）"辩"出深刻性

深刻性是指思维活动的抽象程度和逻辑水平，以及思维活动的广度、深度和难度。思维品质的五个因素是相互联系、相互影响的，其中深刻性最为核心。在课堂教学中要善于抓住学生理解略有难度的问题，引发学生有回合的辩论、对话，使问题越辩越明，在辩中促使学生深入地、逻辑清晰地思考问题，从而把握实物的本质和规律。

案例一："他们都是靠右走的吗？"

图 1 《位置与顺序》思考题

图 1 是北师大版小学数学一年级上册第五单元《位置与顺序》中的一道思考题，所属"图形与位置"部分。学生通过熟悉的生活情境和有趣的活动，认识左右的位置与顺序之后，利用此图帮助学生体会左右的相对性。

在教学过程中，大多数学生都能清晰地认识到图上的同学都是靠右走的，也会有一些同学提出自己的疑问："从图上看，这三个同学是在左边，并不是在右边啊？"于是，大家都在思考如何把自己的想法给不明白的同学讲清。

"他们每个人都是靠着自己的右边走的。"

"他们都在面向楼梯的右侧。"

"下楼和上楼是不同的，他们是相对的。"

"左边的三个人和我们面朝的方向是相反的，所以他们的右侧也和我们是相反的。"

随着讨论的深入，学生逐步找到了问题的本质：左右的位置关系是具有相对性的。

随后组织学生进行上下楼梯的表演，进一步巩固这一结论。

在这个过程中，一年级的学生初步体会到要解决问题就要通过思考，把握事物的本质和规律，并运用这些阐明自己的观点，从而学会透过现象看本质。

案例二："验证正方形四边相等。"

二年级下册第六单元《认识图形》中"长方形与正方形"一课，学生结合观察、操作活动，用自然的语言描述长方形和正方形的特征，并用折、画、比、量等多种方法进行验证。在运用多种方法验证长方形后，学生通过迁移继续验证正方形的特征。

一位学生举起自己的正方形给大家展示验证折的过程："我将正方形上下对折，上下两条边完全重合，说明这两条边相等。再将正方形左右对折，也完全重合，说明这两条边也相等，所以正方形四条边都相等。"

这时，几位学生纷纷举起了小问号的手势，表示质疑。

生：（边指边说）你刚才的方法只验证了上下两条边相等，左右两边相等，并没有证明四条边都相等。

生：对，就像刚刚我们验证长方形时，也是这样验证了对边相等，但它的（指着长方形）上和左这两条边是不相等的。

刚刚展示的学生：那我只能用尺子来量一量它们是不是相等的了。

生：不用，其实在你验证的基础上，我们只需要验证上边和左边相等就可以了。可以像这样斜着折一下。

（全班同学给予热烈的掌声）

师：这样斜着折怎么就能验证四条边都相等呢?

生：这样验证了上边和左边相等，刚刚我们还验证了左右相等，所以上、左、右都相等，因为上下相等，所以上、下、左、右就都相等了。

在这个案例中，学生把验证长方形的经验迁移到验证正方形中，忽视了验证相邻边相等的问题。正是在不断的相互质疑、讨论中，学生们找到了验证正方形的方法，并验证了正方形的本质是：四条边都相等。从这个案例我们也不难看出，思维品质的五个因素是相互关联，很难分割的。学生在质疑中体现了批判性，能够斜着对折体现了独创性，最后逻辑清晰地进行证明体现着深刻性。

正是以上这些一个个有着思维含量的问题，促使学生进行深入的、逻辑清晰的思考；通过对各种现象的讨论、对比，探寻到了事物的本质和规律。像这样的问题，在低年级图形教学中还有很多，如：

"东南西北在地图上是否需要统一？"

"统一测量单位的重要性。"

"前后只有在空间上的吗？"……

## （二）"玩"出灵活性

灵活性是指思维活动的灵活程度，反映了智力和能力的"迁移"。具体体现在思维的方向灵活、过程灵活、结果灵活以及迁移能力强。游戏是低年级学生学习的好朋友，这种学生喜闻乐见的形式，非常容易激发出学生思维的灵活性。

案例一："一手准。"

在二年级上册第六单元《测量》中的"课桌有多长"一课，学生认识了厘米，会用尺子进行测量，并找到身体中的一些"小尺子"。在练习课中，笔者设计了"一手准"的游戏：不用尺子，将手中的纸条撕出10厘米的长度。

当所有学生撕好后，请同桌两人判断对方的纸条长度是否正确。在评价过程中，学生充分运用到了刚刚学过的知识进行分析：

"我觉得你的这个太长了，我手的拇指打开，手掌和拇指的长度正好10厘米，你的纸条还要长很多。"

"我觉得你的纸条短了，我的食指宽大约1厘米，你的纸条只有8个食指宽，所以应该不到10厘米。"

……

"我们还可以用尺子来验证结果。"

在这个游戏中，学生通过撕纸条，运用身体上的各种"小尺子"来估计10厘米的长度，这正体现了思维方式和过程的灵活性。同时，在判断他人10厘米的正误时，不仅使用了自己的标准，还倾听、接纳他人的标准，再一次体会了思考方式是多种多样的，增强了思维方式和过程的灵活性。

思维灵活性的四个特点，对于教师设计教学游戏有着具体的指导意义。教师可以从思维的方向、过程、结果以及运用迁移等方面进行游戏设计，使学生在"玩"中提升思维灵活性。

### （三）"评"出批判性

批判性是思维活动中善于严格地估计思维材料和精细地检查思维过程的智力品质。相较于灵活性，批判性显得更加严谨、思辨性更强，所以思维批判性的训练就需要在学生自评、互评中进行。

案例一："图形分类"

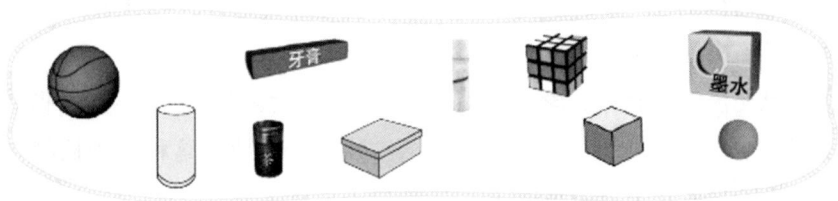

图 2 《认识图形》

在一年级上册第六单元《认识图形》的起始课中，教材给出了牙膏盒、墨水瓶、皮球等生活中的各种物品，请学生分分类（见图 2）。学生将自己的分类结果展示给大家，并请同学们猜一猜分类标准。在这个过程中，学生要对每一类物品进行观察、分析，得出结论。当分错的结果出现，学生的评价就更加凸显其批判性了。

有一个学生按照"能不能滚"来分类，却将三个圆柱体与长正方体分为了一类。这时就有学生进行质疑："如果把这几个物体倒在地上，它们也可以转动呀。"

"它们虽然有两个面不能转，但侧面是可以转的。"

"其实你这样分类也可以，只不过就不是按照'能不能滚'来分类了，而是按照'有没有平的面'来分类。"

这样的互评环节，能够充分调动学生重新审视需要分类材料的积极性，也就是重新评估思维材料，在纠错、找关键点的过程中对思维材料进行全面的分析。而这样的互评，教师要注意保护出错学生的积极性，进行及时评价，感谢这位同学能够勇敢地将自己的想法分享给大家，也使大家更清楚地认识到知识的本质，创设安全、宽松的氛围，给学生以尽情思考、交流、展示的空间。

案例二："测量操场"

二年级上册第六单元《测量》的起始课"教室有多长"，其目标是让学生经历用不同方式测量教室长度的过程，体会测量方式、测量工具的多样性。由于教室的空间限制，笔者将测量教室改为测量操场宽度。在学生进行分组、分工、确定测量工具等一系列讨论之后，来到操场进行实地测量。

一开始，各小组选取笔袋、铅笔、书本等物品作为测量工具，一轮测量结束后小组进行反思自评："这些物品都需要蹲在地上测量，弯着腰比较辛苦。""测量的次数太多了，容易数错。""我们能不能找到更好的测量工具呢？"

对应着之前的思考，第二轮开始了，很多小组进行了测量工具的"升级"，更快地完成了测量任务。

在全班交流的过程中，学生们谈道："用鞋进行测量，只需要脚跟脚尖相接向前走就行了，不用弯腰，省力又精准。""用扫把、跳绳这种比较长的物品作为测量工具，只需几下就能量完了。"

在这个活动中，学生经过第一轮测量之后，进行反思自评，对于测量工具所出现的问题进行了重新评判，选择了更加合适的工具。无论结论如何，他们都经历了运用思维进行分析、检查的过程，这对于批判性思维的培养是很好的契机。

思维的批判性具有分析性、策略性、全面性、独立性和正确性五个特点。在培养学生批判性的同时，要兼具对他人和自己的批判、对结果和过程的批判。在平时的教学中，每一次的互评都是很好的提高思维批判性的过程，教师要注意引导与及时评价。

### （四）"赛"出敏捷性

敏捷性指在正确基础上的速度，简单来说也就是"对又快"。这往往需要大量的反复练习，而对于低年级的学生来说，枯燥的练习易令人乏味，不易投入，所以可将练习变为比赛，这样学生更易接受。

案例一："立体图形认一认。"

一年级上册第六单元《认识图形》中，当学生认识长方体、正方体、圆柱体和球之后，教师可为每个学生准备一套各种立体图形的学具，同桌两人进行系列比赛。

比赛1：当一个同学指出一个物体，另一个同学迅速说出该立体图形的名称，规定时间内正确说出数量最多者获胜。

比赛2：一名同学说出图形名称，另一名同学迅速拿出相应物体，规定时间内正确指出数量最多者获胜。

在以上的比赛过程中，要求学生准确而迅速地说出或指出立体图形，学生想要获胜就必须提高自己的认识速度，从而提升其思维的敏捷性。

游戏是低年级学生喜闻乐见的一种形式，在游戏中学生们会主动地进行练习，提升自己的正确率及速度，从而发展思维的敏捷性。在低年级的图形教学中，以上两种比赛形式还可以运用在以下几个知识点的练习中：一年级下册"平面图形的认识"（平面图形认一认），二年级上册"图形的变化"（平移旋转我说你做、对称图形认一认），二年级下册"角的认识"（角的类型我说你摆）等。

**（五）"做"出独创性**

独创性即创造性思维，表现为善于独立思考，善于创造性地发现问题和解决问题，具有独特性、新颖性和发散性。培养学生的独创性，就要创造足够的思考空间与时间，让学生在亲手实践中做出独创性。

案例一："巧分正方形"

**动手做（一）**

● 把附页图 1 中的正方形的纸折成一样的两部分，怎么折？
　剪一剪，比一比。

图3　《有趣的图形》

在一年级下册第四单元《有趣的图形》中（见图3），"动手做"一课的第一个操作活动为"将正方形的纸折成一样的两部分，怎么折？"

学生通过自己操作，纷纷将正方形分成了两个长方形或两个三角形。这时笔者又发给每个学生一张正方形纸，请他们再思考还有没有其他的方法。学生们把正方形纸在手中来回翻转、实验，发现还可以斜着折（见图4），这样剪下来后经验证确实完全一样。

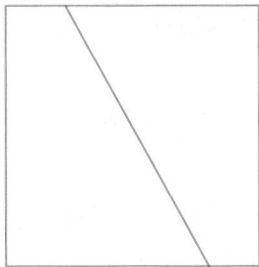

图4　正方形折纸

有了这个启发，更多孩子也实验起来，并发现无论这条折痕的斜度如何，只要它穿过正方形的中心点，就可以将正方形分成两个同样的图形。并将这一发现迁移到长方形上，也是成立的。

在这个发现、创造的过程中，教师要舍得给学生时间。试想如果出现两种常规情况后教师就紧接着进行后续环节，或直接给出第三种结果，就不会出现以上的精彩，学生也体会不到通过自己的思考创造出新方法时的激动与喜悦。

案例二："拼正方形"

在执教二年级下册《认识图形》单元中的"平行四边形"一课时，为了使学生充分体会平行四边形的易变性，笔者组织了"小棒拼拼拼"游戏。游戏前为学生准备可拼插小棒，每人四根（两根红色长棒、两根黄色短棒）。

当学生通过拼插、拉拽，充分体会了平行四边形对边相等且易变的特性，当出现直角就是长方形等知识点之后，笔者提出了一个新的问题："请你拼出一个正方形。"

一石激起千层浪，"老师，不可能拼成正方形啊，这四条边都不一样长！"抗议之后，学生便陷入沉思之中。

这时，一个学生眼睛一亮，笑眯眯地说："有了！"便向同桌提出交换小棒的请求，这时全班同学都明白了他的意图，也纷纷合作起来。就这样，每人都举起了自己的正方形。

从这个案例中我们不难看出，学生由一开始的独立完成到两人合作，能够从不同角度思考问题，从"小我"走向"大我"，走向合作。这不仅需要学生的智慧，更需要教师在环节设计时的智慧，要有意识地设计激发学生思维灵活性的活动。

像两个案例中展示的那样，学生的思维独创性，一定是在其不断思考、不断调整中激发出来的，教师要舍得将课堂上的时间与空间还给学生，让其充分自主思考、发现问题并创造性地解决问题，从而提高思维的独创性。

# 三、结语

以上只是聚焦在低年级图形教学方面对于学生思维品质培养的案例与思考，低年级是学生进入系统思维品质培养的起始阶段，如何更好地帮助学生提升思维品质，在教学过程中要注意以下几方面：

（1）深挖教材，精心设计教学活动。要想培养学生的思维品质，教师在备课时就应在这一方面重点思考，理解教材的设计意图，挖掘教材设计的深刻内涵以及其可培养学生思维品质的方面，用好教材、活用教材。

（2）将课堂还给学生。给学生以足够的时间、空间，创设学生感兴趣的数学活动，让学生在有趣的数学活动中充分调动头脑，以提升思维品质。2011 年版课程标准指出：数学教学活动应激发学生兴趣，调动学生积极性，引发学生的数学思考。就是说，教学中要创设一种愉快的氛围，激发学生的学习动机和兴趣，促进学生积极主动地进行思维活动。

（3）正确面对错误资源。充分运用学生的错误资源培养学生的思维品质，文中的很多案例都是由学生的差错而引发的思维活动，在学生"辩错"、教师"化错"的过程中，学生思维的深刻性、批判性乃至敏捷性都会得到提升。在平时教学中要给学生创设安全、宽松的课堂氛围，让学生敢于发表自己的见解，并能够正视自己的错误理解。

（4）运用恰当的评价。在课堂上及时进行思维方式方法的指导，让学生的思维方式有法可依、有路可循。

# 改进小学数学"量感"教学，促进课堂教学减负增效

宋怡人

2021 年 7 月 24 日出台的"双减"政策，对提升校内教育教学质量，落实立德树人的根本任务提出了更高的要求。随着"双减"政策的落实，学校也在不断地调整教学工作的管理方法，通过减少作业量、减少考试次数，也确实减轻了学生原本过重的学习负担，但面对学生学习时间的大幅减少，"提高课堂教学的效能"成了学校与教师教育教学的研究重点。

与此同时，在小学数学教学中，对学生"量感"的培养尤为关键。建立"量感"有助于学生养成用定量的方法认识和解决问题的习惯，是形成抽象能力、培养数学应用意识的经验基础，教师基于对学生"量感"的培养来发展学生数学核心素养也尤为关键。

在"双减"背景下，如何改进课堂教学方法，来促进数学课堂中"量感"教学的减负增效呢？笔者有以下思考："量感"是学生在学习过程中经过大量体验和感知的基础上建立起来的，它依赖于感知经验的积累。所以教师如何抓准"量感"课堂的教学重点、提高课堂教学的效能、丰富课堂教学容量，充分利用 40 分钟课堂教学的时间，将"量感"的培养融入课堂的每个教学环节中，真正做到"减负"不减质，提高课堂教学的效能成了课堂教学改进的生长点。

## 一、做好学情调研，抓准"量感"课堂教学的重点

学情调研，是对学生原有的知识储备进行调查研究，寻求最佳的学习起点，进行难易适度的教学，让学生伴着原有的知识储备走进学习状态的一种活动。因此，在"量感"课堂教学之前做好学情调研，有利于教师了解学生对

"量感"的原有认知，找准学生"量感"学习的现实起点，在教学设计时能有的放矢，设计好教学目标，把握好"量感"教学的重难点，整合教学环节。如此一来，教师不但能提高课堂的教学效率，而且能切实减轻学生课堂学习的压力。

表 1　关于"1 分有多长？"的学情调研情况

| 测试内容 | | 对应题目 | 正确人数/正确率 | | | | | |
|---|---|---|---|---|---|---|---|---|
| 1.认识钟表上的时刻 | 整时 | 1（1） | 24/96% | | | | | |
| | 半时 | 1（2） | 24/96% | | | | | |
| | 一刻、三刻 | 1（3） | 23/92% | | | | | |
| | | 1（4） | 22/88% | | | | | |
| | 整5分 | 1（5） | 21/84% | | | | | |
| | 其他 | 1（6） | 19/76% | | | | | |
| 2.时、分、秒之间的关系 | 是否知道1时=60分，1分=60秒 | 2 | 22/88% | | | | | |
| | 是否能灵活运用 | 3 | 8/32% | | | | | |
| 3.对时、分、秒单位时间的体验 | 大致的定性体验 | 4（1） | 25/100% | | | | | |
| | | 4（2） | 22/88% | | | | | |
| | | 4（3） | 25/100% | | | | | |
| | | 4（4） | 22/88% | | | | | |
| | | 4（5） | 17/68% | | | | | |
| | 精确地定量体验 | 5 | [-30%, -10%) | ±10%以内 | (10%, 30%] | (30%, 50%] | (50%, 100%] | 100%以上 |
| | | | 3/12% | 7/28% | 4/16% | 3/12% | 6/24% | 2/8% |

在"1 分有多长？"的课堂教学中，教师在课前对一年级学生进行了学情调研（见表 1）。

从数据中能看出，学生在一年级已经初步认识了钟表及整时、半时的时刻，在生活中也会积累一些关于时间的朴素经验，对"时、分、秒"以及它们的关系（1 分 =60 秒）有一定的了解。但学生对把握"时间量"的实际长度、对"量"的估计以及它在生活中的应用缺乏一定的经验。因此，教师将课堂教学的重点由"掌握分、秒之间换算关系"这样知识性的学习，转换为"通过实践活动体会分、秒的实际长度"这样"量感"的培养，进一步明确了课堂教学的方向，抓准了课堂教学的重点，提高了课堂教学的效能，落实了课堂教学的减负增效。

## 二、创设真实"问题场",提高"量感"课堂教学的效能

"量感"的培养是一个循序渐进的过程,小学生"量感"能力的培养是以解决真实问题为基础的,是在真实"问题场"中逐渐深化认知的过程。因此,教师在课堂教学活动中恰当地运用提问的方式,构建"问题场"形成一系列问题,将学生"量感"的培养融入每个问题的解决过程中,不断引起学生对"量感"的认识冲突,使学生产生好奇心,从而激发他们的学习兴趣。并且,创设真实的"问题场",能为学生打造解决现实问题的基础,提供给他们讨论数学问题、提高数学思维的机会,增强课堂教学中学生思维的"坡度、密度和强度",从而达到良好的教学效果,真正做到"减负"不减质的课堂教学。

例如:在"1分有多长?"的课堂教学中,教师结合"量感"培养的目标和方向,将教学设计分为四大"问题场"(见图1)。

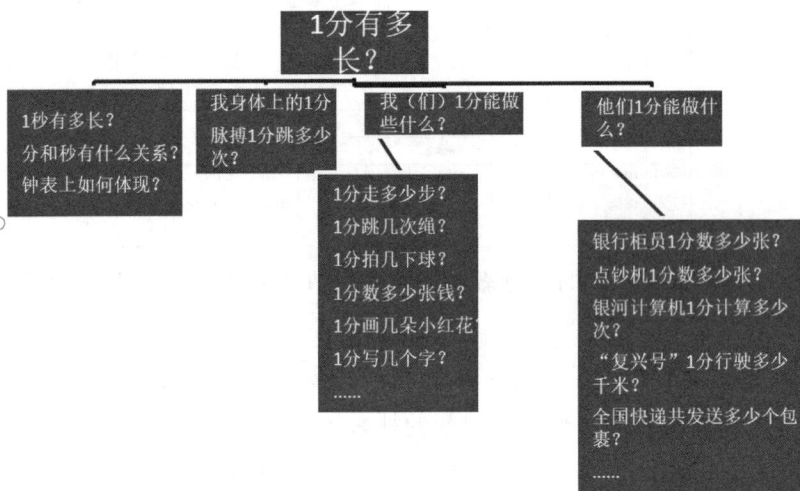

图1 四大"问题场"教学设计

在教学中,学生根据第一个"问题场"中的"问题串"对秒和分有了初步的认识,并利用钟表和电子表探索了"1分=60秒"。在解决这一系列"问题串"的过程中,学生的视觉、听觉、动觉等多种感官参与体验,形成了对秒和分较为精准的感知。并且,在课堂教学中"闭眼1分的游戏"挑战环节,充分验证了学生在第一个"问题场"的学习效果。学生由一开始对于"秒"这个较小单位的"量"的把握不太精准,到通过解决由"1秒有多长?""探究分和秒

的关系"和"估计1分有多长?"这三个问题形成的"问题串"后,学生对"1秒"甚至"1分"的"量感"有了更精准的把握。这充分说明,在改进"量感"教学方法中,创设真实"问题场"能有效提高课堂教学效能。

## 三、开展多种实践活动,丰富"量感"课堂教学的容量

"量感"的构建离不开学生的感知体验,更离不开学生的经验积累,然而经验积累必须经历大量的实践操作,通过亲历体验、反复比较,来感悟"量"的本质。在传统的教学中,教师为了压缩教学内容,增加课上讲授知识的时间,都会将需要"实践操作、体验"的内容留在课后进行,这无疑增加了学生的课后学习负担,并不符合"双减"政策的要求。因此,在"量感"教学的课堂中,创设多种"真实且贴合学生生活"的实践活动,将学生的多种感官参与到感悟"量感"的学习中,他们心中对于"量"的参照物越多,运用的过程中就会有更多的选择权。活动形式的多样性也能激发他们的学习兴趣。那么,如何提升课堂教学的"容量",在有限的课堂教学中创设多维实践活动来强化学生对"量感"的学习是教师应该思考的问题。

例如:同样是在"1分有多长?"的教学中,教师开展了"1分我能做什么?"的体验活动,创设了多种真实且贴合学生生活的实践活动。活动步骤如下:

提供动静结合的六项任务:跳绳、走路、拍球、写字、数钱、画小红花。让学生先估计1分能完成的个数,再分组开展1分钟的实践活动,并记录每位同学的数据。

紧接着,在教学时教师综合每位学生的原始数据组织全班交流分析,学生对上述六项活动"1分分别能做多少个?"有一个整体的认识,并思考数据的合理性。学生将实验获得的数据与预估的数据进行比较,反思估得准和不准的原因,分享估计的策略,从而更好地对时间"量感"进行把握。在此基础上,教师再提供一些相关数据,以供学生参考。如对比学生1分钟数钱的张数,提供银行柜员、自动点钞机1分钟数钱的张数;对比学生1分钟走的步数,推算1分钟走的路程,对比"中国飞人"1分钟跑的路程等,不断拓展学生关于时间"量感"把握的经验,学生课上实践活动如图2所示。

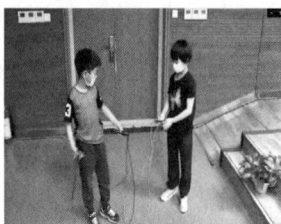

1分钟"跳绳"活动　　　　1分钟"拍球"活动　　　　1分钟数"钱"活动

图 2　学生课上时间活动

在这些实践活动中，学生逐渐将生活"量感"转化为数学"量感"，加深了学生对时间"量感"的感悟和体验，并让学生更深地感悟到数学与生活的紧密联系。充盈的课堂教学容量和高效的课堂教学真正地把对学生"量感"的培养落在了实处，不仅做到了"减负增效"，更是做到了"提质增效"。

# 四、结语

总而言之，在"双减"背景的依托下，笔者为了有效地培养学生的数学"量感"，不断改进课堂教学的方法，致力于促进课堂教学的减负增效。笔者聚焦于抓准"量感"课堂教学的重点，恰当运用"问题场"来激发学生学习兴趣，开展真实且贴合学生生活的实践活动来丰富课堂教学容量，使学生在探究学习中，加深了对"量感"的理解，提高了估测能力，发展了数学思维。同时，在这样高效的课堂教学中，学生的综合能力得以大幅度提升，在日常生活中运用"量感"策略来解决问题的能力也明显增强，真正减轻了学生课堂学习的负担，落实了课堂教学"减负增效"的要求。

# "双减"背景下多学科融合策略实现
# 小学数学作业的减负增效

于晓洁

作业是学校教育教学管理工作的重要环节之一，是课堂教学活动的必要补充。2021年7月，中共中央办公厅、国务院办公厅印发《关于进一步减轻义务教育阶段学生作业负担和校外培训负担的意见》，指出要落实立德树人的根本任务，着眼建设高质量教育体系。要全面压减作业总量和时长，减轻学生过重作业负担，建立作业校内公示制度，杜绝重复性、惩罚性作业。由此可见，"双减"的内涵不仅仅是减少作业量，在减量的同时进一步提高学生对学科知识的掌握程度才是"双减"的应有之意。因此，如何更好地为学生减负增效成为"双减"背景之下教师们必须要思考的问题。

数学作为一门研究数量、结构、变化、空间等内容的学科，其本身的理论性较强，对逻辑思维要求也比较高。《义务教育数学课程标准（2011年版）》明确指出，数学是人类文化的重要组成部分，数学素养是现代化社会每一个公民应具备的基本素养。作为促进学生全面发展教育的重要组成部分，数学教育既要使学生掌握现代生活和学习中所需要的数学知识与技能，更要发挥数学在培养人的思维能力和创新能力方面不可替代的作用。教师除了在课上对学生进行的思维培养，课后布置的作业和练习对学生数学思维的强化也是至关重要的。但学生如果只是机械地"刷题"，不仅会增加过重的学习负担，还会占用正常的锻炼、休息、娱乐的时间，久而久之，甚至还会抹杀对数学学习的兴趣。

为了能够设计出与数学学科育人目标相符的作业，同时实现为学生减负的目标，我们就必须追溯知识本源，在作业的形式和内涵上下功夫，从而让作业达到事半功倍的效果。

# 一、作业设计理念

为了使"双减"政策落地，数学作业的布置需要以学生为中心，但作业形式不能过于固化，可以在已有的基础上整合不同学科的元素，让学生进行深度探究，促进学生多学科知识网络构建。因此，要基于学情实际，深研内容设计，加强学科整合，构建知识体系，既要把作业目标定位在学生全面发展上，也要定位于数学素养的提升和创新精神的培育中。

基于以上思考，我们从实际出发，将繁重的书面作业转换成学生喜欢做的探究性活动，并将多学科整合，设计多学科综合性的探究活动。活动来自学生的日常生活或者是手工作品，把学习的自主权还给学生，实现数学作业的减负增效，具体体现在以下几方面：

（1）将数学作业与其他学科相融合，加强学科联系，构建完整的知识体系。

（2）将数学作业与实践活动相融合，让学生在观察和实际操作中进行思考。

（3）将数学作业与学生的生活相融合，在实际的案例中学习数学，体会数学与生活的密切联系。

# 二、学科融合作业实施案例

## （一）科学知识与数学作业的融合

三年级的数学课程中有《里程表》一节，学生们在学习这个问题的时候由于缺乏实际的生活经验，很难理解里程以及电表读数的含义。但这时如果教师只是机械地灌输，数学课堂不免会变得枯燥无味，还会使学生的学习效率大打折扣，课后的练习作业也不会特别理想。因此，对于一些难以理解的数学知识，教师既要在课堂授课的时候借助具体的事物帮助学生理解，同时也要在课后的作业布置上进行创新，以此保护好学生的求知欲和自信心。

小学科学课程涉及自然现象、生活常识等内容，学生们对其中的一些探究活动也非常感兴趣，如果能够巧妙地将数学作业与科学探究活动联系起来，不仅能帮助学生建立起学科之间的联系，还能让学生加深对数学本质的理解，从而进一步提高作业的质量。

现举例说明我们在实施过程中具体的方法、策略。

1. 植物的生长与变化

目标——基于数学教材中《测量》《里程表》的知识，将数学作业与科学探究活动相融合，在培养学生观察能力和动手能力的同时，让学生体会数据中蕴含的数学信息，进而强化对数学知识的理解。

学习方式——学生通过观察动植物的成长，记录周期性的植物生长数据，根据获得的信息分析数学问题。

一名学生发现自己家里的姜发芽了，于是他每隔一段时间记录下姜苗的长度（见图1）。姜苗最初的长度为5毫米，在没有任何人工干预的情况下，12天、28天、36天后姜苗分别生长到1厘米7毫米、2厘米4毫米和2厘米9毫米。此时，学生明确了某一时刻姜苗的长度以及某一时间段内姜苗的生长长度的区别，有了这个经验，学生对课本中里程表问题的理解也更加深刻了。通过这个案例的记录，学生还能对现有数据进行分析，这也为后续学习数学知识（如方程、变量、函数等）奠定了良好的基础。同时，在三年级学习了小数之后，学生还会用1.7厘米、2.4厘米和2.9厘米来表示姜苗的长度，能够将学习到的数学知识灵活地运用于实际生活，由此将本次探究活动的作用发挥到了最大。

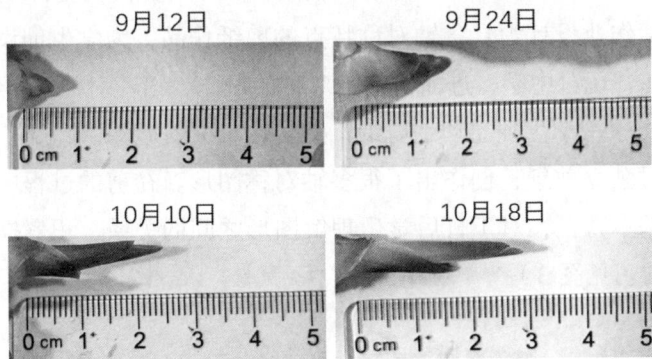

图1　姜苗长度记录

2. 动物的成长

跟上一个案例相似，一名学生记录了自己家里宠物的成长过程（见图2）。小仓鼠最开始的体重为103克，一周后体重为109克，两周后体重为118克，三周后体重为125克。通过记录小鼠的体重，学生知道了第一周小鼠体重增长了 6 克,第二周增长了 9 克,第三周增长了 7 克,小鼠的体重涨幅较为平稳。通过这次记录,学生明确了体重增长幅度和体重示数的区别,也加深了对数学教材中《里程表》一节的认识。与此同时,在记录小鼠体重的过程中,学生还知道了质量单位"克",这为以后的数学学习做了很好的铺垫。

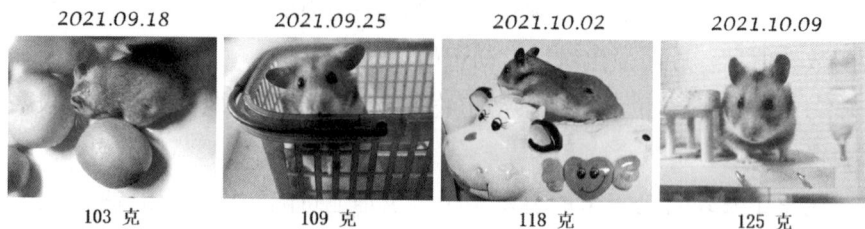

图 2 小鼠体重记录

将数学问题与科学小探究活动结合,不仅体现了知识的贯通性,也能够激发出学生浓厚的学习兴趣。相比于枯燥的练习题,这种创新式的探究活动能够真正地为学生减负,学生们也能够在观察、思考中理解数学问题,从而实现作业的最大价值。

## (二)美术作品与数学知识的融合

### 1. 剪纸作品中的轴对称

目标——基于数学教材中《轴对称图形》的知识,改变传统书面练习的方式,将数学作业设计为具备轴对称特点的剪纸作品,为学生创设开放性的空间,让学生在"玩"中学,进而树立轴对称的概念,培养对数学学习的兴趣。

学习方式——学生独立动手剪纸,感受轴对称图形。

学生通过独立剪纸,创作出了很多轴对称图形。在剪的过程中也思考了轴对称图形的基本特征,对于日后学生理解图形之间的关系、积累操作经验也是非常有价值的(见图 3)。

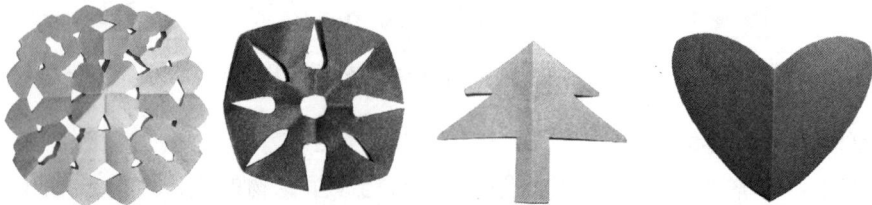

图 3 学生手工剪纸

动手操作是学生参与知识形成过程的重要形式,是学生获取感性认识的主要来源，数学活动经验需要在"做"的过程和"思考"的过程中沉淀。将动手操作项目设置为作业，一方面有助于学生发展初步的空间观念，另一方面为学生学习减负增效做出了更为强有力的支撑。

2. 指尖上的图形

在学习《认识图形》这一单元时，我们同样设计了适合学生知识水平的数学探究活动作为作业。我们引入手工，意在让学生们通过动手创造，增强审美体验。现具体说明在实施过程中的方法及学生的成长。

目标——丰富几何认知，培养学生的观察能力，进而加深对不同图形的认识。

学习方式——学生通过折一折、剪一剪、拼一拼的方式，创造图形。

在这一项作业中，学生们可以自己动手创作出喜欢的图形。我们惊喜地发现，其中有一个小组制作了一组微型"飞镖"，并且还观察到飞镖当中隐藏着平行四边形、正方形、三角形以及直角梯形（见图4）。更多好奇的学生还会联想到：五角星、六角星如果分一分会出现哪些基本的图形呢？这一系列的问题极大地激发了学生们的学习兴趣，他们也更愿意动手去创作包含其他图形的手工作品，从而将探究活动继续推向高潮。

在这一系列的操作活动中，学生们在自己的手工作品中找到了蕴含的图形信息，一方面降低了课后的作业压力，另一方面也培养了自己的观察能力，加深了对图形的认识，提高了学习效率。

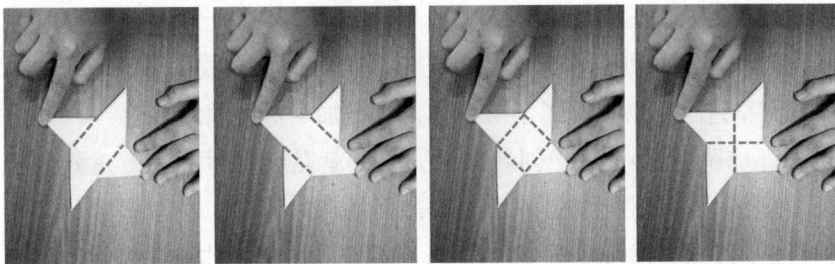

图4　学生手工"飞镖"模型

### （三）睡眠管理与数学作业的融合

目标——认识24时计时法，能够与12时计时法所表示的时刻进行相互转换，并能推算出两个时刻之间的时长。通过每日的记录，加深学生对数学知识的理解。

学习方式——学生自主记录睡眠时间，计算每日睡眠时长，巩固数学知识。

充足的睡眠对于学生的生长发育和心理发展来说都是非常重要的，在"双减"政策之下，减少学生课业负担与保证学生充足的睡眠是相辅相成的。如果学生每天的书面作业量太大，耗费的时间太长，那么自然学生的睡眠时间就没办法保证。基于此，我们制定了学生睡眠监测自律表，目的是想让学生做一个自律、自主的人。与此同时，在睡眠监测自律表的使用下，我们萌生了将数学作业融入睡眠监测的想法，学生们通过每日的时间记录和测算，也能够达到对数学知识强化的目的。

通过对自己睡眠时间的每日监测，学生能够较好地记录睡眠时间，并且能够灵活地运用 24 时计时法。这种将数学知识融入睡眠监测的学习方式，能够让学生切实体会数学与生活的密切联系以及数学的重要性，这也达到了我们通过改变作业的形式为学生减负增效的目的。

## 三、结语

在"双减"背景下，我们立足学生的知识水平和年龄特点进行了一系列的作业设计。通过与科学学科相结合，学生记录生活中的案例并从中学习到了数学知识；通过与美术学科相结合，学生在手工作品中找到了数学元素，并感受到了数学之美；通过每日的睡眠监测，学生也进一步地感受到了数学与生活的密切联系。在这一系列的探究作业中，学生们经历了自我探索、记录思考、分享交流的完整过程，既提高了学习效率，也增加了对数学的兴趣。

正如郎加明所说："对于创新来说，方法就是新的世界，最重要的不是知识，而是思路。"我们所做的一切改变，都是在培养学生数学素养的基础上展开的，将枯燥繁杂的书面作业转变为具有探究意义的长作业，能够更好地为学生减负增效，进而实现作业的价值。学生也能够在观察、体验、记录、感悟的过程中加深对数学本质的理解，从而摆脱"苦学"的束缚，走入"乐学"的天地。

# 教育戏剧在小学低年级英语课堂中的教育创新实践

赵　曦

"双减"背景下，如何在课堂上实现减负提质，是一线教师工作中的重点。新课标强调，要关注小学生核心素养的关键能力和必备品格的养成。但在小学英语课堂教学中，依然存在着语言应用的情境创设不足；对核心素养中的人文性的发展关注和培养不够；教学模式和方法相对单一，且单调、缺乏生活化设计和趣味性的问题。

为此，笔者尝试将教育戏剧中的角色戏剧引入低年级的小学课堂。教育戏剧是一种具有创造性的、互动式的教育方式，通过游戏、假扮、故事与戏剧的基本元素来打造一种系统的、体验式的教与学的方式，从而达到激发学生学习的兴趣、鼓励学生勇于探索、吸引学生注意力的目的。

## 一、借助教育戏剧增加学习体验，激发学生学习兴趣

《教育戏剧在小学英语教育教学中的应用》一书提到：在低年级的课堂中，角色戏剧的教学模式深受小学生的喜爱，戏剧活动符合其个性特点和认知，学生在参与表演的过程中体验真实生活场景，感受并融入空间以体验角色的情绪和感情，能够在真实语言输入场景中激发真实语言输出的愿望。

以新标准小学英语二年级下册第九单元第一课 *Turn Left* 一课为例，通过真实情境的创设，从听觉、视觉、动觉多种感官上增加学生体验，充分激发学生兴趣，使其拥有身临其境之感。脱离了传统的课堂，学生围坐成一个圆圈，置身于街道样式的教室中，教室的地面上贴着路标，学生听着街道上的背景声音，仿佛和故事里的角色同时置身剧中的街道上。道具的加入增强了情境的真

实感：公交站牌、路牌让故事发生的场景一目了然；警察帽和小书包让学生更容易相信所扮演的角色，愿意积极主动地参与表演。在突破难点——turn left 和 turn right 的区别时，学生能够在模拟的道路上行走，进行真实的体验。教师入戏、学生入戏、即兴创编的戏剧范式，更是给学生以沉浸式的情境氛围，使学生放飞想象的翅膀，尽情发挥，充分激发了学生的兴趣，提高了课堂效率。

## 二、借助教育戏剧提高学生问题解决的能力，实现减负提质的目的

《教育戏剧在小学英语教育教学中的应用》一书提到：角色戏剧，需要文本中有较为突出的角色，围绕着某种关系，以事件的逻辑发展顺序步步推进剧情。通过角色戏剧的教学手段，能够提升学生分析和解决问题的能力，使学生更好地进行学习。

在本节课中，教学模式以角色戏剧的方式展开，主要凸显四个阶段。发现问题——向学生提出可能发生的问题，学生根据对话内容展开思考并讨论：Sam 要去 Daming 家，Amy 问在哪里，得知在西湖路，那么 Sam 认识路吗？要怎么办？界定问题——教师向学生说明空间、时间、地点等情况，学生讨论，确定要演绎情节的时间、地点与角色：Sam 在公交站，看见警察叔叔，进行问路指路，了解到了路线。发展问题——教师为学生提供更多信息，使情节进一步发展。此时会面临一些问题或困难，学生经过讨论或教师入戏等手段，明确解决问题的方法。Sam 迷路了，打电话给 Daming，结果发现自己记错了路名。解决问题——在小组讨论后，教师将讨论结果呈现出来，由学生扮演，呈现所思所想：找警察问路、利用地图、电话中问 Daming 等找到去湖西路的办法，学生总结想法。如：记清楚路，去找人帮忙等，最终补充故事结局，找到了 Daming 家。

在解决问题的过程中，教师和学生分别扮演不同的角色，参与事件的讨论。学生顺着教师提前设置好的步骤从猜到演，再回到主线。在这个过程中，学生通过自身既有经验去回想、讨论与演绎故事后，能较好地掌握人物特点或者故事大意。

通过对本课的学习，学生能够关注迷路的问题，引发相关思考：首先在记路名的时候不能马虎，要把路名记准确，然后在迷路时要懂得积极主动、礼貌

地问路，获得他人的帮助。在他人迷路时，我们如果了解相关信息就要清晰地回答，帮助别人找到方向；不了解信息要帮着想办法，体会乐于助人的美好品德，切实提升了问题解决的能力。

在此过程中，学生在任务的驱动下，以极高的参与感进行学习活动。他们将自己带入角色之中，想角色之所想、急角色之所急，体会情境中人物的心情，设身处地地为人物找到解决问题的办法。同时，学生用英语与老师和同伴进行交流互动，灵活地运用语言解决实际生活中会发生的问题，在提升语言能力、学习能力的同时，思维品质得到了训练，相关文化意识也得到了增强，切实实现了减负提质的目的。

## 三、教育戏剧在小学英语中的"教—学—评"一体化

在本节课的教学过程中，学生通过多种戏剧范式，如学生入戏、教师入戏、即兴创编，进行着丰富的学习活动，有效地整合了教师的教、学生的学以及学的成效，实现了小学英语课堂教学中"教—学—评"一体化，进而达到减负提质的目的。柯丹老师在论文《教育戏剧与英语教学》中提到，教育戏剧既是教学也是学习。《教育戏剧：实践指南与课程计划》提到，教育戏剧为教学提供了评估机会。教师可以将戏剧教学法应用于事物观察、案例学习、行为研究，以及对孩子学习成就、学习评估的监测中。

本节课基于英语戏剧范式，在学习活动过程中完成对学生核心素养的相关评价。如，在课堂开始的空间漫步环节，学生通过在创设的空间中听指令行走、做动作，进入上课状态，教师可以清晰地看到学生对语言知识 left 和 right 的掌握情况，并依据此情况判断学生的水平，进而在课中进行个性化关注，这是学生语言能力提升的"教—学—评"一体化体现。在教师入戏环节，学生与教师互动，将学到的语言加以运用。通过学生的动作体态，教师可以清晰地看出学生对于警察叔叔躬身向他人指路这一姿态的理解和内化，潜移默化地起到礼仪教育的作用，这是文化意识这一核心素养提升的"教—学—评"一体化体现。在创编环节，学生需要在对整个故事脉络理解的基础上进行互动，对语言进行加工，并结合自身知识和经验思考解决问题的方案，最后用英语进行交流产出。这既是语言能力又是思维品质方面提升的"教—学—评"一体化的体现。

因此，借助教育戏剧的教学模式，可以实现小学低年级英语课堂教学中的"教—学—评"一体化。通过设计，教师无痕地教，学生沉浸地学，学习活动同时也是评价活动，教师对学生的学习效果可以进行即时性评估，及时调整后续的课堂授课，这样大大提高了课堂效率，实现了以减负提质为目标的创新教育实践。

## 四、结语

纵观整节课，课堂上，学生在老师的引领下，通过情境的创设，兴趣盎然、高效地完成了课堂活动；学生随故事的主人公发现问题、界定问题、分析问题和解决问题，切实提升了解决问题的能力；在戏剧氛围下，学生充分带入主人公角色，在表演中沉浸式地思考并使用了语言；在课堂最后，通过创编为故事增加结尾，灵活地使用了语言。总之，教学环节有力地体现了"教—学—评"一体化的理念。

这是一次教育戏剧元素中的角色戏剧与低年级英语课有机的结合，既能够提升学生的学习兴趣，给学生全新的体验式的学习过程，提升学生解决问题的能力，又能使每一个戏剧活动承担起"教—学—评"的多重功能，切实关注学生核心素养的提升，以实现创新教育实践，达到减负增效的目的。

# 少儿编程教育的实践探索

乔 辰

## 一、背景分析

### （一）时代发展趋势

如今，计算机应用与物联网设备无处不在，人工智能所带来的第六次技术革命正在逐步形成。作为与人工智能打交道的桥梁——编程，就是帮助人类实现人工智能的方法之一。而编程教育已成为主流，全球多个国家将编程教育纳入中小学课程大纲及教学场景。2017 年 7 月，我国国务院印发《新一代人工智能发展规划》，提出"实施全民智能教育项目，在中小学阶段设置人工智能相关课程"。

### （二）编程与编程教育的价值

编程是编写程序的中文简称，就是让计算机为解决某个问题而使用某种程序设计语言编写程序代码，并最终得到相应结果的过程。简单说，编程学习就是为了解决问题而设定各种逻辑来完成任务的过程。编程不仅仅指的是通过计算机编程，人们在日常生活中解决问题的很多流程其实也是一种编程体验。

编程学习不是仅仅教会孩子多少指令与代码，编写多少程序，而是通过这种学习提升孩子们的创造力和逻辑思维能力。学习编程也会让孩子们自主处理更多复杂的问题，进而收获成功体验。

借助思维导图、程序流程图等思维工具会极大地帮助孩子们培养逻辑思维能力。编程思维主要分为五种特定的方向：制订计划、分解任务、重复任务、寻找规律与打破常规。因此，可以说编程教育其实渗透的是对于未来人才

"4C" 能力的养成教育。

### （三）少儿编程教育过程中的困难

#### 1. 学生差异

随着编程教育越来越被人们认可，有一些学生在学龄前就已经有所接触，并且一直在课外接受着较为系统的学习。因此，课堂上学生的差异性比较明显，容易出现"吃不饱"和"够不着"的尴尬情况。这种现象随着学生年龄的增加会愈发明显。

#### 2. 学习平台繁杂

少儿学习编程的基本过程大多数都是由图形化编程开始，慢慢转化到软硬件配合或代码编程，最终与人工智能相融合。教育市场中每年都会层出不穷地涌现出各种类型的编程平台，鱼龙混杂。随着各大平台分别主办的赛事如雨后春笋般地落地生根，编程学习也慢慢趋于功利化。学生在此过程中所获得的往往只是一个奖杯、一张奖状，但是脱离他所熟悉的"编程环境"，对于解决问题的能力以及团队合作的能力往往并没有达到预期的教育目标。

## 二、北京市正泽学校小学编程教育的实践探索

### （一）理论依据——以建构主义为指导，尊重学生认知发展规律，持经达变

建构主义认为，儿童认知发展存在一定的规律，并且学生习得知识的过程不仅仅是教师传授的，而且是学习者通过必要的学习资料，以意义建构的方式获得的。

因此，正泽学校科技课程中有关编程教育的知识体系可以概括为："由简到繁""由具象到抽象""由图形到代码""由玩到学，由学到用"。随着学生年龄的增加以及心智水平的提高，逐步加强程序设计与实际生活的联系。

### （二）教育目标——培养未来 21 世纪人才的"4C"能力

正泽科技课编程教育的目标不仅是锻炼学生的计算思维，更是培养未来 21 世纪人才的"4C"能力。

批判性思维是要求学生们对接触到的信息或观点有自己的思考，再得出结论，这个结论可以是认同也可以是反对，不盲目相信也绝不盲目拒绝。沟通能力是人类赖以生存的基本能力。学习编程是为了能和机器交流，但是人与人

之间有温度的交流才是最终决定了机器永远无法战胜人类的根本。无论是项目式学习还是主题式学习，团队合作都是合作学习的基础，没有团队合作能力的人在未来的社会协作中，很难有立锥之地。创造与创新是相互关联又有区别的两个词。创新思维对于每个孩子都不稀缺，但他们的思维比较混乱，没有系统化，因此常常是天马行空的。而创造力既与创新思维相关，也和执行力相联系，所以培养孩子系统的发散思维，并通过相应的实践去培养孩子的创造力，是两条可取之道。

**（三）实施途径——以 STEM 课程形式，依托流程图思维工具，培养学生逻辑思维能力**

一年级：以"不插电的编程"形式，借助卡牌游戏的形式，帮助学生初步建立"程序"的概念。通过"寻宝游戏"的主题，让学生在"玩"的过程中，体会程序执行的过程，并鼓励学生用多种不同的路径去探索，进而体会到程序在解决实际问题的时候方法并不唯一。通过这种让孩子看得见摸得着的学习体验，激发学生学习的原动力。与此同时，学生在互相验证他人"寻宝路线"正确与否的同时，不仅可以巩固所学知识内容，而且是将编程变成一种"逻辑语言"的必要过程。

二、三、四年级：根据学生认知发展规律，中低年级以图形化编程学习为主。编程平台的选择主要依据以下两点。

1. 界面简洁，易于理解

通过淡化复杂的程序界面搭建，将学生的主要学习过程聚焦于逻辑思考的过程当中，在不断调试程序、解决实际问题的体验中获得成功的快乐。在充分尊重学生年龄特点的基础上适时调整课堂策略，利用"角色扮演"的形式让学生体会程序的动态发展过程，进而将抽象的问题具体化、具体的问题可操作化。例如：在一节面向多个对象编程的课堂中，教师让学生分别扮演不同的程序角色形象，通过"小口诀"似的师生对话，引导学生理解程序的发展过程（见图 1），然后再将表演的过程梳理成流程图式的可视化板书（见图 2），最终形成指令再通过计算机编程验证。

图 1 "角色扮演"程序对象　　　图 2 梳理程序流程

**2.跨平台应用，提供自主学习空间**

随着学生年龄的增长，其对互联网知识与技能的掌握水平不断提高，在编程学习的过程中所体现出来的差异化也愈发明显。因此，支持跨平台、多环境学习的编程平台，将大大扩充学生的成长空间，为更多的学生提供"个性化"学习的可能。

**3.多学科融合，将编程思维变成一种工具**

在授课形式上，中年级程序设计课程突出对学生逻辑思维的训练与培养。利用流程图等思维工具，帮助学生将实际问题从自然语言描述梳理成流程环节展示，再将流程环节概括成数学模型，接着将各环节一一对应成相关的指令模块，最终以代码的形式将具象问题抽象化，进而可操作化。

为了持续保持学生学习的原动力，在任务制定以及情景设计上，以实际问题为驱动，教师以"支撑者"的身份，帮助学生逐步建构学习支架，进而达到教学目标。在解决实际问题的过程中，仅仅依托计算机知识很难全面分析并解决真实问题，因此 STEAM 合作形式依然是中低年级学习的主要策略。其中，"S"即科学观察、"T"即技术支持、"E"即工程实践、"M"即数学归纳、"A"即艺术表达。

五、六年级：为了更好地进行小初衔接，以及对学生严谨逻辑思维的训练，在高年级将逐步转化为代码语言的学习。以 Python 语音为基础的计算机高级语言，具有很强的可读性以及兼容性。更重要的是，代码语言的学习将更凸显学生逻辑思维是否严密，因为任何一点纰漏都有可能导致程序运行失败。这样不仅可以锻炼学生"透过现象看本质"的能力，更能渗透做事要严谨认真的处世态度。

# 三、结语

目前，正泽学校处于建校初期，对于编程教育的探索也仅仅处于开发阶段。不过，随着课程的深入，也取得了一些实践经验。

## （一）"动静结合"式的课堂

由于学生年龄偏小，为了聚焦关键问题，在课堂实施环节中应结合学生课堂状态适时变换不同的教学策略，充分调动学生的各种感官。例如上文提到的"角色扮演""卡牌游戏"，以及利用"微视频"等多种丰富的教学活动形式来突破教学重难点。在充分地"演绎"程序执行过程后，还需要有耐心地引领学生一步步抽丝剥茧般地梳理出程序执行脉络，最终从自然语言转化成机器语言。

## （二）"引人入胜"式的课堂

为了充分激发学生的学习兴趣，有趣且有一定挑战性的情景设计也是教学设计中的关键所在。带有一定故事性以及贴近儿童生活实际的问题往往可以从一开始就牢牢地抓住学生的注意力。比如，在《不插电的编程》一课中，利用"寻宝"这种贴合低年级学生兴趣点的设计，非常受学生欢迎。此外，教师还在此次"寻宝"活动中扩充了一位主人公，并描述了一段探险过程。在随后的课堂中，师生共同一步步帮助"主人公"解决各种有挑战的问题。

由于班中学生接受程序设计水平的差异，在问题设计上也要注意考虑设计不同梯度的问题，这样才可以使不同学习能力的学生都能有解决问题后的成功感体验。

## （三）"举一反三"式的课堂

程序设计的课堂不是以学生完成了教师范例而结束的。我们的初衷是锻炼学生的逻辑思维能力以及创造力。因此，在课堂中应设计出允许学生可"再创造"空间的环节。这里所说的"再创造"空间，可以理解为学生可以通过以往所学知识或结合生活经验，在现有程序的基础上进行发散思维，并进行个性化表达的平台。例如在"寻宝游戏"的最后，学生互相给同伴"出难题"——调整"宝箱""石头"以及"主人公"的位置，然后共同研究并验证新的最佳路线。

### （四）"虚实结合"的课堂

"虚"指的是软件编程环境，而"实"则代表的是硬件搭建。随着学生手部小肌肉群的不断发展，触感所带来的感官刺激要比其他感官更加令人印象深刻。同时硬件搭建环节也可以成为学生"再创造"的有效实施途径。在硬件设备的加持下，学生可以直观体验程序的运行结果，进一步激发学习动力。但是硬件环境的选择，以及硬件搭建所带来的课堂实效问题一直是笔者思考的主要问题。因此，笔者也将在后续实践探索中不断探索。

综上所述，随着人工智能时代脚步的临近，编程教育已成为基础教育中不可或缺的重要实施环节。而如何有针对性地践行编程教育仍是未来几十年中重要的研究课题。作为教师，我们正在不断探索，与学生共同成长与进步。

# 科学幻想在科技课程中的应用与实践探索

唐 迪

## 一、背景分析

### （一）科学幻想与科技创新的联系

科学幻想是科学的本质属性之一，它在自然科学技术发展的历史中占有重要地位。科学需要丰富的想象力，敢于幻想，开拓创新。英国著名科幻作家史蒂芬·巴克斯特曾说过："我们需要科幻作品，我们需要了解科幻的重要性。"纵观历史上的科幻作品与重大的科技革命，我们不难发现，二者之间有很大程度上的重合，甚至有些科幻作品在科学家的科技创新之路上扮演了重要的角色。19世纪的"科幻小说之父"——法国作家凡尔纳创作的《海底两万里》《月球旅行》《地心游记》等著名科幻作品，就对很多科学家产生了重大的影响，成为他们走向未来科技世界的引路者。如潜水艇发明者之一、美国青年科学家西蒙·莱克在1897年建造了"亚尔古英雄号"潜艇，就是因为从凡尔纳的科幻小作品中受到了启发。

随着我国科技的不断创新发展，克隆杂交稻种子、高速磁悬浮试验样车、量子实验卫星"墨子"、人造太阳等重大科技成果相继问世。同样，这些科学技术的发展，离不开人们的创新能力，而创新能力同样离不开人们的科学幻想能力。科学幻想与科技创新之间有着千丝万缕的联系，科学幻想是科技创新的灵感，也是动力，有联想才能产生幻想，有幻想才能提出问题，创新的过程就是解决问题的过程。

### （二）科学幻想在教育领域的应用现状

在这样一个急速发展的时代，大数据和人工智能的来势汹汹，使许多领域都发生了巨大的变化，对教育也产生了猛烈的冲击。面对不断更迭的时代，教育也在吸纳和引进更多资源来应对瞬息万变的未来。1996 年的《科幻研究》杂志列出了当年北美各高校开设的与科幻有关（包括奇幻和乌托邦）的正式课程，数量达到了数百个。1999 年全国高考作文题是《假如记忆可以移植》，这是新中国 60 年高考以来首次涉及科幻领域。2003 年，北京师范大学文学院增加科幻文学专业；人大附中开设《科幻物理学》选修课，物理教师尝试以科幻教基础科学知识，例如拿超人来讲力学，拿星球大战讲光学，很大程度提升了学生的学习兴趣，培养了探究能力，学生还通过科幻故事感受到了科学跟现实的紧密关系。2017 年，北京景山学校以 STEAM+PBL 的方式开设科幻课，融入语文、生物、地理、化学、电脑绘画、创客教育等多学科。2018 年，高考全国卷，一道语文阅读理解题的材料节选自刘慈欣的科幻小说《微纪元》；同年，北京卷高考作文题为《写给未来 2035 年的自己》；同年，刘慈欣的科幻小说《带上她的眼睛》入选人教版初一（下）语文课本。

近年来，"科幻"一词频繁出现在大众视野中，人们对其认知度和关注度逐渐提高。虽然科学幻想在教育领域中的应用还不算广泛，仍旧在起步上升阶段，但是对科学教育、认知水平提高、思想教育等都有重要作用，对学生、教师、教育的改变潜力是巨大的。

### （三）我国儿童想象力和创造力亟须提高

爱因斯坦说过："想象力比知识更重要。因为知识是有限的，而想象力概括世界上的一切。推动人类的进步，是知识的源泉。"儿童时期正是发展想象力和创造力的重要阶段，而各项研究调查结果显示，我国儿童的想象力亟须提高。

2009 年"教育进展国际评估组织"对全球 21 个国家进行调查，结果显示：中国孩子的计算能力排名世界第一，想象力却排名倒数第一，创造力排名倒数第五。在中小学生中，认为自己有好奇心和想象力的只占 4.7%，而希望培养想象力和创造力的只占 14.9%。由此可见，我国儿童想象力和创造力的培养需要从小抓起。

## 二、科学幻想在科技课程中的应用与实践探索

### （一）课程设计理念——科学与信息技术的整合

2017年初，教育部颁布了新版本的《义务教育小学科学课程标准》，对比新旧课标不难发现，新课标更加重视学生科学素养的培养，建议教师为学生提供多样化的学习机会，倡导学生多动手进行实践活动，开展探究式学习，并提出要充分利用和开发网络资源。在这个飞速发展的数字化时代，信息技术已经充分融入了我们的生活中，已成为激发学生学习兴趣、培养学生的探究能力、优化课堂教学结构、提高教学质量必不可少的教学手段。随着教育改革的不断深入，学校更加重视对学生多元智能的培养，鼓励学生多角度观察并思考问题，并且尝试利用所学解决实际问题。因此，传统的单一学科内容很难满足学生日益成熟的学习需求，将科学课程与信息技术课程进行整合，不仅可以实现学科信息化教学，也能让学科间相互促进，相互发展。

### （二）实施途径——跨学科融合，将隐性的知识显性化

与传统的教育理念和课堂模式不同，引入科幻元素的科技课程能充分激发学生的学习兴趣，调动学生的主观能动性和学习积极性，在进行科幻想象的过程中学习科学知识，培养学生的创新思维及创造力，促进科幻想象力的发展，了解科幻想象对于科技进步的重要性，最终达到教育的目的。而科幻作品的创作过程也体现了跨学科融合，打破了学科间的壁垒，提高了学生的知识迁移能力，以及强化了其本身对知识的理解，将隐性的知识显性化。

例如：小学科学教材二年级第二单元的教学目标是要通过学习知道太阳是一个发光发热的大火球，并了解太阳对地球上的动植物有重要的作用。考虑到二年级学生的年龄特点、教学内容以及课标要求，教师将本课的题目设立为《流浪地球计划》，与热映的科幻电影《流浪地球》相结合，让学生以创作科幻日记的形式为最终成果，促进学生科学想象力发展的同时，收获相关的科学知识，将隐性的知识显性化。本课在此过程中经过了以下几个重要阶段。

1. 问题研究，初步构建学习支架

从科幻电影《流浪地球》的故事情节出发，让学生对如下科学问题进行探究和讨论，如：为什么影片中作者要让地球流浪呢？太阳真的会膨胀爆炸吗？太阳是什么样子的？你对太阳有哪些了解？太阳表面有多热？太阳对于我们地

球有哪些用处？这些科学问题，学生可结合自己前期所掌握的知识进行回答，对于那些回答不了的科学问题，教师会提供相关的视频作为学习资料进行指导，在学生观看后再进行讨论和回答，初步构建关于太阳的学习支架。

2. 创设科幻背景，尝试创作

学生在前期的视频资料学习中，已经知道了一些关于太阳的相关知识，如：太阳是有寿命的，最终确实会膨胀爆炸；太阳内部持续进行着剧烈的核聚变并源源不断地释放着巨大的能量，太阳表面的温度接近5600℃；太阳能为地球提供太阳能、提供热量、提供光照等，地球上动植物的生存都离不开太阳等。教师创设科幻背景：在未来的××年，太阳不断膨胀，为了避免被太阳吞没，人类决定逃离太阳。随着离太阳越来越远，在没有太阳的日子里，地球会发生怎样的变化？学生结合太阳的特点以及作用，展开科学想象，完成一篇名为《离开太阳第一天》的科幻日记。

3. 完善学习支架，进行再创作

通过学生科幻作品的创作，教师发现，学生第一次接触科学幻想，对这个内容有很浓厚的兴趣，积极度和参与度都很高。但大部分学生根据太阳的作用，进行逆向思考，想到的都是"黑暗""很冷""死亡"这些负面的影响，思维模式比较局限，想象力不够活跃，其根本原因还是学生的学习支架搭建得不够充分完整。学生只能想到离开太阳后可能会出现的问题，但是由于没有现代科学技术手段的背景知识作为支撑，无法想象出解决问题的措施和手段。

基于以上情况分析，教师通过大量影像资料，以及在科技课上让学生以小组形式充分利用网络以及书籍等进行研究。借助现代信息技术手段所提供的直观化体验，继续完善原有的学习支架，激发学生的想象力。在有了充分的科学知识作为支撑，学生将第一次的科幻作品继续进行完善和改进。

第二次的科幻作品创作相较第一次更为顺利，内容更加丰富。学生针对离开太阳后可能发生的问题也想象出了多种解决措施，如：离开太阳会产生的"黑暗"可以用灯来照明，能源可以利用风能、地热能等；离开太阳后产生的"寒冷"可以用发明非常耐寒的衣服（纳米材料），利用地下热水建造大型暖气，建立人造太阳等措施来解决；离开太阳后产生的"食物短缺"可以用建立人工蔬菜大棚、培育不需要阳光的植物、发明人造肉等方法来解决。

在第一次的创作过程中，教师发现二年级的学生由于识字量和书写速度还比较慢，无法将自己想象的全部过程落实在科幻日记中。基于以上发现，在第二次创作中，学生可以继续选择科幻日记的创作形式，也可以选择"四格漫画"的方式，将自己的想象画下来。这种改变更尊重学生的年龄特点和认知发展规律，因材施教，达到了非常不错的效果。

### （三）采用 STEAM+PBL 的课堂形式，将抽象的问题具象化

STEAM 课程采用 PBL 项目式教学方式开展，以"任务驱动"的形式，把学生作为学习活动的主体，以解决问题为目标，进行科学调查和探究，激发学生的学习兴趣，调动学习主动性，培养学生的"4C"能力。

例如：小学科学二年级第三单元的教学目标是观察各种动物的特征，知道动物有不同的方式以感知环境。结合学生的年龄特点、教学内容和课标要求，教师将本单元的教学内容进行整合，加入科幻元素，开展了以《疯狂外星人》为题的 STEAM 课程。教师设定了几种不同环境的未知星球，如极度寒冷、热带环境、干旱环境等，学生根据所选环境特点进行"外星生物"创造。为了完成这个项目挑战，教师与学生一起将问题进行了拆解，如动物有哪些生存本领、动物的身体结构与生存环境有什么样的关系、动物是怎样感知环境的等一系列"子问题"。学生在学习了动物生存本领及感知能力等相关内容后，结合已知地球生物在不同环境中的生存特点与身体结构进行"创意组合"，最终用绘画、超轻黏土或者 3D 打印笔的形式进行科幻作品的制作，将抽象的问题具象化。在这样的背景下不仅可以充分调动学生的学习积极性，同时又能更大程度上扩宽学生的视角，促进学生的科幻想象力，培养学生创意表达的能力。

## 三、结语

目前，将科幻元素与科技课程相结合，从而促进学生想象力的实践探索还处于起步阶段，在此过程中有了一些新的认识与反思：

### （一）学生的想象力得到提升

小学阶段的学生好奇心强，想象力丰富，正是促进科幻想象力发展和培养创新思维的最好时机。从第一次进行科幻日记创作的过程中，可以看出学生的想象力局限性强，语言表达比较单一，如文中写道："离开太阳的日子，人类生活在黑暗中，到处都是冰冷的，越来越多的人死去，未来没有了希望！"但在经过自主学习相关资料，构建学习支架后，学生们的想象力能看到明显提升，语言表达更丰富了，并且能多角度、多维度地看待未知的世界，如文中所

写："离开太阳以后，人们采用了一种名叫 9K426B3C 的微生物来发光，我们正在去往一颗名叫 7R 红 4017 的星球上，要 4 光年那么远呢！""我们早餐吃了一些蚯蚓干和人造肉等食物，虽然已经有了肉，但是这肉的味道却远不如真正的肉好吃。""虽然我们还需要时时刻刻抵御严寒，但是目前温度一天比一天高了，因为越来越多的人造太阳被发明出来了，希望在不久之后地球就能恢复原来的温度，变得生机勃勃。"等等。

学生对于创作科幻作品有很浓厚的兴趣，参与度非常高。科幻作品的表现形式从尊重学生的认知发展规律及年龄特点出发，如：低年级的学生年龄小，识字量少，模仿能力和表现欲强，以科幻画或科普剧的形式表现其想象力的过程更为合适，如低年级编排的科普剧《我为什么会过敏》就充分展现了学生的想象力，取得了可喜的效果；而中高年级的学生以科幻写作作为主要表现的形式，在创作过程中与语文学科进行跨学科融合，想象力得到提升的同时，还促进了书面表达能力。

**（二）期待更多的学科加入**

在课程中融入科幻元素，其根本目的有两点：激发学生对学习的浓厚兴趣，以及促进学生的科幻想象力发展，培养创新思维。仅在科技课程中融入科幻还不足以对学生的想象力和创造力产生质的改变，还需要更多的学科和更多的教师加入培养学生想象力的队伍中来。未来，我们还将继续进行实践探索，如：语文课程中可以引入科幻阅读，鼓励学生进行科幻写作；美术课程中可以创作科幻画等，以形成一种鼓励幻想、鼓励创新的教育环境。

# 正泽特色的音乐100%教育教学实践与探索

## 李　蔚

音乐教育教学，处处渗透着爱的智慧与光芒——爱祖国、爱生活、爱音乐、爱艺术、爱学习、爱创造……以音乐为爱的纽带，教师是爱的传递者、引导者，学生是爱的接收者、表达者。在李烈校长"以爱育爱"教育理念引领下，正泽特色的音乐100%教育教学实践与探索——100%全员、100%全程、100%全方位，始终渗透在音乐课程的方方面面，也将在实践中不断沉淀、反思、总结。

## 一、毛竹扎根——正泽音乐的100%全员

### （一）以"学业质量评价"为标尺，关注共性

学业质量是学生在完成课程阶段性学习之后的学业成就表现，反映核心素养要求。正泽音乐学科的评价方式，在遵循音乐的本体特点、扎根教材和学情等前提下，紧紧结合"学艺五要"进行设定。学生的音乐学习，遵循：学无涯、思无邪、守静笃、求真知、得雅趣。针对这五个方面，进行了"学业质量评价"的校本化实践。

根据教学内容的具体开展，"学业质量评价"包括形成性评价与综合性评价两个方面。形成性评价以学习任务的完成情况来评定，教学中侧重基础训练、紧抓音乐要素，注重对基本功、声音、状态、专注力、兴趣和对音乐课重视程度的培养，以"打分册"的形式对学生每节课的表现进行记录。终结性评价以"态度""思维""气象""能力""品味"五个维度来作为评价标准。教学评价分为三个水平：A.优秀（运用/熟悉），B.良好（理解/整合），C.合格（知道/模仿）。

### （二）以"正泽方圆"为准则，突出个性

正泽课程体系的实施主要分为两部分：以国家课程为主的常规课程和体现学校特色的校本课程。正泽课程——全面、个性、未来、超越。音乐课程在正泽课程体系中所占课时为每周一节，在不同学段中，与艺术课程中美术、书画、舞蹈、京剧、越剧、戏剧等学科协作融通，共同肩负着"陶冶情感与情操，促进审美与创造"的职责。在对学生的培养方面，关注共性的同时，更关注天赋，放大独特。

在关注天赋的同时，也更关注个体的学习心理。笔者之前教过的一个孩子，之前疫情居家学习时给笔者发了自己唱得好的几首歌曲，还说想我了，让我很感动。返校后，也许是笔者给孩子们设置教学内容时增加了首调识谱、二声部合唱这两项较难的新内容，难度骤然提升，孩子跟不上，他居然跟笔者说不想上音乐课。后来，通过请教有经验的老教师，也通过和孩子沟通，笔者了解到事情的原因：他并不是畏难，也非刻意捣乱，而是想通过一些行为和语言寻求关注。而且笔者发现，他虽然在上课之前就在班里扬言不喜欢音乐课，但他的几个行为却暴露了他的喜欢。隔壁科技教室自制乐器，下课后他会很开心地跑来串门跟笔者借沙锤和请笔者指导，每次发声练习的时候总是很卖力地唱……后来，笔者发现，无声的语言比有声的警告更有效。所以后来，笔者选择在孩子进到教室的时候假装不关注他，在课堂开始之初发声练习的时候，给予一个肯定的眼神。也许是老师的关注起到了效果，也许是孩子逐渐适应了学习的新模式，孩子后来又在科学课程中进行了自制乐器的展示，学习又恢复了常态。

## 二、正本泽根——正泽音乐的 100% 全程

### （一）线上线下联动

因疫情原因，学生在近两年经历了两次居家学习的体验。疫情防控期间，音乐老师会进入任教班级群，给学生逐一点评作业，有针对性地进行一对一沟通，为学生写个性化评语。最重要的一项工作，则是为学生录制课程资源包。

第一次居家学习期间，音乐学科主要采用音频加学习单的方式进行校级线上教学，以区平台音乐微课为学生自主选择的补充学习资源。在教学内容及曲目的筛选上，笔者学习参考了延学期间的指导文件和各大出版社的音乐教材，

也补充了一些经典曲目。音频课程不受场地的限制，甚至于有的孩子是与家人一起收听学习，让学习有了附加效果。笔者也将这次教学经验，总结成论文《小学音乐课程线上线下联动教学之我见——基于延学课程的探索与思考》。

第二次居家学习期间的音乐资源包，升级为"可听可看"的形式。内容的选择上，笔者没有局限于教材，而是拓展了杯子舞、舞剧《花之圆舞曲》欣赏等多元音乐实践活动。这些活动的设计，是在《艺术课程标准（2022版）》的研修学习过程中，做的一点小小的尝试。杯子舞的创编，要求学生灵活运用音乐要素，展示自己独特的设计，收到了意想不到的效果。

### （二）相关学科综合

学科综合在正泽音乐课程体系中发挥着重要作用。小学中低学段可与语文学科共同开展古诗歌曲演唱，小学高年级与科学学科进行自制乐器和演奏展示、和道德与法治学科开展"歌声与微笑"项目……

"歌声与微笑"项目的展示环节，学生不仅要以小组为单位展示歌声，还要讲述歌声背后的故事，并说出感悟到的道理或汲取到的力量，以及将如何把这种精神和力量用在日常生活中。整个项目完成下来，学生学习的主动性很高，他们在感受音乐美的同时，也享受着德、智、体、美、劳"五育"的滋养。

### （三）学校资源融合

在前疫情时期，正泽的课程体系中外出"研学"课程深受学生喜爱。该"研学"为期一周，学生和老师一起在海边的营地学习生活。以之前的阿那亚"研学"之行音乐课程为例，当时选择了海洋主题的《小螺号》以及北京童谣《打花巴掌》两首歌曲。课程设计的初衷，是让学生感受歌曲欢快的情绪，培养乐观向上的精神风貌，大胆展示音乐魅力，体验"爱与勇气"的收获和美好。通过课程，大部分学生能乐于表现、敢于展示；学生收获成长，留下回忆，能够在陌生的环境中大胆表演，积极挑战，勇敢探索；学生通过团结协作体会快乐，去关注身边更多的事物，善于发现美，感受爱。

## 三、以爱育爱——正泽音乐的 100% 全方位

### （一）正泽好课堂

1. 创建"陶醉其中"的正泽音乐课堂

校长提出正泽音乐课堂要"陶醉其中"，她每次听课都是坐在面对学生的

位置，这一细节从侧面体现了一位教育家对学生的"爱"。

还记得笔者入职后的第一次公开课，我用很激情的状态来带学生，但效果却不尽如人意，让我深刻体会到"备学生"的重要性。因此，在之后的教学中我一直在完善，更多地去了解学生，关注每一节课每一个细节，包括纪律、座位、歌唱状态、音乐表达、肢体语言等全方位的细节。看似简单的"陶醉其中"四个字，是校长多年教育理念的凝结，也时刻鞭策和激励着正泽教师们。

2. 创建"处处都美"的正泽音乐课堂

音乐课堂，从进教室、发声、第一句话怎么说，处处是学问。"简说精说精讲"，教学语言的关键点一句也不少说，一句也不多说。听教说唱听，再到孩子的模仿，处处都要"美"。每一个音都要解决好了之后再向下进行。注重对学生发声方法、节拍、识谱、视唱等常规能力的规范和培养；用范唱带领，以热情感染。

歌曲教学中的舞蹈动作，可以激发学生学习音乐的兴趣。教师要引导学生大胆唱、用心唱，感受美、表现美、创造美，一个律动一个律动、一个点一个点，每一个细节都精雕细琢。

3. 创建"处处都是培养"的正泽音乐课堂

（1）创建学校音乐氛围

学校社团和兴趣班每学期会进行期末展示，每一次活动都给孩子们留下了很美好的记忆。

（2）搭建线上音乐平台

居家学习中，我们多次进行了艺术作品征集活动。学生们各展其才，声乐表演、器乐表演、编曲创作，精彩纷呈。

（3）搭建班级音乐舞台

班主任与音乐老师通力合作，有时也会参与听课和学习。记得有一次学期末的"正泽好声音"录制，有一位班主任在现场听到孩子们真挚的歌声甚至留下了感动的泪水，摄影机刚好记录下了这一幕，成为师生一次特别的回忆。

**（二）正泽好声音**

1. 用"好声音"激发学生学习热情

学期末的"正泽好声音"采用了两种展示形式：随堂录制或者期末展示，学生分班进行合作演唱。在录制完成后，同年级回放，同学之间互相观摩和学习。

2. 用"好声音"涵养学生歌唱能力

学期末组织的会演，学生既巩固了日常积累的音乐能力，也培养了舞台感觉、集体精神和创新意识。

正泽音乐的 100% 全员、100% 全程、100% 全方位，只是正泽学校"以爱育爱"很小的一个方面。李烈校长在《给生命涂上爱的底色》中提到"在爱的分享中体现生命价值"，本文中的一些分享，有些地方可能还不够成熟，但都是因爱而动的一些小的经验与反思，希望能起到抛砖引玉的作用。

# 让学生成为欣赏课的主人
## ——小学低段音乐欣赏教学探索

李薇薇

达尔克洛兹说："欣赏是艺术中最令人神往和欣慰的，我们可以在其中体验人类创造音乐的共同情感。"音乐欣赏是小学音乐课的重要组成部分，学生通过聆听、感知音乐，从而理解音乐，提高其感受美、鉴赏美、表现美、创造美的能力。音乐欣赏对于拓展学生的视野、净化学生的心灵、陶冶情操、提高音乐的审美力，有着非常重要的作用。

在低年级的音乐欣赏教学中，经常会出现这些现象：

现象一：大部分学生不能坚持认真地把乐曲听完，注意力经常分散到别的事情上，对音乐作品的情感内涵知之甚少，无法与音乐产生共鸣。

现象二：许多学生在听到不熟悉、自己不喜欢的音乐时，就会一味地摇头说"不好听，听不懂"，没有兴趣欣赏。

现象三：有的学生对音乐课的认识就是唱歌，觉得聆听音乐就是休息或表演。教师在音乐教学过程中，也更偏向于技能的培养，而对聆听环节重视不够。

究其原因，首先音乐是表现情感的艺术，欣赏者必须用自己经历过的生活知识和感情去感知、体验所听到的乐音。低年级孩子生活阅历浅，感情积累少，这是上好音乐欣赏课的一大难题。其次，欣赏音乐，不仅需要形象思维能力，同时也需要逻辑思维能力。心理学研究表明，低龄儿童尚处于从具体形象思维向抽象逻辑思维过渡的阶段，逻辑思维能力较差。新教材中的音乐欣赏曲，大都以管弦乐曲为主，独唱合唱曲为辅。这对一、二年级的小学生来说，理解的难度很大，更别说去表现它的情感，延伸它的内涵。这是上好音乐欣赏课的又一大难题。

作为音乐教学的引领者，若想让学生竖起小耳朵，用愉悦的心情学会听音乐，就要花更多的时间来钻研教材，站在孩子的角度去看新课程下的音乐欣赏课，做好音乐和学生之间的桥梁，尽自己所能为学生创设一切条件，尽可能让学生全方位置于课堂教学，参与到教学活动中，体验音乐、感受音乐、理解音乐和表现音乐。

## 一、落实聆听常规，培养欣赏情趣

美国教育家科普兰说："如果你要更好地理解音乐，再也没有比倾听音乐更重要的了。什么也代替不了倾听音乐。"听，是音乐艺术最基本的特征，听觉感知是欣赏音乐的必要途径，也是学习音乐、表现技能的必要前提。但听赏习惯不是与生俱来的，需要教师慢慢浸润、感染和培养。小学低段是培养良好习惯的关键期。每当新学一首歌曲或是欣赏乐曲时，笔者都会要求学生用耳朵细心聆听，可以用一些表情和肢体动作来表现所听到的内容，在安静的氛围中感受乐曲的意境。当学生发言时，要求学生做一名文明的听众，学会倾听，倾听作品、倾听他人、倾听自己，学会接纳和欣赏他人。即兴表演时，要求学生有一对会听音乐的耳朵，随着乐曲边听边演。马克思说过："对于不懂音乐的耳朵，最美的音乐也没有意义。"只有落实好课堂教学常规，养成良好的聆听习惯，才能真正欣赏音乐、理解音乐。

## 二、找准切入点，激发欣赏兴趣

心理学研究表明：兴趣是一个人力求接触、认识、掌握某种事物和参与某种活动的心理倾向。它是人认识需要的情绪表现，反映了人对客观事物的选择性态度。儿童的天性决定着他们对自己感兴趣的事物，更富有自觉性和主动性。他们一旦对音乐学习产生了兴趣，便会全神贯注、积极主动地投入其中。因此，教师在组织教学活动时，最有效的方法就是从音乐欣赏教材中发现并找准闪光的切入点，激发学生的学习兴趣，培养和调动学生的参与意识，让学生主动参与到音乐欣赏教学实践中来。

### （一）故事导入

低年级孩子活泼好动，兴趣广泛，好奇心强，对简单具体的事物易于接受，易被生动有趣的故事情节和色彩鲜艳的活动教具吸引。音乐欣赏课上，利用他们这一特点，将音乐作品的作者生平和时代背景用讲故事的形式进行教学，结合故事来欣赏音乐，结合音乐来编讲故事，更能抓住童心，加深他们对作品的理解。一、二年级的《三只小猪》《快乐的小熊猫》《糖果仙人舞曲》《龟兔赛跑》等故事性强的音乐欣赏，都可以用孩子喜闻乐见的故事引入，可以是老师讲、学生讲，还可以配合图片、动画等多媒体讲。如在欣赏《玩具兵进行曲》这一课中，由于这首乐曲的表现内容十分富有童趣，玩具兵们的生动形象是激发学生欣赏兴趣的很好切入点，为此，笔者创设了"玩具兵的探险历程"故事情景。导入时，创设玩具兵走累了睡着了的故事情景，让学生闭上眼睛赏听乐曲，猜测玩具兵做的梦（即乐曲表达的内容）。整堂教学，由始至终都有一个无形的"玩具兵"引领学生聆听、欣赏。在如此的情境中，学生被故事情景深深吸引，一直随着课程的进行保持集中注意力，并积极地思考，与音乐展开充分积极的对话。

### （二）动画切入

动画片每个孩子都喜欢看，有些孩子对动画人物如数家珍。在小学音乐欣赏曲目中有些就选自动画片，如《劳动歌》《三个和尚》等。在教学中可以采用动画导入。如《三个和尚》乐曲较长，反复较多，时间一长，学生容易坐不住。在教学时，笔者让学生先看动画，对乐曲进行初步了解后，再让学生根据乐曲，分小组表演三个和尚的故事，鼓励学生通过表演表达对音乐的理解，感悟乐曲所表达的含义。

### （三）意境带入

"乐由情起。""情"是艺术创作的灵魂，引导学生感悟作者的创作意境是对作品最好的理解。因此音乐课上根据音乐创设相应的情境，使学生对音乐作品的内涵达到一定的认识，才能感受到音乐作品抽象的美感，接受美的教育，提升审美情趣。在欣赏《摇篮曲》时，为了创设歌曲的意境，在上课前，笔者会拉上教室的窗帘，使教室的光线相对变暗，营造夜晚的氛围；多媒体播放妈妈摇摇篮的画面，老师扮演妈妈的角色，柔声说："夜深了，月亮困了，星星睡了，虫儿不唱了，妈妈的宝宝要睡了。宝宝听听摇篮曲，香香甜甜入梦乡。"孩子们渐渐进入情境。这时播放《摇篮曲》，在舒缓、柔和的意境中，孩子们情不自禁地扮演起温柔的父母或听话的小宝宝，一起和着旋律轻轻晃动身体，与乐曲融为一体。

### （四）舞蹈引入

在现行小学音乐欣赏教材中，有着大量的民歌和民族音乐欣赏曲目。在教学中，以民族舞为载体，可以帮助学生准确地把握少数民族歌曲的风格，激发学生学习的兴趣。低年级学生更活泼好动一些，笔者在教学中抓住孩子这一特点，以舞蹈为切入点，让学生通过自己的舞蹈来表达音乐所要传达的情绪。如彝族《阿细跳月》、维吾尔族《颂祖国》、藏族《雪莲献北京》、蒙古族的《挤奶舞》等舞蹈性强的音乐欣赏，都可以通过让学生模仿、自编舞蹈等形式来参与到音乐欣赏活动中。

## 三、调动多种感官，体验欣赏乐趣

低年级学生以形象思维为主，好动、好奇，想象力特别丰富。作为音乐教师要根据学生的年龄特点，在课堂上充分调动他们的多种感官，体验欣赏的乐趣。

### （一）视听结合

在教学中，可以充分借助电教媒体，录像、幻灯片、图片、实物等，丰富教学形式，优化音乐欣赏课的教学过程，使学生在直观、具体、生动、有趣的课堂氛围中，学到更多的音乐知识。这也是带领孩子们走入神秘而色彩斑斓的音乐殿堂的有效途径。如在欣赏美国动画片《白雪公主》中的插曲《劳动歌》时，笔者先让学生聆听音乐，想象这是什么情景，通过讨论后，再让学生观看《劳动歌》的动画片，并模仿小矮人劳动的动作，模唱小矮人收工回家的召唤声，感受多声部合唱的魅力，体验乐曲的内涵。

### （二）心随口动

俗话说，"言为心声，音为心语"。语言在音乐教学中起着举足轻重的作用。当学生对音乐有了一定的感性认识后，作为教师应该积极鼓励他们勇于表达自己对音乐的感受和理解。

#### 1.适当引导，描绘想象

音乐要借助想象，正因为想象的存在，音乐才会变化无穷。"一千个读者就有一千种哈姆雷特"，每个人对音乐的感受都是不同的。在欣赏教学时，让学生根据音乐内容自由猜想，既可培养学生聆听音乐的习惯，又能充分发挥学生的想象力，久而久之，学生对音乐的感受能力逐渐加强。教师适当的引导是学生展开想象翅膀的动力所在。如在《森林水车》的欣赏教学中，笔者摒弃了一些丰富的画面，而是让学生仔细地聆听音乐，大胆想象。在欣赏完之后，讨论："你有什么感受？"由于没有了画面的诱导，学生更注重于音乐的本身，在聆听的过程中，就会大胆地想象。如一位同学说："我看到太阳公公出来了，花儿笑了，小草绿了，小动物们都醒了，快乐的一天开始了。"另一位同学说："我听到了小溪在哗哗地流，听到了小鸟在歌唱！"也有的同学说："我好像看到音乐盒上的小人在跳舞"……这些精彩的回答，向我们展示了学生独特大胆的想象。

2. 提取精华，哼唱旋律

主旋律是乐曲的思想感情，是全曲的命脉、缩影和变化发展的基础。对于习惯了简单歌曲的一、二年级孩子而言，有时我们欣赏的曲目篇幅较长，结构较复杂，要求学生在短时间内只通过"听"来熟悉旋律是非常困难的。如果提取出乐曲的主题旋律，让学生哼唱，就会取得事半功倍的效果。例如在欣赏《小象》时，让学生用母音"啦"哼唱小象的主题旋律，以象妈妈的召唤和小象的应答为分界，配上小象走路、游戏、跳舞等几个简单的动作投身于欢快的旋律中，仿佛身临其境，收到了预期的效果。

3. 情感碰撞，放声歌唱

音乐是一种善于抒情的艺术，音乐中有着丰富而深刻的感情内涵，只有当音乐欣赏者的感情活动与音乐作品蕴含的感情基本相吻合的时候，才能称之为真正的音乐欣赏。对音乐作品感情内涵的体验，首先表现为感性上的直接体验。低段音乐教材中有很多好听的歌曲，如《小燕子》《嘀哩嘀哩》《春晓》等歌曲。在教学《春天来了》这一单元时，首先要让学生体验春天，感受春天的美，学会聆听大自然的音乐。利用王府校区的地理优势，笔者带领孩子们走出教室，唱着《郊游》走进春天，并举行以"春"为主题的音乐会，让孩子在大自然中讨论春天的种种趣事，感受春天的美好；听优美的歌曲《嘀哩嘀哩》《春晓》去挖掘春天的美；放声歌唱有关春天的乐曲，编唱春天的歌曲，表现春天的美。经过亲身体验，产生情感碰撞，学生很自然地进入角色，歌曲唱得异常动听感人，这是他们自己找到的春天的声音。

### （三）动静结合

好动是孩子的天性。因此，音乐欣赏课堂中要给学生"动"的空间、时间，让学生在"动"中加深对乐曲形象的联想，从而增强对音乐的表现力。除了让学生积极动耳、动嘴、动眼外，还要调动肢体语言的积极性。

#### 1. 手舞足蹈，表现音乐

低年级学生自我表现欲强，虽然他们的知识面和想象力还不够丰富，但对音乐情绪的直接感受能力并不差。优美的旋律，欢快的节奏，往往能激起孩子们的共鸣，使其自然地跟着音乐手舞足蹈起来。教师要抓住时机将乐曲情景化，让更多的学生参与到音乐的活动中来，根据乐曲内容进行表演，进行创造，尽可能满足学生的表现欲、创造欲。如在欣赏《运动员进行曲》中结合律动，跟节拍进行踏步走与队形变化，不仅加深了孩子对音乐的记忆，也进一步让孩子感受了进行曲的风格。在圣·桑的《狮王进行曲》教学中，笔者将角色与剧情拟定为：森林中的各种动物在兴奋、紧张、期待的心情中等待、迎接狮子大王，乐队奏响了迎宾曲，狮子大王威风凛凛地来了……这些音乐富有故事情节，孩子们在表演中理解了乐曲，同时又愉悦了身心，提高了审美能力，不仅表现了音乐，更创造了音乐。

#### 2. 敲锣打鼓，再现音乐

教学中我们会遇到一些比较抽象的音乐欣赏作品，比如一些民间打击乐曲。对于低年级学生来说，如果让他们直接欣赏，一时难以领悟和体验。教师要抓住低年级学生喜爱"敲敲打打"的心理特点，利用打击乐器的独特魅力，降低要求，以玩入手，逐步引入，让学生在快乐演奏的过程中学习。如在欣赏《鸭子拌嘴》时，乐曲较长，学生听得比较模糊，笔者通过让个别学生敲击锣、镲、三角铁、木鱼等打击乐器，其他学生根据音乐的节奏变化来拍击身体的不同位置，感受音乐表达的不同情境，想象鸭子走路、喝水、捉鱼、拌嘴时所发出的不同声响，用不同的节奏来表达不同的情节，再由小组合作创编表现群鸭戏水，吵闹时的情景。此时教师要注意提示学生所采用的节奏与音乐表现的内容相吻合，让学生在玩的过程中慢慢体会《鸭子拌嘴》所表现出的喧闹场景，理解音乐内涵，增强教学效果。

#### 3. 妙笔生"画"，延伸音乐

学生对音乐的理解、表现有多种表达方式，画音乐也是一个很好的动手机会。音画结合能更生动地反映出学生对音乐作品理解的深度。例如在欣赏《森林水车》时，除了让学生听音乐、描述音乐外，还可以画音乐，即让学生根据自己的想象，用不同的线条、色彩和图画来表现音乐。学生的想象，表现音乐的能力，在审美欣赏的基础上得到了发展，并通过想象和探索，完善了对音乐的审美体验。

听着音乐，情有所感，体有所动，动有所得，心灵感应，身心参与，才能其乐无穷。小学音乐欣赏教学是一个由浅入深逐步提高的过程。如何在轻松愉快的氛围中，让学生更快地融入体验音乐的情绪，发挥想象的空间，张扬个性，培养学习音乐的兴趣，使学生真正成为欣赏课的小主人，让学生爱上欣赏课，是我们每位音乐教师值得深思并努力去探索的！

# 让音乐浸润心灵，让美育塑造品格

## ——浅谈小学低年级音乐线上教育教学中的美育渗透

刘雨沁

## 一、引言

美育是当今不可忽视的教育主题，是德、智、体、美、劳中的重要组成部分。它不仅是审美的教育——可以发展学生欣赏美和创造美的能力，更是陶冶高尚情操、培养文明素质的教育。习近平总书记曾多次强调美育对于塑造美好心灵的重要作用，指出"做好美育工作，要坚持立德树人，扎根时代生活，遵循美育特点，弘扬中华美育精神，让祖国青年一代身心都健康成长"。美育在当今教育教学工作中起到了至关重要的作用。

其中，学校进行美育工作的重要手段之一就是开展音乐教育。《义务教育音乐课程标准（2011年版）》指出，音乐课程的基本理念是"以审美为核心"。音乐本身就是一种语言，它以其特殊性、普遍性和极具感染力的艺术形式，在历史的长河中生根发芽、渊源流淌。音乐承载着丰厚的文化内涵，向人们传递着丰富的信息，在潜移默化中弘扬真、善、美，陶冶情操，健全人格，启迪智慧，塑造美好心灵。

线上教学是当今时代的特殊产物，它改变了传统的教学模式，为教学提供了更多的可能性与思考方向。结合所教授的年级特点，本文主要从低年级音乐线上教学实施的优势和不足，以及如何在线上教学中渗透美育，这两个方面进行讨论。

## 二、低年级音乐线上教育教学实施的优势和不足

### （一）低年级音乐线上课程实施的优势

#### 1. 时间和空间的灵活性

线上教学可以突破传统教学在时间和空间上的局限性，只要有网络和设备，学生可以依据自身情况，自主安排上课时间和地点。针对低年级学生专注力时间较短的特点，这样灵活的安排能在一定程度上提高教学效果。

#### 2. 教育资源的丰富性

线上教学的开展依附于网络平台，互联网本身就储存着非常丰富的信息。在课程内容的设置上，可以充分利用网络优势，整合教学资源，为学生提供丰富且优秀的教学素材，有效地吸引低年级学生注意力，提高课堂参与感。

### （二）低年级音乐线上课程实施的不足

#### 1. 无法进行及时的评价与指导

有别于线下音乐课，因为缺少面对面的教学环境，线上教学无法及时了解学生的学习情况，无法迅速获得学生的反馈，以至于老师也无法及时对学生的生成性问题进行评价和指导。这一现象尤其在歌曲教学中存在，唱歌课不仅教授音乐知识，更专注于培养学生良好的歌唱技巧与习惯。然而在线上教学中，教师和学生处在不同空间，教师无法把控学生在学唱、练唱中的状态，特别是对于低年级学生，他们处在习惯养成的前期阶段，缺乏及时且必要的督导，可能会偏离教学目标。

#### 2. 缺少课堂氛围

音乐课是感受美、欣赏美、表现美、创造美的课程，在美好的氛围中，学生获得情感体验，提高审美能力。但在线上教学中，教师和学生都面对冰冷的屏幕，缺少情感上的互动和交流。低年级学生天性活泼、好动，充满热情，如果缺少课堂氛围的带动，会降低他们在课程中的体验感。

## 三、低年级音乐线上教育教学中的美育渗透

在居家学习的背景下，针对低年级学生，结合新课程标准的理念和学校特色，如何用好线上平台，在低年级音乐课程中渗透美育，为低龄段学生提供丰

富的音乐资源，让学生在音乐的熏陶和浸润中，丰富体验，提高审美能力，本文有以下的思考及实践案例。

**（一）线上教学要点**

1. 在音乐欣赏中感受美

针对上文中提到的关于唱歌课实施的顾虑，结合前期线下课程的教学进度和内容，本人在居家学习期间更多地安排了以音乐欣赏为主线，配合演唱和演奏的综合性课程。音乐是听觉的艺术，《义务教育音乐课程标准（2011年版）》中指出，"感受与欣赏是音乐学习的重要领域，是整个音乐学习活动的基础，是培养学生音乐审美能力的有效途径"。线上课程，以大单元教学为思路，将有关联的知识点进行梳理整合，在有限的时间内，尽可能多安排音乐赏析内容，教师用清晰简短的语言，带领学生遨游在音乐的海洋。多听、多想、多体会，在丰富的音乐欣赏中感受乐曲的旋律美、歌曲的语言美、乐器的音色美、演奏演唱的情感美等。

2. 在音乐活动中体验美

对于低年级学生专注力时间较短的特点，在线上教学过程中提供丰富的教学活动是提高学生学习兴趣、提升课堂参与感、促进课程提质增效的有效途径。在线上课程中应灵活切换学习模式，从音乐的特性出发，从听觉、视觉、动觉等多维度设计教学流程，用丰富、有趣的活动吸引学生注意力，增进学生对音乐的喜爱和理解，获得音乐的亲身体验，进而提高学生的音乐素养和审美能力。

3. 在音乐实践中表达美

音乐具有很强的实践性，课程内容中各个领域的教学，只有通过多种实践形式，才能得以实施。除了上述在课堂中教师要发挥主导作用、提供丰富的教学活动外，在课程结束后，学生自主结合所学知识与自身特点，进行音乐相关的表现与表达，也是实践的方式，同时，也是对已知内容进行再认知的过程。在线上教学中，结合低年级学生勇于表现、积极参与的性格特点，教师要引导学生发现多样化的表现形式，积极地为学生搭建自我展示的平台，鼓励学生大气、自信、阳光地表现自己。在音乐表现中，丰富体验、创新思维、发展个性、表达对美的理解和认知。

**（二）具体案例**

结合以上的思考与低年级学生的学情，笔者在居家学习期间的课程安排中，有如下具体实施。

1. 多样化的音乐主题

在线上课程中，笔者安排了丰富多样的音乐欣赏主题：

首先，以"认识几种演唱形式"为主题，让学生听赏了多首歌曲。学生通过教师精练的讲解和充分的听觉体验后，初步认知了独唱、齐唱、合唱这三种演唱形式。这三种演唱形式，是在小学低年级阶段最具代表性和普遍性的形式。如在人民音乐出版社（以下简称人音版）一年级下册中的《采蘑菇的小姑娘》属于独唱曲目，《让我们手拉手》属于齐唱曲目，《牧童》《摇篮曲》和《小宝宝睡着了》属于合唱曲目。教师利用这三种演唱形式的分类，可自然地将教材中的曲目贯穿在线上课程中。学生们在了解了不同演唱形式歌曲的不同风格的同时，也熟悉和感受了大量歌曲，逐步养成了欣赏音乐的良好习惯和审美情趣。

其次，笔者以"中国民族乐器"为主题，带领学生初步了解中国民族乐器的分类，认识了一些具有代表性的乐器。与"演唱形式"的教学设计相似，在介绍每一类别的乐器时，配合欣赏经典曲目，如"吹奏乐器"唢呐演奏的曲目《百鸟朝凤》（选自人音版二年级上册）、"拉弦乐器"二胡演奏的曲目《小青蛙》（人音版一年级上册）、"弹拨乐器"琵琶主奏的曲目《欢沁》、"打击乐器"合奏曲目《鸭子拌嘴》（人音版一年级下册）和《老虎磨牙》（人音版二年级下册）等。通过介绍中国民族乐器、听赏中国民族民间音乐，向学生展示了中华民族优秀的文化艺术成果，增强了学生的爱国意识和民族自豪感。

音乐是感性和理性的综合体，通过听觉可以获得最直接的情感体验，但音乐语言本身也具备一定的逻辑性，通过理性认知鉴赏音乐也是十分必要的，即培养学生从"音乐要素"的角度进行作品赏析。一年级学生已经初步认知了音的高低、长短、强弱，因此，笔者开展了以"音乐形象"为主题、以"音乐要素"为线索的课程，引导学生从更具体的节奏、速度、力度、曲调、音色等角度赏析作品，为音乐欣赏提供"抓手"。如人音版一年级上册中的作品《野蜂飞舞》，这首乐曲从速度上来看，是 Presto，急板；从节奏上来看，采用了连续的十六分音符以半音级进的形式进行，有无穷动的特征，就像蜜蜂快速地扇动翅膀，表现了蜂群们急速飞行的场景；从力度上看，乐曲进行了几次力度上的渐强与渐弱，营造出了蜂群忽近忽远、盘旋飞行的画面；从音色上来看，《野蜂飞舞》有很多不同乐器演奏的版本，如钢琴、小提琴独奏和管弦乐合奏等，还有无伴奏合唱版本，从听觉上为学生带来了不同的体验。从理性的音乐要素分析到感性的音色听觉体验，学生从不同维度感受了音乐、建立了音乐形象，初步领会了音乐要素在音乐表现中的作用，增进了音乐素养，提高了审美能力。

2. 针对性的音乐活动

线上音乐课程，以欣赏的形式为主。对于新接触的音乐作品，教师可引导学生从听觉出发，通过充分的完整聆听、分段聆听、对比聆听等方式，熟悉和感受音乐，对音乐进行想象和思考，培养学生对音乐的感知能力和理解能力。

除了从听觉入手，还可利用"动觉"外化学生对音乐的感受与体验，更能深化学生对音乐的理解与思考。著名音乐教育家廖乃雄先生说："动作与音乐的结合是人性本能的体现和最自然的体现。"一年级的学生已初步掌握二拍子、三拍子的强弱规律，在听赏音乐时，可引导学生手打稳定拍，通过找到重音的方式听辨节拍；对于旋律感强的片段，可引导学生用手或身体画旋律线，模仿旋律走向，感受音的高低起伏；对于具有故事性的音乐作品，可引导学生根据剧情内容进行表演等。

从视觉欣赏音乐更是最直观的方式，通过观看演奏视频，学生可以了解乐器的样貌、演奏方式，还能捕捉到不同的乐器音色；通过观看演唱视频，学生能认识不同的演唱形式，学习正确的演唱状态。同时，还有一些视频将音乐文本可视化，如迪斯尼公司的音乐动画电影《幻想曲2000》，将音乐用动画故事的形式传递给观众，同时，音乐中的节奏、速度、力度、曲调等要素，也通过"音画同步"建立了对应关系。

除了欣赏，线上音乐课也融入了歌唱和乐器演奏的教学活动，是一种综合性的上课模式。比如在进行"演唱形式"的课程主题时，可融入歌曲的复习演唱；在进行"音乐要素"的主题时，鼓励学生对已知歌曲或正在练习的乐曲进行简要分析。通过多样化的教学活动，让学生从音乐中来，到音乐中去，遵循音乐的特性，丰富学生的情感体验与审美认知。

3. 开放性的展示平台

在课程学习结束后，鼓励学生进行作品分享，提供多种多样的展示平台和形式，如演唱或演奏的音视频、学习任务单、写一写或画一画对课程学习的感受与体会等，可私信也可在线上平台上传作品，老师给予及时的评价与反馈。在音乐实践中，学生不仅巩固复习了音乐相关知识，也表达和抒发了自己对音乐、对艺术、对美的理解与思考。

# 四、结语

　　线上教学是当下高速发展的教学模式，在低年级的音乐线上课程中，遵循学生的年龄特点，以创新、灵活、多变的线上教学方式，进行多维度多渠道的美育渗透，充分发挥音乐的美育作用。习近平总书记指出："少年儿童的心灵都是敏感的，准备接受一切美好的东西。"在学校教育中，教师要尽可能地为每一位学生提供接触音乐、学习音乐、感受音乐之美的机会，在音乐的浸润中塑造美好心灵，在美育的熏陶下健全美好品格。

# 小学书画课程中的美育教学实践

杨　璐

美育是指培养学生认识美、爱好美和创造美的能力的教育。书画课程是书与画融合的课程。书画课程通过书与画培养学生认识美、体验美、感受美、欣赏美和创造美的能力。书与画都是用线造型，线条的质量同时影响书和画的质量。通过书法训练，线条的质量越高，画画时线条质量才有可能更高，二者相辅相成。

## 一、书画美育以课堂常规训练为基础

美是无处不在的，美育不仅要培育学生的心灵美，行为美更是其中重要的一部分。课堂常规训练不仅是课堂秩序的有力保障，更是课堂教学的重要手段。正泽书画课堂有两项基本常规训练：一是"默坐静思"，二是基础训练。"静"是学习美和体验美的前提，也是行为美的具体表现。东汉蔡邕在《笔论》中说："夫书，先默坐静思，随意所适，言不出口，气不盈息，沉密神采，如对至尊，则无不善矣。"艺术的学习起初都源于模仿，没有静的状态就无法了解、观察、模仿对象，从而进行刻意练习。无法进入练习—反馈—再练习的状态，就难以真正习得学习的内容。"默坐静思"的要求是具体的，即做到学姿中的"头正、身直、臂开、足安"。这项训练对学生进入课堂学习状态起到了重要作用，也使课堂效率得到了提升。

书画课不能走马观花，只讲不练，需要将书面理论知识与学生的技能实践相结合。在对知识的理解基础上能够完成相应的造型训练，最终落实在书和画上。书法区别于普通的书写，最重要的一点便是书法的每个基本点画都有完整的"起行收"。没有"起行收"，书法便无从谈起。低年级学生以"中锋训练"为内容，书法的基本功可以说就是掌握"中锋"的基本功。一、二年级学生学习古人的造字方法，小篆的笔法和结字特征，因此掌握中锋线条的"起行收"有利于理解经典碑帖的书法美。中学段年级主要学习楷书的基本点画和结字特征，因此"永字八法"中的"侧、勒、弩、趯、策、掠、啄、磔"成为课堂训练的一部分，这也为高年级学习隶书和赏析行草书打下了良好基础。

## 二、书画美育以合理设置课程为保障

传统的书法和中国画教学是分开的，而正泽的书画课程是研究书画的内在联系，将其教学内容与过程尝试有机地融为一体，寻本溯源，以传统文化为基，力求更有效地使学生在书画学习过程中感受书画魅力，传承书画精神，涵养性情，促进全人发展。

书法单元由篆、隶、楷、行、草五体构成，其中篆书、隶书和楷书需要学生掌握其用笔方法和结字特征，能够完成临摹和创作训练；行书和草书则作为高年级书画课赏析部分的内容，求"知"而非求"会"，因此学生只要对行、草书的经典作品进行简单临摹，并能够用书法专业术语进行赏析，不要求完成创作训练。国画单元由"花鸟画"和"山水画"两个部分组成，由果蔬、四君子、山水画组成，要求学生掌握基本的用笔方法、用墨用色方法，学会分色法、覆色法、勾填法、没骨法等。

以三年级的国画单元"四君子之画竹"为例（见图1）。画竹前，学生先在校园里观察竹子的生长特征，由哪些部分构成，每个部分又有哪些特点。在教师未讲解时，学生已经将竹子的生长规律总结得十分到位。学画墨竹时，需做到"杆如篆、节如隶、枝如草、叶如楷"。二年级学生已经学习了小篆的笔法，因此对"杆如篆"的理解较为轻松，中锋起笔，侧卧转锋，节节写出，根短中长；"节如隶"，"一波三折"在"永字八法"中讲"磔"法时学生就已经理解，浓墨添节，墨色的"焦浓重淡清"是一年级的用墨内容；"叶如楷"，以"人、个、介、分"等字形画竹叶，做到每一笔都有"起行收"，这是课堂基础训练部分的内容。学生通过画墨竹，理解了"写竹还于八法通"，更明白了君子要虚心、守节、挺拔向上。综上，因为课程设置的合理性，学生在画竹时既遵循传统，又对古人画竹有了更深入的理解，不是停留于表面的"像"，而是追求

"象由心生"的"象"。

图 1　三年级学生《四君子之竹》

## 三、书画美育通过学科融合促进学以致用

四五年级学生在语文课堂上学习了国学经典，了解了如何阅览线装书籍，对线装书产生了浓厚的兴趣。于是语文和书画进行学科融合，学生制作了人生当中的第一本线装书。四年级书画课的书法单元内容为钟繇小楷和钟绍京《灵飞经》，国画单元内容为《四君子之兰》。在此基础上，撷取《小学生必背古诗100首》中32首唐诗及宋诗作为线装书抄写内容，特选取以古质为代表的晋代书法家王羲之小楷作为临摹范本，精选兰草国画图作为临摹对象，以插图形式出现在线装书中（见图2）。五年级国画单元内容为中国山水画中的山石，在学习了披麻皴、斧劈皴、折带皴等国画技法的基础上，以山石、树木、房屋等作为插画主题出现在线装书中（见图3）。学生所制作的线装书与阅览时的有所区别：一是厚度不同，因为课时安排紧凑，每位学生共有五张十页，虽然页数少，但内容丰富有趣；二是制作工艺删繁就简，采用了更适合学生的制作方式，比如传统线装书用针引线，针过于尖锐，因此改为教师用火烧绳，烧出尖头后学生以尖引线，避免了安全隐患；三是线装书的封面题签，从粘贴到题写文字、落款署名均由学生自主完成。在此过程中，学生不仅学了小楷和古诗，也对中国优秀传统文化有了深入了解，同时更加懂得珍惜线装古籍。

图 2　四年级学生线装书

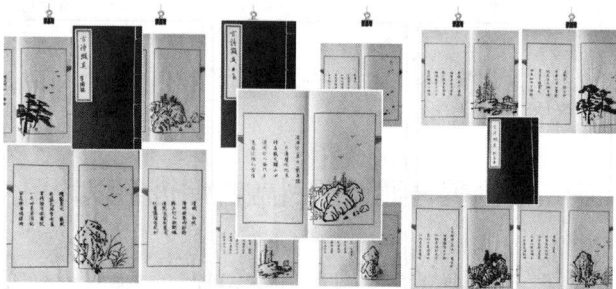

图 3　五年级学生线装书

古人在创作书画作品时，往往文辞书翰相济，在画上题诗或是题跋十分常见。在正泽书画教学中，学生的创作形式力求多样化，以横幅、条幅、中堂、斗方、扇面、团扇、残纸、拓片、简牍等形式为载体，在认识、了解参与不同创作形式的过程中增加学生对书画学习的积极性和主动性，从而提高学生课堂参与度。例如国画内容中，三年级写夏竹、四年级撇兰草、五年级构山石，以此为主题创作，通过任务驱动提高学生的创作水平并真正达到学以致用。不同形式和内容的书画创作，是书画教学中进行美育的最直接方式。

## 四、书画美育是学习古人高尚品质的良好载体

书画课学习的对象不是今人的作品，而是久经历史考验的古代优秀碑帖。碑是指刀刻在石碑上的文字，帖是毛笔写在纸绢上的文字，二者都遵循书法的用笔、结字、章法等特征。国画以古人的经典流传作品为学习对象。无论选择书还是画，其背后所渗透的是书法家忠君、爱国的优秀品质，和画家对花鸟山

水的理解与感知。历史上一个个鲜活的人物、故事、场景，正是我们在书画课程中渗透美育最好的素材。因此，我们要重视书画课程中作品的学习和赏析，培育学生的人格美，做全面发展的人。

在进行书画教学时，教师通过讲解人物故事，描绘绘画场景，使学生身临其境感受栩栩如生的形象。例如，在高年级段赏析颜真卿《祭侄文稿》时，通过作品字迹的变化并结合文稿内容，理解颜真卿追祭从侄颜季明时书写情绪的变化，从开始的克制有度到最后的悲恸万分，跃然纸上。颜真卿生于琅琊颜氏，名门望族，身负家国重任，经历被权臣下贬，"安史之乱"又率义军对抗叛军，为政一方深受百姓爱戴，这样有家国情怀、一身正气的颜真卿，学生在课堂上通过作品记住了他，也深深地被颜真卿的崇高精神折服。通过书画作品与古人对话，学习古人身上优秀的品质，从而自勉，这正是落实美育的重要途径。

## 五、书画美育通过多元评价鼓励学生进行书画创作

书画课程中的评价尤为注重对学生个性化的评价与反馈，即对学生在课堂实践中的作品所体现出的书画素养给予针对性的反馈和指导性的评语。主要包括过程性评价和总结性评价两种形式。过程性评价，即针对学生在日常练习或创作过程中的实时关注，教师给予专业的指导，并持续关注学生学习进展。过程性评价注重学生对书画学科专业术语和专业技法的掌握，离开专业语言谈评价是苍白且无力的。过程性评价的主体可以是老师，也可以是班里的同学。教师适时地退出，给学生留下更多的学习发展空间，对书画学习来说非常重要。总结性评价是在期末对学生的学习表现给出的评价，一是教师评语，二是学生作品的展示。学生每个学期都会在成长档案中上传至少一张书画作品，这张作品由学生和教师一起在众多作品中选择产生。选择的作品不仅代表了教师对学生专业的认同，也是学生对自己学期成果的满意度评价。此外，每一位学生的书画作品都会张贴在书画专业教室的墙面上进行展示，由此激励学生不断完成更好的作品并展示在全校学生面前（见图4）。多元评价方式不仅能鼓励学生进行书画创作，也鼓励学生交流自己的创作体会，使学生的书画专业素养在潜移默化中得到提升。

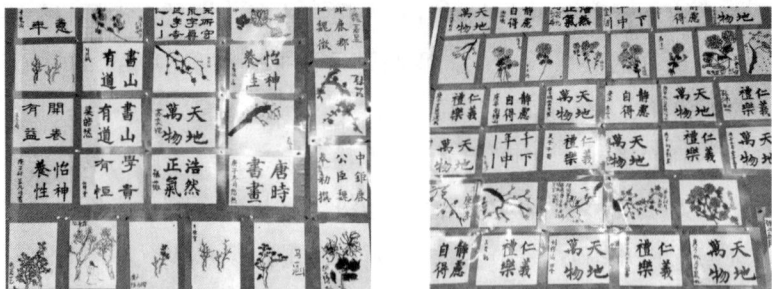

图 4　书画专业教室学生作品展示（局部）

# 六、结语

书画课堂渗透美育，能使学生欣赏书法与国画的古典之美，丰富学生对美的认识，培养学生的观察能力、模仿能力和审美能力，使学生形成积极向上、不断进取的人生态度和正确的世界观、人生观和价值观，成长为德、智、体、美、劳"五育"并举、全面发展的人。

# 关于开展中小学体能课程的探讨

陈麒先

体育作为一种以身体活动为手段的教育，能塑造人的性格和气质，彰显大气灵动之态。基础体能是体育的重要组成部分，也是健康体质的关键支撑点。在疫情防控常态化背景下，增强体质、提高免疫力愈加凸显了其重要作用。基于"全人发展，首选体育"的教育理念和当前社会环境的思考，开展中小学体能课程为中小学生如何增强体质、健全人格、锤炼心志，实现德智体美劳教学的深度融合，以达到全人发展的目的提供了新思路。

## 一、开展中小学体能课程的外在环境条件

### （一）学生体质下降是开展中小学体能课程的社会背景

我国体育与健康课程改革在十几年的不断探索创新中取得了显著的成果，但是中小学体质健康问题仍不容忽视，特别是力量、耐力等身体素质指标依旧呈下降的趋势，其他指标的下滑势头也未完全控制住，成为落实全人发展的重要一环。

2007年，中共中央、国务院印发《关于加强青少年体育增强青少年体质的意见》；2008年，教育部、国家体育总局、共青团联合发布关于开展"全国亿万学生阳光体育冬季长跑活动"的通知；2012年，国务院办公厅转发教育部等部门《关于进一步加强学校体育工作若干意见的通知》；2016年，国务院办公厅发布《关于强化学校体育促进学生身心健康全面发展的意见》等。党和国家试图通过这些措施扭转学生体质持续多年下降的局面，但学生体质健康的主要问题依然存在。学校体育是整个教育事业的薄弱环节，学生体质健康水平是学

生素质的明显短板。也就说明，如何开展学校体育，切实增强学生体质水平成为现阶段甚至以后相当长一段时期内的主要任务，这也为设计和开发中小学体能课程提供了切实的社会背景。

开展中小学体能课程的目的是提高学生的身体素质，使学生拥有强健的体魄，也有益于塑造健全的人格。根据学生生长发育的生理、心理特点和各项身体素质的发育敏感期，在原有体育课程的基础上，融入体能训练的干预方法和手段，开发制定适合普通中小学生的体能课程，以达到增强学生体质水平的目的，成为中小学体育课程改革的必由之路。

## （二）课程改革为开展中小学体能课程提供了空间

自 1999 年开始，体育新课改经历了理论准备期、激情进入期、争论反思期、改革修正期、过渡转换期五个阶段。早在理论准备期，在教育部体育卫生与艺术教育司的领导下，编写教学大纲的高校专家团队就提出"开放与放开"的理念，以改变教学内容的僵直性。随着课程改革的不断深化，教学内容的选择也成为讨论变革的焦点，内容选择权下放的观点越来越受到关注。至此，新课标只注重目标结果，不具体确定教学内容，以充分的灵活性适应于地方社会发展的现实需要，以显著的特色性适应于学校的办学宗旨和方向，以选择性适应于学生的个性发展。将具体内容的选择权逐渐移至教育前线，地区和学校有了创新和实践的空间条件，为中小学开展体能课程提供了平台，就可以给予学生更多的学习和锻炼的机会。

## （三）我国体能训练的兴起为开展中小学体能课程打开了新思路

在竞技体育中，体能训练是提高运动成绩的重要环节。20 世纪 90 年代末，结合现实国情，我国开始吸收融合国外先进的体能训练方法、技术和经验，积极投入奥运会的备战中，体能训练实践研究的热度急速升温。经过几十年的不断创新发展，我国竞技体育的体能训练手段和方法取得了显著的进步，也使我国在世界大赛的舞台上有了立足之地。现阶段，我国竞技体育在体能训练领域不断创新融合、移植学习，呈现出蓬勃发展的新气象。

未来需要更多的教练型教师，将部分竞技体育中先进的运动手段、体能训练方法融合到学校体育中是既定的发展趋势。例如从体育教学器材的角度来看，适用于高水平训练的器械对于提升训练者各方面的身体素质有着非常强的针对性。融合中小学生学龄特点，在学校体育教学中引用六边形、软梯、瑞士球等轻便柔软、安全有趣、色彩丰富的专门性练习器材，对于提高中小学生体能训练的专业度，弥补常规训练方法的枯燥单一，有效提升学生学习的积极性，为中小学生体质健康的发展提供新思路，都是有益的尝试。

## 二、开展中小学体能课程的内在需求

### （一）身体素质发育敏感期的落地需求

敏感期是指人体生长发育的黄金时期，身体素质发育敏感期是指在儿童青少年生长发育过程中，各项身体素质出现的一个或几个增长速度特别快的年龄段或年龄点。大量学者的研究表明，各项身体素质发育敏感期主要集中在中小学阶段。针对学生敏感期开设体能课程，安排相应体能素质练习，不但可以有效地提高学生身体素质，改善学生的体能状况，还有益于塑造学生健康的观念，提升自信心。

根据身体素质发育敏感期，不同身体素质的发展在各阶段的《体育与健康》课程中都有所侧重。小学阶段，主要以柔韧、速度、灵敏和平衡为主，辅以发展力量和心肺耐力；初中阶段，则以发展肌肉力量和心肺耐力为主，辅以发展灵敏、速度、柔韧和平衡。而一般体育课程内容的素质训练针对性不强，以教学为主，训练相对较少，因此，针对中小学生开设体能课程成为身体素质敏感期落地的具体需求。

### （二）体能训练是提高体育教学质量的有效手段

体能是影响身体运动能力的重要因素，一般体育教学会促进体能的发展，反之，科学系统的体能干预也会有效提高一般体育教学的质量，使学生更易掌握体育运动技能，在运动中获得成功的难度降低，获得成就感变得简单，自信心逐渐建立，从而让学生自觉地走出教室，走向操场，爱上运动，养成终身运动的习惯，形成运动能力与兴趣习惯的良性循环。

基础体能是影响学生运动学习能力和体育课程教学进度的关键所在，拥有超学龄基础体能的学生，往往也拥有更强的学习能力，对知识与技能的消化速度也相对较快，所以在身体和心理上更愿意去尝试难度较高的运动内容，为学生将来在运动上的自主选择做好充分的准备。也正是因为有了强壮的体魄，学生才更容易学会勇敢。综上，体能训练是提高体育教学质量的有效手段，也是当前提高体育教学质量的迫切需求。

## （三）体能课程是落实"全人发展"的重要一环

体能训练是学生进行身心修炼的重要手段，也是落实全人发展的重要一环。灵动的身心是全人发展的基石，健康是灵动的基础，体能课程既是身体训练的一般手段，也是塑造人格的重要途径。在体能课程的训练中，学生能不断地经历挑战、失败，不断地积累经验教训，不断地磨炼意志，培养永不言败的精神。体能训练上升到体能课程是将育人功能恰到好处地融入系统的体能训练中，而这个充满对身体和意志品质考验的训练过程，也正是"以爱育爱"的最佳时机。通过使用有针对性的激励语言对学生的动作进行提示，在帮助学生纠正和完善动作技术的同时，也有助于学生建立自信克服困难，享受突破极限、超越自我的乐趣，挖掘学生内在深处的无限潜力，为今后的学习、生活和工作打下坚实的身体基础和心理基础。

# 三、体能课程的实施策略

## （一）遵循学生生长发育规律

遵循学生生长发育规律是正泽学校"正本泽根"、尊重规律的体现。依据学生身体素质发育敏感期，正泽学校基础体能设计整理出8大部分、15个点位、100多种方法；根据学生的年龄水平特点，对学生从心理、生理、机体、心智等方面循序渐进地进行全方位开发。例如以外部感觉中的视、听、触引领摸、爬、滚、打、抓等相关的功能性练习先行进入，以补偿学龄前运动技能的功能性缺失，为今后更好地走、跑、跳、投奠定基础。在内容安排上，依据学生身体素质发育敏感期，在小学低段以柔韧、灵敏和平衡，中段以柔韧、灵敏、速度和力量为主，而在高段以灵敏、力量、速度和心肺耐力为主。利用长板优势，突出教师特点，优化教师能力，以功能性练习为保障，科学合理地使用相应手段，以循环、滚动、累加的方法，把系统化内容，通过逐步学练，完成从动起来到精准完成技术的过程。

## （二）以科学组合应对环境变化

以钻研为前提，以预设为基础。为保证设计方案能够行之有效地落地，需科学、合理、灵活地利用天气、场地的变化，安排相关内容。如室外不适宜运动的时候，首选安排室内前庭、柔韧、协调类练习内容；天寒地冻之时，采用大密度的多种类、组合，用循环法进行学与练，以达到熟能生巧的目的，有效提高课的时效性。从前庭、灵敏等多种类项目组合的大密度变化中，使枯燥的有氧耐力以丰富多彩的内容呈现给学生们，从而大大提高了学生们的心肺功能等全方位能力，培养了学生们坚强的意志品质，让寓教于乐落在实处。

### （三）尊重学生的差异性

差异教学有保底，基础之上有拔节，以评价为引导，以贯通为系统，体现爱的智慧。"差异"是一种宝贵的教育资源，教师要善于发现学生独有的特征潜能，以高度责任感培养其成为最好的自己。为能帮助每一个学生健康成长，与学生"等距离"，教师需要在课上竭尽所能地认真观察每一个学生的特点，并根据学生的能力及个体差异情况，在练习过程及不同技术阶段给予不同的提示语和评价语，注重每位学生的体验和感受，以精准达到共性中有个性，陪伴每一个学生在喜悦中成长为他们内心的样子。特别是重视特需生的发展动态，做到与特需生"零距离"，这就要求除了对练习内容的密度和强度的外在因素控制，更多的是关注特需生的心理驱动，调动其情绪，这对其运动能力的培养发挥着重要的作用。正情绪状态是一种增力性的情感体验，对人的运动行为具有很好的调节和驱动的作用，尤其是对于特需生，他们往往需要正情绪的刺激和引导，也就是动机的作用。

### （四）培养学生运动安全意识

运动安全是保障，狠抓规矩有力度。健康是一切的保障，在体能练习中，要狠抓规矩培养，提高安全意识，使学生知道如何面对可预见的危险，提高预防意识。体能训练的器材丰富多样，要提前帮助学生快速了解运动器械的性能、用途以及可能出现的危险。在对抗性练习或比赛中不能有意与对方发生冲撞，要有保护意识。孩童时期的学生们骨骼发育尚未完全，为避免对学生骨骼发育造成损伤，应综合考虑运动技术的风险性。若技术需要必须高起低落，必须有意识地主动强化学生们学习正确的姿势，形成正确的动作条件反射，既达到了训练有素，又保护了学生们的健康成长。

### （五）以体能为基础贯穿始终

积极贯彻"全人发展，首选体育"的理念。体能教学不仅仅是体能课的任务，其他各体育课程也要积极配合，具体如下。体能课是体能练习的主体和总领。利用体能课的完整时间努力达成体能课的目标。软梯、体能操、爬行、跑的练习应重点放在体能课内。尽可能让学生在体能课上形成正确的动力定型，为其他课程的体能练习和学生自我练习做准备。其他体育课是体能最自然、最契合的补充。利用各课的特点练习体能，如武术加强拉伸韧带；田径课进行跑的练习、六边形练习、软梯练习的加强；自护课练习翻滚、拉伸；篮球课练习跑、六边形；体操课注重协调、灵敏、力量和柔韧等。利用"晨嬉"时间开展的综合操等练习，是进行体能练习必要的补充。在校园中的操场上，我们还有绘制的软梯、六边形等图形和具有知识产权的组合器械，来强化爬行、平衡等能力，这也是正泽校园文化的体现，校园即教具，校园文化即立体教材。

# 四、结语

当外在环境条件和内在需求形成合力，开展中小学体能课程或能为日常体育教学工作提供一种新思路。在学生体质有待提高的社会背景下，开展中小学体能课程旨在通过更加细致化的手段，有针对性地提高学生的身体素质，从而增强学生在体育教学中的运动体验感，促成各项运动技能的形成与提高。

全人发展，首选体育，开展中小学体能课程已成为一种现实需求。体能训练的方式和手段或能融合在体育教学中更好地实现体育特有的育人功能。体能是通过各项运动素质表现出来的人体基本的运动能力，在体能课程中，学生对于自身的形态、机能和素质能有更直接的认识与了解，运动体验感被放大，抓住契机能更好地引导和帮助学生塑造人格、锤炼心志，从而促进全人发展。

北京市正泽学校
—— BJZZ SCHOOL ——

以生为本的课堂探索

# 以阅读了解时事，培养一年级学生
# 责任意识与探究精神

宋思源

## 一、缘起

2020 年新春伊始，一场未曾料到的新冠肺炎疫情席卷全国大地。2020 年的春季学期也因此而延期。这段特殊的时间里，学校的延学主题是"闭户自精、开卷有益"。阅读，是人生长期的必修课，是所有学习的基础，更是人生不可或缺的生活方式。选择以"开卷有益"为主题，是希望学生利用这段时间，多读书，读喜欢的书，读经典的书，同时关注一些社会新闻，了解时事，培养责任意识。

新冠肺炎、疫情、"逆行者"、公共卫生……这些时事热词是学生延学期间经常遇到的。那么如何让一年级的小学生更深入地了解时事？如何把握疫情防控期间居家学习这一特殊举措，引导低年级学生更加理解自己是社会的一分子，从而培养学生的责任意识？

## 二、把握责任意识的教育契机

什么是责任呢？《现代汉语词典》（第七版）将责任定义为："分内应做的事。"意大利思想家朱塞佩·马齐尼把责任分为了四大类：对整个人类的责任、对国家的责任、对家庭的责任和对自己的责任。一般而言，责任等级是按从低到高、从小到大的顺序划分的，大体有自我与家庭、他人与集体、社会与国家等维度。

一年级的小学生责任意识并没有完全建立，这与他们的身心发展规律是相适应的。特别是疫情防控期间入学的这一批一年级学生，入学 20 多周后就进入了较长时间脱离集体生活的居家学习过程。脱离了集体生活，对于处理同伴关系、友善待人等意识的培养确实不利，但在众志成城、全民抗击疫情的时期，恰恰是培养对国家和民族责任感的契机。

## 三、唯有了解，方能共情

要培养学生对国家和民族的责任感，学生首先应该了解当下的状况，为情感共情建立骨架式的支撑。

在居家的环境中，阅读既是巩固学生良好学习习惯的方式，也是学生汲取知识的手段。

### （一）选择合适的书籍走近时事

作为一名一年级语文教师，面对学生年龄小、识字量少，阅读能力和理解能力相对较低的特点，如果直接照搬新闻事件介绍给学生，学生可能会感觉"不太懂"。因此，选择以绘本开展阅读，通过形象的事物，更有利于小学低年级学生很好地掌握和理解知识。同时，一年级学生对文字的掌握量较少，拼音正在学习过程中，以图画为主的绘本能为提高学生的学习兴趣、提高阅读能力提供一定的帮助。

首先选择的是《一个不能溜达的春节》《妈妈要去打怪兽》《勇气》三个绘本，引导学生循序渐进了解时事。

伴随假期中陆续取消的出行计划，学生们或多或少都感觉到自己正处在一个特殊的时期，为了不生病，暂时不能出门。所以我们先与学生分享根据《溜达鸡》绘本改编的故事——《一个不能溜达的春节》。疫情面前，众多"最美逆行者"，以个人力量积聚起战胜疫情的磅礴力量，学生的家人们也不乏医务工作者、社区工作者。第二本和学生推荐的绘本是《妈妈要去打怪兽》。这是一个在特殊时期集多方力量创作并出版的绘本，以细腻动人的文字讲述医生妈妈和孩子临行前的对话。选择这本绘本介绍给学生，也考虑它的创作、产生过程，也是一种"一方有难，八方支援"。

在延期开学、不能外出、病例增加的情境中，有的学生会说很担心当前的疫情。而《勇气》（[美]韦博）这本绘本，告诉学生很多种不同的勇气，大的、小的、平凡的、伟大的，学生会感受到，比自己所想的再多努力一点，多做一点，就是勇气。在特殊的时期中，通过阅读给予学生力量。

**（二）设计丰富的形式走进时事**

1. 多形式朗读

每一本绘本由教师负责先录制出音频。再如《妈妈要去打怪兽》，这个故事有专门配置的音频、视频。将音频与文本结合，分享给学生。在听读中，学生走进故事，进行模仿朗读，与家人一起分角色亲子朗读。伴随故事的情境，学生非常容易走进时事，家长也反馈孩子听得特别出神。

2. 问题式深入

基于学生年龄小、读写能力还很有限的特点，教师以海报的形式设计了阅读任务单。

任务单的设计关注以下几方面：

（1）阅读并提取信息的能力。如"很多很多人都在为消灭怪兽而努力，你了解到他们在做什么吗？"属于直接阅读文本并提取信息。

（2）联系自身，共情的能力。"在不能溜达的日子，我们可以？"即属于这一类问题，引导学生关注在抗击疫情的特殊时期，小小的自己能做的事、尽的力。

（3）深入思考，拓展、联想的能力。"你想到了什么""以后想做什么"这类问题的设计，学生既可以基于文本去思考和归纳，也可以联系自己的生活、当前的经历，给予学生思维空间。

# 四、创设开放的讨论环境，培养探究精神

## （一）情感探究

随着教师每天为学生朗读一本或一章书，一段时间后，学生仿照教师，通过手机录音不断积累、练习朗读，学生对文本越来越熟悉，逐渐培养了语感。

在后续《等爸爸回家》《钟南山爷爷给孩子们的回信》等材料中，学生已不仅仅是读下来文本，更关注到朗读的感情。通过组织"周末朗读分享会"，学生自己朗读的《妈妈要去打怪兽》《等爸爸回家》等作品让许多同学流下了

感动的泪水。只有学生真正地了解到正在经历的这一场席卷全国的疫情，理解到每一位"逆行者"的坚强与不易，才能将最真切的情感投入朗诵中，体会并树立国家和民族责任感。

在课堂的教学环境中，受教学时长所限，学生之间的互相点评往往不能进行得非常充分。居家学习中，微信群组的语音功能，使学生之间的点评交流不再受时间、空间所限。听过同学的点评，听过同一篇文章不同的朗读感情及处理方式，每一个学生都在进一步潜移默化地体会文本信息，体会作者所传递的感情。朗读中的感情没有标准答案，但唯有最真挚的情感才能打动人。

## （二）创作探究

小学一年级的学生充满童心，在阅读理解上与成年人有很大不同。他们会把自己融入故事中，使自己进入一个故事场景。比如阅读了绘本《等爸爸回家》，很多学生会把自己想象成文中的"我"，以各种形式支持、支援上抗疫前线的"医生爸爸"。通过阅读绘本，学生不仅学会了绘本中表达情感的方式，还能够举一反三，创编更多的故事。

居家学习期间，学生可以充分发挥语音、录音等软件的作用，一年级小朋友不再受限于会写的字少，可以用录音的形式创作故事。学生的故事中，最担心的就是医生会不会被传染？多次提到"戴好口罩、护目镜，穿好防护服"。不管学生的故事中，离家的爸爸妈妈是做什么工作的，故事里都充满了见到爸爸妈妈回家以后的激动。学生的想象中，出现的高频词是"超能力"。尽管"超能力"各不相同，但每一种"超能力"都是希望在抗疫一线的工作者百毒不侵。

所以，在进行阅读与讨论时，不要一味地局限于原作文字，要鼓励学生发挥想象，进行合理的创作，让学生在阅读过程中发散思维，培养良好的阅读习惯，提高语文素养。

## （三）成果多样化

### 1. 记录任务单

学生不拘泥于记录与反馈的形式，可以直接填写任务单，也可以对任务单进行再设计。由于学生年龄小，入学学习只有一个学期，表达上清楚即可。教师的评语力求鼓励学生多角度思考，结合特殊时期的学习生活，结合抗击疫情的所思所想，结合学生个人的兴趣爱好，引导学生关注时事，关注自身，关注未来发展。

2."我是新闻播报员"活动

时事类的绘本故事相对占比较小，日常的新闻也是时事来源的重要组成部分。交流中，有的学生会说："我在看新闻，但我不太明白。"结合家长的建议，针对这一具体的情况，笔者在班级群中开展了"我是新闻播报员"活动。该活动不限时间地点，任何一点时事新闻，都可以与同学分享。可以仅仅是"病毒"一个词，也可以是"新冠肺炎"的英文名，只要有想法就可以分享。这样既锻炼了学生的语言表达能力，同时也培养了学生关注时事新闻的好习惯，拓宽了视野。

学生在收听新闻播报的过程中，可能会提出新的问题，比如"宿主"是什么意思；也可能会表达"我也想成为一名科技工作者，希望能为研究病毒作出贡献"。无论是播报员还是听众，在开放的讨论环境中，学生积极设疑、释疑、迁移，培养了探究精神。

# 五、持之以恒推荐阅读材料

在疫情防控的特殊时期里，我们正在经历的事，或许正是学生学习的最好资源。面对年龄小的学生，可以以阅读的方式促进其了解时事。那么推荐给学生的阅读材料，语言是否生动、故事是否真实、情节冲突是否合理就是首先需要考虑的问题。教师要鼓励学生勇于探究思考，持之以恒为学生推荐适合的阅读材料。

在这段特殊时期里，新出版了不少抗疫、防疫绘本。考虑了解时事、阅读交流的持续性，阅读材料的选择需密切结合时事发展和学生语文能力的发展。

在初始阶段，建议教师首选带有故事情节的、以第一人称叙述的材料。一年级的学生阅读量比较小，对于时事比较陌生，阅读以"我"进行描写的绘本，容易代入"我"这个角色，更容易体会事件，体会主人公的情感。

当通过一段时间的学习与交流后，学生已经具备了一定量的时事知识，语文读写能力也进一步提升，阅读材料的选择可以更加多样化。例如绘本《勇气》([美]韦博)，带给学生的是面对困难的勇气和战胜困难的信心；绘本《彩虹色的花》，带给学生的是乐于助人的精神；绘本《有一个朋友叫悲伤》，让学生认识并管理负面情绪；绘本《尝试和坚持》鼓励学生坚持好习惯，勇于尝试新事物。

阅读材料的丰富，更能引导学生结合时事，去探究思考。以《彩虹色的花》为例，教师在指导学生阅读的同时可鼓励学生尝试完成对话片段，引导学生结合时事进行探究。

# 六、结语

尽管一年级学生年龄小，但在疫情防控期间，学生通过关注时事，可以拓宽视野，锻炼思维逻辑，培养对国家和民族的责任感。以阅读促进一年级学生了解时事，更需要教师适时地评价与引导，创设开放的讨论环境，鼓励学生积极进行探究思考，并为学生不断推荐适合的阅读材料。

# 一年级语文教材插图的美育价值

王雅婷

美是一种感觉，是一种从心底感动以及感受的能力。早在 2000 多年前，孔子就曾提出"兴于诗，立于礼，成于乐"，可见美是有力量的。近代杰出学者王国维提出："美育者一面使人之情感发达，以达完美之域，一面又为德育、智育之手段，此又教育者所不可不留意也。"美的感知力不是与生俱来的，需要培养、练习提升。审美教育是一个持续的过程，对学校教育者来说，审美教育需要贯穿各个学科，让学生在不同学科的学习过程中发现美、感受美、创造美。

语文学科对于学生的审美教育有着不可替代的作用。语文教学是一种用语言美的力量来滋养个体生命的精神活动。语文课文是从古今中外优秀文学作品中精选出来的，常常是人情感的流露、感受的表达和智慧的展现，语文教学需要引导学生去体味情感、获取感受，慢慢形成自己的高尚、善良、真挚的精神世界，并以此为基础确立自身的美。但对于低年级学生，图像思维依然是主导，因此他们对于语言文字的感受力相对较弱。在低年级的语文教学中，高质量的教材插图不仅能让学生从多角度、多方面发现美、感受美、创造美，能有效将语文知识的学习渗透在美中，让美的插图作为桥梁，引领学生去感受语言文字的美，同时通过语文的学习加深对美的认识。统编版低年级语文教材，正是以大量的精心设计、绘制精美的插图，让低年级语文教学的内容和呈现形式都符合美的规律，引导学生从插图入手，开启探寻语文美的旅程，奠定发现语文美的基础。

以统编版小学语文一年级教材为例（以下简称教材），其中笔者选取了大量插图，插图与课文的故事情节、人物特点息息相关，能帮助学生理解课文大意，符合学生的审美能力和审美需求。教材插图内容贴近儿童生活，充满童真童趣；插图类型丰富，排版设计等外部艺术表现形式也是精美的、灵活的，对学生有吸引力。加之对色彩的巧妙运用，使得插图既接近了学生的审美体验，又给人温暖舒适之感。概括起来，教材插图的美育价值主要体现在以下三方面。

# 一、插图的多元美

教材插图别开生面，因其数量丰富、覆盖范围广，呈现出了多元的图画类型和排版布局方式。

据统计，一年级上册语文教材，统编版的插图数量是 227 幅，人教版的插图数量是 153 幅，仅一册教材就多出 74 幅插图。统编版一年级上下两册共计插图 425 幅，平均每篇课文的插图数量为 3—4 幅，可见其数量上的丰富。

## （一）教材插图类型多样

图画的分类方式有很多种，统编版一年级语文教材可以根据图画的绘制工具将其分为国画插图、水彩等其他插图以及照片插图。

数量最多的是水彩等其他插图。这类插图多贴近学生的实际生活，比如《操场上》中的插图，同学们在操场上做着各式各样的课间活动。插图多将人物以卡通图画的方式呈现出来，也常常将一些植物和动物拟人化。插图的内容还展示了课文的背景信息或是人物的表情、心情等，洋溢着童真童趣，符合学生的心理特点，能牢牢抓住他们的注意力。比如《小壁虎借尾巴》一课，仔细观察 6 张插图，就能发现小壁虎的尾巴一直在生长，慢慢变长，细节之处暗含文章的故事线索。

国画插图一般对应古诗文，比如《江南可采莲》一课的插图，就是寥寥数笔勾勒出姿态各异的莲花和莲叶，用中国风的方式展现江南的夏日。还有的国画插图选用名家名篇，比如《金木水火土》一课，选用的是现代画家傅抱石的国画作品《一望大江开》，用国画的意境之美启迪学生的心灵。

照片插图比重较少，一年级教材中，仅《吃水不忘挖井人》一课中出现的是照片图。照片拍摄的是井口和旁边的石碑，真实的图像增加了学生对课文内容的感知。

多种类型的插图可以让学生从不同的艺术形式中获得不一样的视觉体验和艺术美感。通过读图来学文，符合低年级学生的学习能力和认知水平。

### （二）教材插图排版布局方式多变

丹尼斯在《图画书宝典》中强调："一本成功的图画书必须包含这些（插图、排版、布局）设计元素，而且各要素要互相协调，给读者一个统一的设计感。"翻看统编版的教材插图，不难看出其精心的设计。插图在每一课中出现的位置很灵活，整合起来可以分为两大类：文字浮于图片上，图文穿插。

文字浮于图片上是将整张插图作为页面的背景，有的甚至连续两页"无缝"拼接成一大张背景。比如《金木水火土》一课，两页图画"无缝"拼接，在游人与天地之间，大面积的留白让人有空旷无垠、天地广袤之感，仿佛苏轼笔下的"寄蜉蝣于天地，渺沧海之一粟"。《妞妞和牛》中，用牛的身形作为一个大边框，文字部分就在"牛的肚子"上，很有意思。文字与图画相融合，字间有画，画里有文，整个页面自然和谐又感染力十足。

图文穿插的样式有很多，比如《春夏秋冬》一课，图画在上，文字在下；《胖乎乎的小手》中，几张图画首尾相连置于页面的左边，整体像一个半圆形的边框，而文字部分在页面的中间及右边；《小猴子下山》中，每一自然段旁边都有一张小插图，在文字的左边或者右边……总的来说，图随文动，富于变化又灵动自然，在精心的编排中让学生们体会不同样式的图文和谐之美。

## 二、插图传统元素鲜明

判断一本图画书是否具有美学价值的其中一个标准，是看其是否具有包含"本土风土人情在内的优秀文化"。统编版语文教材插图的选取，较多地关注了中国传统美学，内容涉及传统艺术、传统美德和传统民族生活等优秀文化。

### （一）传统艺术

除了上文提到的有大量国画插图外，一些插图介绍了中国传统的艺术形式。比如《口耳目》一课中，用两个京剧人物表示"站如松，坐如钟"。京剧融合了歌唱、吟诵、舞蹈、武术等多种艺术手段，表演中对每一个动作标准的要求都非常严格，能很好地诠释文中对"站""坐"的要求。两幅图是经典的京剧扮相，无论造型装扮、色彩搭配、纹饰图样都非常逼真细致，处处传递着京剧元素之美。《剪窗花》一文的插图呈现的是传统的剪纸艺术：经典的娃娃抱红鲤鱼，预示着年年有余；还有枝头上的喜鹊，传统鸡、鸭的造型，让学生能更直观地欣赏这项传统指尖艺术之美。

### （二）传统美德

一些插图是关于传统美德的。比如《胖乎乎的小手》一文，兰兰用自己的小手帮助家人做力所能及的事情，正契合了我们敬老尊老的优良传统。《吃水不忘挖井人》一课，真实的石碑照片，也是在引导学生学会时时感恩。正如苏霍姆林斯基所说："美育最重要的任务是教会孩子能从周围世界的美中，看到精神的高尚、善良、真挚，并以此为基础确立自身的美。"

### （三）民族生活

还有很多与传统民族生活相关的插图。《我是中国人》为学生展示了我国56个民族不同的服饰和头饰，56个小朋友绽放的笑脸正是各民族融合的缩影。《端午粽》中的图画展现了传统节日的传统饮食。这些插图好比一扇扇窗户，为学生们打开了传统美学的大门。

## 三、插图的色彩美

色彩是一种能引起学生强烈阅读体验的重要表意符号。统编版语文教材的插图充分利用不同色度色调带给人的不同感觉，营造一种自然融合之感。用颜色体现环境特点，拉近了与小朋友的距离。很多图片将场景置于大自然之中，比如拼音单元共13课的插图中，有9课都是将背景设置在草原、森林、公园等户外场景中，大面积地使用低饱和度的渐变蓝色和绿色，以及虚化的背景边缘，让人感受非常柔软、温暖，超越了纸张的界限，宛如置身在美丽的大自然之中，通过色彩的巧妙搭配拉近了书本与学生之间的距离。而在表示夜晚的场景中，一些图片使用紫色的渐变色来表示，比如《ie üe er》一课，插图以夜晚、椰子树等元素暗示韵母"ie"；而为了表示夜色的柔和与柔美，背景大面积使用了带有渐变的淡紫色，让图中的月色更加怡人。在如此赏心悦目的"美景"中，去发现图中暗藏的韵母，将知识的学习渗透在对美的感受中。

低年级学生的认知特点提醒我们，不仅要教授合适的知识，同样重要的是知识的呈现方式。教材插图本身可以有效激发学生的学习兴趣，帮助理解语言文字的内容，有效提高学生对文字的感受能力和语言表达能力，还能在利用插图提取信息、进行想象的过程中对学生进行思想品质的培养。在语文教学中，将这些语文知识与语文能力的培养与插图之美结合起来，让知识的教育包容渗透在美之中，将审美教育渗透于学科之内，让语文教育之美成为一种潜移默化的生命滋养。

# 以小组合作促小学生语文阅读习惯养成

冯　迪

《义务教育语文课程标准（2011年版）》指出："阅读是运用语言文字获取信息、认识世界、发展思维、获得审美体验的重要途径。"足可见阅读在语文学习能力培养上，乃至一个人的综合素养形成上的重要性。新课标还强调，小学阶段的课外阅读总量应不少于145万字。因此，无论学生处于小学的哪个学年段，阅读能力的培养和阅读习惯的形成将会一直贯穿语文学习的始终。

## 一、问题的提出

在教学和研究过程中笔者发现，影响小学生养成阅读习惯的因素主要有三个：阅读兴趣、阅读方法和阅读环境。阅读兴趣是阅读习惯养成的基础，阅读方法是阅读习惯养成的抓手，阅读环境是阅读习惯养成的条件。目前，虽然教师对学生阅读习惯的培养意识日渐增强，但是在实际操作中，可用的方法并不多。目前常见的方式多是对全班整体的点拨，或是基于对独立个体的指导。

从整体点拨角度上来说，每个学生的阅读基础、阅读能力和对阅读方法的掌握各有不同，整齐划一的指导和点拨会缺乏一定的针对性，让很多阅读能力尚弱的学生摸不着头脑，抓不住重点，从而不利于其阅读兴趣的激发和阅读习惯的养成，也会让一些阅读能力较强、阅读面较大的学生觉得乏味无趣。

从个体指导角度上来说，每个学生阅读习惯的形成时间和形成程度个体差异性较大，每个学生的阅读偏好也不同，会形成一定的阅读定式和阅读倾向，比如大部分女学生会更爱看故事类的书，而大部分男学生则会更偏爱科普类的书。这时，因为教师需要一人面对多人，在个体差异较大的情况下，教师的时间和精力很难进行平衡和合理分配，因此很难在短时间对每一个个体进行个性化的督促和指导，每个学生的阅读质量和阅读所获也很难把控。

如何将对学生的整体化点拨和对学生的个性化指导加以融合，从而促进学生的阅读习惯养成，便成了笔者一直在思考的问题。通过不断地学习和实践，笔者发现在班级管理的过程中，小组合作这种方式逐渐被大家熟识和应用，它既可以达到共性学习的目的，又可以满足学生个体的个性化需求。所以笔者思考，是不是可以尝试着将小组合作这种方式应用到小学生的语文阅读习惯培养当中？

通过文献研究，笔者发现很多老师正在努力通过以讲诱趣、以境诱趣、以奖诱趣等方法，激发学生的阅读兴趣，也尝试过用小组合作的方法引导学生阅读习惯的养成。但是在既有的研究中，对小组合作阅读模式的研究或是仅停留在理论研究的层面上，缺乏具体的操作方法；或是没有将小组合作与全班整讲真正地区分开来。

## 二、研究目标与内容

鉴于以上思考，笔者着手从以下几个方面进行研究设计。

### （一）研究目标

深入挖掘小组合作的优势，根据小学生的学情和阅读习惯养成的具体需求，梳理出适合其开展小组合作阅读的具体方法，将其应用到学生的阅读习惯培养中，激发学生的阅读兴趣，促进学生养成良好的阅读习惯。

### （二）研究方法

本研究主要通过对文献的研究和在教学中的尝试操作为依托，结合个案分析法和观察法得以开展和进行。

（1）文献研究：通过对相关文献的梳理，了解目前小组合作在小学生阅读习惯培养中的应用程度及存在的问题。

（2）行动研究：将设计出的方案在班级内部教学和阅读习惯培养中进行应用，并根据学生们的状态和反馈及时作出调整，以保证研究的有效性。

（3）个案研究：在研究过程中，对一些阅读习惯较弱的学生进行个案研究，考察小组合作具体方式方法的应用效果。

（4）观察法：在研究和实践的过程中，持续观察学生们的变化，以了解具体方法的效果，并适时进行调整。

### （三）研究内容

（1）促进小学生形成阅读兴趣的小组合作的具体方式方法。

（2）促进小学生习得阅读方法的小组合作的具体方式方法。

（3）有助于营造良好阅读环境的小组合作的具体方式方法。

## 三、将小组合作方式引入阅读习惯培养

基于小学生学习和认知的特点，小组合作的开展需要以学生活动为依托，因此在培养学生的阅读习惯时，笔者着重从以下几个方面着手开展。

### （一）小组合作之"引"——阅读兴趣激发

如何让学生对阅读产生兴趣，如何将其对阅读课本的兴趣延伸到课外阅读中去，一直是老师们思考和探索的问题。在既有的研究和实践中，教师多以课文为依托，进行关联文章或书籍的推荐，即同类别文章推荐、同作者文章推荐等，通过留白、存疑等方法，以讲诱趣，激发学生的阅读兴趣。这样的方式的确有利于学生们在阅读中建立联系，但是如果想要较为普遍地激发学生的阅读兴趣，保证每个学生在阅读中有所收获，可能还需要依托小组合作的方法。

在这一环节中，笔者开展了"读书发起人行动"。由几个学生作为读书发起人，吸引兴趣相投的同伴形成阅读小组，小组的规模一般为4—6人。每一组在教师的指导下，选择一本共读的书籍，并完成组内阅读分工和阅读计划。

这个活动极大地激发了学生的阅读热情，有些阅读兴趣不是很浓的学生，通过这样的自主选择以及同伴间的激励，逐渐愿意尝试去阅读，而尝试阅读便是产生阅读兴趣的第一步。

在确认了共读书籍之后，小组内的分工可以对每个学生形成正向的激励和约束。每个学生在阅读这件事情中，都承担起了应有的责任和义务。有的小组是按照不同章节进行阅读分工的，有的小组是按照不同角色进行阅读分工的，有的小组是按照不同职能进行阅读分工的，还有的小组是以最终展示内容进行阅读分工的。不同的分工只是为了在后续思辨和展示环节中有所侧重，并不代表将阅读本身进行割裂，每个学生完成自己分工的前提就是要将这本共读书籍完整地进行阅读。任何一个人的松懈都会影响到共度小组的阅读展示，因此分工激发了学生的自主阅读热情和对团队的责任感，促进了同伴间的相互习得和

敦促，也对其进行了约束。

有了阅读分工，接下来就需要阅读小组通过讨论制订阅读计划。一般由最终的阅读展示日期倒推每个环节要完成的截止时间，即何时完成整本书阅读、何时进行阅读反思和梳理、何时确定阅读体会的展示方式、何时进行阅读展示的排练等等，从而实现学生们每天都学有所读、读有所思。随后，由每个小组制订属于自己的阅读计划表，并将其在班内张贴，实现组内、组间的相互提醒和督促。教师也可以通过阅读计划表，更为直观地看到学生们对于阅读中各环节的时间分配，对于不合理的分配可以及时进行相应的指导。阅读计划的制订使得小组阅读变得有计划、有目的，学生有了这样的自主选择，阅读劲头空前高涨。

### （二）小组合作之"促"——阅读方法应用

阅读习惯的养成离不开对阅读方法的掌握和应用。在以小组为单位，激发了学生的阅读兴趣之后，便需要借助小组合力来保证阅读方法的落实。

1. 建立"小组阅读任务卡"

常见的阅读方法包括摘录、批注、结合生活实际加以应用等等，这些都体现了阅读思辨的过程，也是阅读过程中必要的抓手。在这一环节中，笔者会建议学生们在阅读计划的基础上，建立自己的"小组阅读任务卡"（见表1）。

表1　小组阅读任务卡

| 书名 | 《　　　　　》 | | | | | |
|---|---|---|---|---|---|---|
| | 成员\进度 | 9月1日 | 9月2日 | 9月3日 | 9月4日 | 9月5日 | …… |
| 每日打卡 | 赵XX | P21 | P65 | …… | | | |
| | 钱XX | P30 | P70 | | | | |
| | 孙XX | P7 | P25 | | | | |
| | 李XX | P15 | P30 | | | | |
| | 周XX | P1 | P35 | | | | |
| 摘录页码 | | | | | | | |
| 摘录人 | | | | | | | |
| 我的批注 | | | | | | | |

阅读任务卡包含书名、每日打卡、摘录页码、摘录人、我的批注等几部分。从小组阅读任务卡中，可以明确地看到每位小组成员每天的阅读进度，并

且通过对摘录和批注部分的填写，督促学生们在阅读中将学到的阅读方法加以应用，让阅读不再只是走马观花和看热闹，而是真正的有所思、有所获。

同时，这样的方式也会在组内督促学生们进行阅读和反思。每个小组成员都希望自己的摘录和批注可以被其他组员认可和接纳，每个小组成员也都希望自己可以早些发现这本书里的"新大陆"。教师也可以通过小组阅读任务卡，随时对每个小组的阅读进度进行把控，可以更加直观地看到每个学生对阅读方法的掌握程度和阅读习惯的养成程度，以及不同学生所呈现出的不同思辨过程，从而进行更加有针对性的指导和点拨。

2. 举办"读书心得分享会"

如果说小组阅读任务卡是小组成员间的互相敦促，那么读书心得分享会就是在班级内部各小组之间的阅读分享和阅读激励。

读书心得分享会可以有很多种形式：可以是针对书本里某一问题或观点的辩论，可以是对某本书整体内容的回顾和梳理，可以是对书中某个人物的分析和解读，可以是根据对书中内容的理解而编排的舞台剧，也可以是单纯的读书摘录的海报展示。各种形式的核心都是将自主权更多地归还给学生，最大程度地尊重学生们的创造力，使学生将阅读中的所感所获不拘泥于形式地表达出来。

这样的活动设计旨在促进学生在阅读过程中进行思考，在阅读完成后进行回顾和反思，再通过对思路的梳理形成属于自己或自己小组的理解。这一过程一方面促进了阅读的内化；另一方面也培养了学生的沟通、合作、协调能力，使学生在阅读、梳理、反思的过程中有所成就，从而真正地爱上阅读。

3. 以评价代替评比

小组的展示并不是活动设计的根本目的，展示后的生生互评才会促进小组间的真正习得。以评价代替评比，可以一定程度上消除学生的紧张感，也可以较大程度地保护每个学生的阅读及展示的热情。

每个小组在展示之后，首先都会进行自我评价，即由每组的阅读发起人进行简短的小结和补充说明。因为展示活动是将阅读输入转为输出的过程，学生们可能一开始无法准确地将阅读所获淋漓尽致地展现出来，所以需要给他们一个解释说明的机会，这是一个二次反思的过程。

同时，展示的小组也会邀请其他小组的组员对其进行评价。评价者可以畅所欲言，从观后感到不同见解，从提出质疑到联系自己的生活实际，都可以作为评价的内容。

以评价代替评比，主要是为了引导学生去体会阅读所带来的乐趣。这种乐趣不体现在名次上，更不体现在展示的内容和方式有多花哨，而体现在开拓了思路、开阔了视野、引发了思考或是体会了别样的美丽。这样的展示和评价方式也吸引着很多没读过这本书的学生想要一探究竟，他们会在活动之后主动寻来这本书进行阅读。

笔者也会借助活动的热度，让学生们思考和寻找下一本阅读书目，适时发起下一轮的"读书发起人行动"，让学生们根据兴趣重新组建新的小组，让阅读有所期待、成为习惯。

### （三）小组合作之"熏"——阅读环境营造

阅读习惯的培养不仅是个体的养成，更是群体的习得。以小组活动的形式固然可以促进阅读习惯的养成，但仍需要更大范围的阅读环境的熏陶。因此，笔者在班级内分组的同时，更把整个班级看作一个共同阅读的大组，教师作为这个"阅读大组"的一分子，着重通过阅读参与、心得分享为学生营造良好的阅读环境。

伴随着小组阅读活动的开展，笔者会在班内更加注重阅读氛围的营造。结合学校的要求，笔者每天会留给学生专门的阅读时间。在专属的时间中，无论是老师还是学生，都会停下手中未完成的学习任务，专心沉浸在阅读的世界中，用心去体会阅读所带来的快乐。

在小组阅读的氛围中，老师不属于任何小组，却是班级阅读氛围形成的重要一环。学生们在享受专属的阅读时光时，老师不妨也放下手中的事情，加入阅读的行列当中，学生们会很珍惜和老师的共读时光，也会更快静下心来沉浸在阅读的氛围当中。

有时候笔者会在阅读时间阅读自己感兴趣的书籍，有时候也会追随着学生们的脚步，阅读他们推荐的书籍。笔者也会将自己的阅读感受用专门的笔记本写下来，放在班级的书架上，供学生们阅读和品评，每一个读过笔记的学生只需要在文章最后面签上自己的名字即可。这样的方法受到了学生们的热烈欢迎，就如同笔者很想走进学生们的世界一样，其实学生们也很渴望走进笔者的世界，而这样的读书笔记本恰恰给学生们提供了一个走进大人阅读世界的机会。

笔者会在读书笔记本中，用适合学生们阅读的语言分享一本书的内容，或者读完一本书后的感受，或者只讲完一半的故事，剩下的由他们自己寻来阅读。学生们在阅读老师的读书笔记中，不知不觉地学会了如何记录读后感，学会了如何选择书籍，学会了怎样在阅读中进行思考。这个笔记本成了笔者和学生们之间共读的桥梁，也成了笔者和小读者之间的小秘密。只有读过笔记的学生才会知晓里面的秘密，这便引得班里的学生争先恐后地阅读老师的读书笔记，而笔记里的内容又会吸引他们去探索和阅读更多的书籍。笔者也可以根据每篇文章后的签名来知晓有哪些学生被激发了阅读兴趣，有哪些学生对这样的方式不太感兴趣，进而可以对他们进行有针对性的观察和引导。

# 四、结语

经过一段时间的推进，学生们逐渐喜欢上了这种合作型的阅读方式，也更加愿意一有时间就捧起书本进行阅读了，阅读不再是"独乐乐"，而变成了"众乐乐"。在小组合作的过程中，学生们不仅更加积极主动阅读起来，也更加愿意将所思所感分享给同伴。一些本来不太擅长阅读或阅读主动性不高的学生，也在这样的氛围中慢慢捧起了书籍，甚至愿意去尝试做"读书发起人"，带着小组进行阅读。

作为一名教师，笔者很高兴看到学生们的变化，却也深知小组合作式的阅读不能完全代替个体阅读。小组阅读可以在一定阶段内，借助同伴间的力量，促进学生阅读习惯的养成，但阅读最终还是要回归到个体体验上的。

同时，由于尝试这种方式的时间尚短，所以目前的小组合作阅读还局限在小组共读一本书上。随着研究的推进和学生阅读习惯的增强，笔者会逐渐去尝试在小组中实现各有所读、共有所获，让小组合作的形式更为多样化，让阅读更为个性化。届时希望可以通过小组合作的方式，更好地实现学生阅读内容的平衡，更大地激发学生阅读兴趣的连贯性，进一步促进其养成终身阅读的好习惯。

# 有效开展仿写训练，助力学生习作成长

李广龙

## 一、我的问题我思考

### （一）我的问题

《义务教育语文课程标准（2011年版）》关于第一学段习作要求是写话，"写自己想说的话，写想象中的事物，写出自己对周围事物的认识和感想"。而到了第二学段就开始进行习作了，要求学生"乐于书面表达，能不拘形式地写下见闻、感受和想象，注意表现自己觉得新奇有趣的或印象最深、最受感动的内容"。通过对比课标在两个学段的不同要求，我们不难发现，习作难度明显提高，从说话写话到书面表达，从连句成段再到谋篇布局，每一处习作要求的变化都是学生习作的陡坡。特别是对于刚刚升入三年级的学生来说，习作是高不可攀的事情，他们无从下笔，又害怕实践，当然也就没有兴趣可言了。

面对三年级学生这样的"痛点"，笔者尝试过各种解决办法，比如习作专项指导、思维导图的引入、开展丰富的实践活动等。实施这些策略虽然对习作有一定的效果，但总不能很好地消除学生对习作的畏难情绪。初学写作的小学生若是失去了激情和动力，那将会影响到更高学段的语文学习，甚至影响到将来的工作和生活。

为了帮助学生跨越习作起始阶段这道坎儿，为了消除这种初期习作的心理障碍，笔者开始了新的探索。经过仔细研读课标，笔者发现第一、第二学段的习作要求表述里均没有提到仿写，但小学语文三年级上册教材中却多次出现了仿写的小练笔，这是不是在告诉我们，学生在习作爬坡期需要大量的仿写练习？

带着这样的问题，笔者开始结合相关文献深入思考。《小学语文教学研究》中关于作文教学的论述并不多，其中阐述了模仿与创作的关系，强调第二学段习作重点放在片段练习上。其中提道："从心理学角度看，儿童语言的获得，起初多数是通过选择性模仿实现的。"古代私塾先生在教学生做文章时先将一篇文章的起承转合及文本特点讲一讲，然后就让学生对照着仿写。大作家鲁迅先生的《狂人日记》也模仿了果戈理的《狂人日记》的某些笔法。宋朝朱熹也曾说："古人作文作诗，多是模仿前人而作之，盖学之既久，自然纯熟。"这些资料无不显示出仿写在习作中的作用之大。既然三年级学生尚处于习作起始阶段，还没有一定数量的习作积累，没有掌握习作技巧，面对习作还不知道从哪里写起，那何不用仿写进行实践研究呢？"书读百遍，其义自见"，同理，"文仿百次"后，学生会有怎样的收获呢？《提升学生语文素养的高效施教艺术》一书阐述了句子学习、语段学习和篇章学习三者之间相辅相成的关系：句子是词语理解和语段理解的中介，文章都是以句子为基本单位的；语段是联系句子和篇章的桥梁和纽带，对培养学生的理解能力、表达能力和逻辑思维能力具有重要意义。通过学习书中观点，笔者认识到：仿写训练也要依据从句到段再到篇、由易到难的原则，这样才符合语言学习的规律。

综合以上思考，笔者开始在三年级学生语文学习的过程中进行仿写训练的微研究。

### （二）研究价值

针对三年级学生习作学习的实际问题，通过探索有效开展仿写训练的方式方法，能够更好地为学生搭建起从"说话写话"到"连句成段"的桥梁，有效地降低习作的难度，使学生有章可循、有法可依，解决"无话可写，无从下笔"的困难，让学生获得习作成功的体验，有利于习作技能的形成和习作兴趣与自信心的激发。

## 二、我的思考我设计

### （一）研究目标

在习作学习的过程中，探索出仿写训练的实践方式，从而帮助顺利跨越习作爬坡期，消除习作畏难情绪，激发习作热情和兴趣，增强自信心，为形成初步的习作能力做铺垫。

### （二）研究内容

（1）适合的仿写素材：通过梳理部编版小学语文三年级上册课文中的素材，根据学生的具体情况，合理取舍，为课堂仿写找到合适的素材。

（2）仿写训练的实践步骤与方法：根据学生年龄和心理特点，以及知识结构的掌握情况，由浅入深地开展课堂仿写实践，探索有效的步骤和具体方法。

## 三、我的设计我实践

### （一）研究方法

（1）行动研究法：在小学语文三年级第一学期的日常教学中，发现了学生在习作方面的"痛点"后，着力进行仿写这一教学策略的研究与实践，以解决学生的实际需求，并在实践中不断复盘反思，总结经验。主要以自我行动研究为主，协作性行动研究为辅。

（2）观察法：观察学生在仿写前后的情绪状态，以此判断学生是否存在畏难情绪。

（3）访谈法：仿写前找不同水平层次的学生进行有目的的访谈，直接获得学生在仿写上的真实需求，有利于及时微调研究计划，促进仿写效果最大化。

（4）个案研究法：研究初期，从班级中有计划地挑选不同层次的学生作为研究对象，对他们的仿写分阶段进行分析比较，寻找生长点和存在的问题，在后续实践中，加以强化或改进。

### （二）研究过程

1. 第一阶段：梳理教材仿写素材（2019年7月—9月）（见表1）

表1 教材中的仿写素材

| 课文 | 仿写素材 | 训练点 |
| --- | --- | --- |
| 《花的学校》 | 雨一来，他们便放假了 | 仿写句式：<br>清风一吹，他们……<br>蝴蝶一来，他们…… |
| 《秋天的雨》 | 它把黄色给了银杏树，黄黄的叶子像一把把小扇子，扇哪扇哪，扇走了夏天的炎热 | 仿写句式：比喻句，使句子更加生动、优美 |
| 《卖火柴的小女孩》 | 谁也不知道她曾经看到过多么美丽的东西，她曾经多么幸福 | 仿写句式：多么……多么……，可用于抒发情感 |

续表

| 课文 | 仿写素材 | 训练点 |
|---|---|---|
| 《胡萝卜先生的长胡子》 | 胡萝卜先生的胡子刚好在风里飘动着。 | 仿写自然段：仿照课文中的一段情节，发挥想象力进行预测 |
| 《搭船的鸟》 | 我正想着，它一下子冲进水里，不见了。可是，没一会儿，它飞起来了。红色的长嘴衔着一条小鱼。它站在船头，一口把小鱼吞了下去 | 仿写描写方法：把一瞬间的连续动作描写得具体而生动 |
| 《富饶的西沙群岛》 | 有的全身布满彩色的条纹；有的头上长着一簇红缨；有的周身像插着好些扇子…… | 仿写句式：有的……有的……有的…… |
| 《海滨小城》 | 小城的公园更美。这里栽着许许多多榕树。一棵棵榕树就像一顶顶撑开的绿绒大伞…… | 仿写总分段式，帮助学生写好自然段 |
| 《美丽的小兴安岭》 | 春天，……夏天，……秋天，……冬天，…… | 仿写文章结构和表达顺序，有利于谋篇布局 |

2. 第二阶段：课堂仿写实践（2019 年 9 月—2020 年 2 月）

（1）仿写句子，打好遣词造句的基本功

叶圣陶先生曾经说过："教材无非是个例子。"叶先生这句话在告诉我们什么呢？笔者的理解是：教材给教师提供了课堂教学的基本素材，需要我们灵活运用，要不断更新、完善教学内容，从"例子"中引领学生去发现、去创造。我们的教材中所选的每一篇课文都可称为语言的典范，其中有许许多多经典句子给学生提供了丰富的仿写素材。笔者在课堂上注重引导学生去发现句子的特点，并尝试着进行仿写练习。

比如《秋天的雨》中有这样一句："它把黄色给了银杏树，黄黄的叶子像一把把小扇子，扇哪扇哪，扇走了夏天的炎热。"笔者在教学生仿写时，先指导学生读熟、读懂这句话，让学生知道这是比喻句。然后引导他们去发现句子的特点，用问题启发学生：你在生活中看到的秋天的银杏叶是什么样子？学生们说到了颜色、形状等。学生的回答正好与课文中的比喻句相吻合，让学生明白了比喻句中本体和喻体要有相似之处，比喻要准确、恰当。最后笔者出示仿写导学单：

它把<u>黄色</u>给了<u>银杏树</u>，<u>黄黄的</u>叶子像<u>一把把小扇子</u>，<u>扇哪扇哪</u>，<u>扇走了夏天的炎热</u>。

它把＿＿＿给了＿＿＿＿＿，＿＿＿的叶子像＿＿＿＿＿＿＿，＿＿＿＿＿＿，＿＿＿＿＿。

笔者让学生观察导学单，问他们发现了什么。有学生发现：仿写可以把一句话分成一部分一部分的，然后对应着写。学生的仿写方法虽然看起来有些机械，但对他们来说很实用，也很容易。仿写难度降低了，学生习作的自信也就由此而生。当学生完成仿句后，笔者及时给予肯定，又把精彩仿句在全班进行分享，学生们的仿写情绪高涨，仿写兴趣的火花被点燃。

仿写教材文本中的基本句式或常用句群，可以帮助学生建立完整的句子概念，使他们明白句与句的结构关系，扎扎实实地打好遣词造句的基本功，促进语法逐步规范。

（2）仿写段落，夯实连句成段的基础

仿写段落是习作基本功的单项训练，是学生习作起始阶段的必经之路。教育心理学告诉我们：个体的学习一般总是由模仿学习逐步过渡到创造性学习的。因此仿写段落需要在三年级这个习作爬坡阶段着力加强。

教材中有许多颇具典型特点的段落，有的结构清晰，有的描写生动，还有的善用修辞……通过梳理课文中的仿写素材发现：本册书中总分结构的段落比较多，总分结构也是三年级段落教学的重点，笔者便抓住这一重点开始了仿写段落的训练。

例如《海滨小城》中有这样一段描写："小城的公园更美。这里栽着许许多多榕树。一棵棵榕树就像一顶顶撑开的绿绒大伞，树叶密不透风，可以遮太阳，挡风雨。树下摆着石凳，每逢休息的日子，石凳上总是坐满了人。"这一段是典型的总分结构段式，值得学生仿写。在教学时，笔者引导学生先在反复朗读中理解文中内容，指导他们找到段首中心句，让他们明白全段围绕"小城的公园更美"将内容写清楚、写具体。接下来，笔者和学生一起借助简单的思维导图进行更深一层的探讨（见图1）。

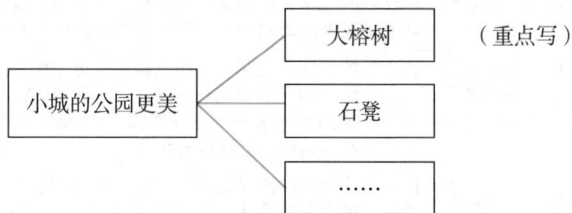

图1 《海滨小城》思维导图

学生通过观察思维导图得知：全段围绕中心句重点写了大榕树，像绿绒大伞一样的大榕树与树下的石凳以及休息的人们，构成了美丽的公园风景图。这时，有学生提出：图中的省略号代表什么？这个问题引发了学生的想象，有说是花丛，有说是草地，还有说是小亭子，等等，这些景物都可以用来描写公园的美丽。由此可见，学生们想到的内容都是基于生活实际的想象，这样便使习作练习与生活紧密结合起来。他们活用并延伸了教材中的例子，让想象的空间更广阔，让被动的仿段练习变成了主动创作，这就是仿写带来的益处。有了这样的基于生活的仿写练习，何愁学生无从下笔呢！

（3）仿写篇章，培养布局谋篇的能力

仿写篇章不能像仿句仿段那样重在描写。对于三年级学生来说，如果仿写全篇的描写那一定意味着失败，因为这样的仿篇不切合学生的实际学习水平，但是仿写课文的结构和表达顺序却是简便易行的。

教材中《美丽的小兴安岭》最具仿写篇章的价值。这篇课文的结构是总分总，作者按照一年四季的顺序介绍了小兴安岭的美丽，全文结构、表达顺序非常清晰，给学生习作提供了典型范本。但看似简单的一篇课文，要想在课堂上加入仿篇训练真可谓难上加难。但这样的设想更有挑战性，因此笔者申请在校级研究课中进行展示。对笔者而言，有了压力才会带来更大的动力，于是笔者专心投入研磨教材和反复试讲当中。

表2 仿写《美丽的小兴安岭》教学方案

| 试讲 | 教学重点 | 实际效果 |
|---|---|---|
| 第一次 | 抓景物特点 | 因为景物多而杂，所以分析多朗读少，学生自主参与度不高，更别提加入写的环节了，我的预期目标没有达到 |
| 第二次 | 减少景物分析，采用讲、扶、放的学习方式 | 虽然看到了学生在课堂上的自主性有所提高，给了他们合作探究的平台，但"放"的环节不够深入，暴露出的问题较多，依然没有时间加入写 |
| 第三次 | 不刻意抓景物，以读代讲，引导学生自悟 | 修改后的教学设计确实让老师退出了讲台，以生生互动为主，在课堂上呈现出热闹的情景。但是指导写的环节和时间还是被挤占了 |
| 第四次 | 从课文结构和表达顺序入手，抓住不同季节景物的特点，最后延伸写学生见过的美景 | 这样的教学设计正逐步向仿写篇章靠近，学生通过对课文写法的学习之后，明白了怎样写一个地方的美丽景色，但落实到动笔写上，我看到的却是一张张"愁眉苦脸"，显然，这次试讲有成功也有失败，我的预期目标还是没有达成 |
| 正式讲 | 还是从结构和表达顺序入手，抓住每个季节树的变化，迁移到写学校一年四季树的变化，写出校园之美 | 有了前几次试讲的经验教训，我重新修改了教学设计，让环节更加紧凑，重点更加突出，只抓重点景物——"树"，在不同季节的变化，由此迁移到学生最熟悉的学校，让他们模仿本课结构和表达顺序，抓住学校里的"树"的特点，写出学校之美。本次讲课达到了预期目标，受到听课领导好评，评价这是一节真实的课，有益于学生习作生长的课 |

从整个研究课的过程看，笔者付出了大量的时间和精力去修改教案，并多次试讲，可学生只学了40分钟，从时间上看好像不对等。但实际上，当学生

因为上了这节课后知道了如何把一个地方的美丽写出来，或者不再惧怕写类似的作文了，那这节课的意义就太大了，笔者的研究也就太值得了。

3. 第三阶段：总结经验（2020年2月—2020年3月）

回顾笔者的微研究历程，总结经验如下：

（1）要细心研读教材，挖掘文本中的仿写素材，特别是在担任三年级的语文教学时，要更为重视并加强仿写训练。

（2）仿写训练要本着由浅入深、由易到难的原则进行实践，可以按照仿句、仿段、仿篇的顺序进行。仿句可以选择有新鲜感的句式，仿段可以选择典型的自然段，仿篇要选择结构清晰简单、特点突出的文章。鼓励超越范本、仿写出新。

（3）要注重仿写评价和激励，激发学生仿写兴趣，增强自信心，保护他们的想象力和创造力。可以通过分享、推荐、发表等方式进行鼓励，让他们获得成功的体验，从而消除对习作的畏难情绪。

（4）要创造性地使用教材，发挥教材"例子"的作用，遇到适合仿写的好文章要大胆取舍，同时要落实课堂仿写时间。设计的仿写形式和内容要有保底和提高，适合不同层次学生的不同需求。

（5）仿写不能急于求成，要脚踏实地勤练习。因为习作能力无法通过听别人讲授就轻易获得，必须靠长期的、反复的、刻苦的磨炼去培养。

# 四、我的实践我展望

## （一）研究效果

### 1. 学生成长

开展微研究活动首先受益的是学生，他们在笔者的指导下有计划、有步骤地练习仿写，不知不觉中就在习作方面获得了成长。从练笔前的一脸茫然到课上动笔的跃跃欲试，从习作时的无从下笔到被激励后的笔耕不辍，学生能够顺利跨越习作陡坡，仿写起到了至关重要的作用。坚持了一个学期的仿写研究，迎来的是学生们一篇篇佳作。这些作品即使还有瑕疵，但能感受到他们在进步、在成长。在第一学期期末考试中，全班作文均达到优秀水平，平均分为

29.22 分，居年级前列。学校主管领导在分析反馈试卷时是这样评价本班学生作文的：

> 本次习作学生所选题材广泛，呈现出各种各样的内容，均符合题意。从整体看，学生作文已成篇，懂得合理安排结构。在表达上语句通顺，有章法，能够运用积累的词句进行真实表达，病句较少，标点使用基本正确。希望在书写和错别字上继续加强。

学生在习作上取得的成绩是显性的，真正隐性的是他们内在的成长。有的写、不怕写，写得多，写得真，写得开心，这才是仿写微研究真正存在的价值。

2. 教师成长

（1）提升幸福感：苏霍姆林斯基说过，如果让教师感受到乐趣，就引导他走上从事研究的这条幸福的道路上来。笔者从微研究中确实获得了幸福感，从学生习作时的笑脸中感受到了幸福，从学生手中流出的唰唰写字声中感受到了幸福。

（2）教学相长：教和学是相互促进的，学生有了提高，笔者自然也得到了锤炼。通过钻研教材、研磨授课，笔者的业务水平得到了提升；通过总结经验、不断反思，笔者的研究能力得到锻炼。

（3）顺利转型：微研究对于教师个体来说很容易操作，也容易看到效果。经过这次仿写微研究，笔者感到自己在工作中有了研究意识，从之前的凭经验做事转向科研型教师，习惯了以研究的角度去解决教学困惑和实际问题，在研究实践中，创新的步伐更大了。

**（二）研究展望**

虽然笔者的微研究取得了一定成绩，也看到了学生在习作方面的可喜变化，但深知研究路上还有许多问题有待解决。

问题一：仿写不能独立进行，必须依托阅读，读写结合才能让仿写落地生根。如何使阅读、习作、思维训练三者融为一体，是笔者今后继续研究的方向。

问题二：机械地仿写容易束缚学生的思想，限制他们的个性发展，不利于创新精神的培养。仿写仅仅是起步，最终是引导学生运用想象走向创造，向独特方面发展。在未来的训练中，笔者要注重培养学生思维的求异性和灵活性，明确习作需要仿写，更需要创造，仿写是手段，而创造才是目标。

问题三：仿写时要关注学生个体差异，有的学生因为积累丰富、语感好，很容易写出精彩文章，而有的孩子虽然得法，虽然内心明白，但无法用言语表达，或者表达不恰当，这说明此类学生需要加强阅读训练，在平时的教学中要予以重点关注。

# 小学语文阅读教学中人物心理分析的教学策略

王艺静

## 一、主题背景

心理理论（Theory of Mind）是指个体对自己和他人心理状态的认识，并由此作出因果性的预测和解释。儿童在成长的过程中，逐渐发展出一种对自己和他人心理状态的理解能力。他们开始理解自己所思考的、知道的、感知的以及所相信的也许与其他人有所不同，并开始了解到人们的许多行为是由他们自己的知识和信念引起或推动的。近年来，学者们开始关注心理理论发展的毕生取向。有研究发现，小学儿童心理理论发展水平逐渐提高，在不同年龄阶段呈现出不同的发展特点。学龄期是儿童心理理论发展的关键时期，在小学阅读教学中，引导学生分析人物心理活动，对于促进儿童心理理论发展显得尤为重要。

心理活动是无声的语言。在小学阅读教学中，分析人物形象不仅要注重研究人物的言行举止，还要善于分析人物的心理活动。只有深入地剖析心理活动，才能更好地展示人物的性格、品质、命运及其社会意义，树立人物栩栩如生的艺术形象。作品中人物的心理活动是运用心理描写来表现的，心理描写是指在文章中，对人物在一定的环境中的心理状态、精神面貌和内心活动进行的描写，心理描写的方式包括直接描写和间接描写。统编版小学语文三年级上册第八单元专门设置了"尝试通过人物的动作、语言等揣摩人物的心理活动"这一语文要素。这是小学阶段第一次尝试分析人物心理，对于三年级的学生来说，很有挑战性。笔者以本单元第三篇课文——《灰雀》第二课时的教学为例，谈谈自己的实践与思考。

## 二、情境描述

　　《灰雀》是统编版语文教材三年级上册第八单元的第三篇课文，本单元课文主要是围绕"爱"这个专题进行编排的，编排意图是引导学生阅读这些故事，感受人物身上所具有的美好的品质，学会理解课文的意思。《灰雀》这篇课文讲述的是列宁、灰雀和一个孩子之间的故事。列宁在公园里寻找一只灰雀时，遇到了将灰雀捉走的男孩，经过交谈，受到感动的男孩将灰雀放了回来。这个故事体现了列宁善解人意，对男孩的尊重、爱护以及男孩的诚实和天真。通过语言和行动来揭示人物的内心世界，展现事件的发展进程，是《灰雀》这篇课文在表达上的主要特点。男孩的语言和行为告诉列宁，灰雀的消失与他有关，列宁没有问孩子是否将灰雀捉走，也未进行任何说教，而是借助一句"多好的灰雀呀，可惜再也飞不回来了"的感叹，使孩子内心受到震动，从而认识和改正自己的错误。透过列宁和小男孩的言语和神态，领会人物的心理活动是学习本文的重难点。

　　小学三年级学生正处在心理理论飞速发展但还不成熟的时期，通过阅读文本，抓住人物的语言、神态，体会人物的心理活动又是其在小学阶段第一次接触，因此难度较大，需要教师在教学过程中适时引导，帮助学生理解人物心理。

　　在《灰雀》第一课时的授课中，笔者已经带领学生初读课文，识记生字，大致了解了课文的主要内容。学生初读课文后，笔者采用提问的形式，对全班学生进行了"课文主要讲了一件什么事"的前测。结果显示，约有半数学生在初读课文后还无法理解列宁和小男孩的对话有什么深意，认为灰雀只是自己飞走了，又自己飞回来。因此，笔者在《灰雀》第二课时的教学中，把"通过对人物语言的描写，体会人物的心理活动"作为教学的重点，设计了复习导入、揣摩心理、体验升华、拓展延伸几个教学环节，并运用教学手段让学生掌握分析人物心理这一阅读方法，落实教学目标。

## 三、问题探究

　　如何才能在阅读教学中引导学生分析、感悟人物心理活动呢？笔者在《灰雀》第二课时的教学中，结合自己的教学实践，摸索出一些行之有效的策略。

## （一）分角色朗读对话，读出语气，初步揣摩人物心理

人物语言是代表人物心灵和形象的一面窗户，人物有着怎样的性格、怎样的内心活动，都会借助语言加以外显。正所谓"言为心声"，语言描写也是间接描写心理活动的方式。因此，在阅读教学中，为了感知人物的形象特点，就要从人物的语言入手，不能仅仅关注语言本身，更要联系整体的背景，为学生的言语实践能力发展服务，紧扣人物语言感知。

只有熟悉课文，才能够加深学生对文本的理解。在本课的教学设计中，笔者注重用多种形式来诵读课文，如默读、单独朗读、分角色朗读。默读时，要求学生不出声、不指读，边读边画批人物的内心活动，并进行小组讨论。这种方式，能让学生独立、深入思考，体会人物所处情景，设身处地感受人物的心理活动。

在本课的教学中，对于列宁和小男孩的对话部分（第三自然段至第十自然段），笔者设计了多种形式的分角色朗读。其中，既有师生分角色朗读，又有小组分角色朗读。学生通过分角色朗读，能够读出人物语气的变化，感受到人物的情绪状态，有利于加深思考和感悟。

例如，在课文《灰雀》的第三自然段至第四自然段中，笔者设计了指名分角色朗读的环节，并对学生进行朗读指导，引导学生体会列宁的心情，读出列宁焦急询问的语气，表现出列宁因为找不到最喜爱的灰雀而着急的心理。而男孩的回答"没……我没看见"则请另一位学生朗读，引导学生体会男孩此时紧张的心理，读出支支吾吾、犹犹豫豫的语气，从而使学生自然而然地猜到，灰雀可能是被男孩抓走的。

这一环节的设计有利于调动学生积极性，通过绘声绘色的分角色朗读，很多学生可以深入理解课文内容，体会到人物此时的心理活动。

## （二）抓住标点符号，感受人物心理

在《灰雀》这篇课文的对话描写中，大量标点符号都揭示了人物心理活动，笔者有意识地引导学生关注人物语言描写中的标点符号，总结揣摩人物心理的方法。

例如，在第四自然段中，男孩说："没……我没看见。"在读这句话时，笔者提示学生注意这里的省略号，对于标点符号的作用进行提问。学生能够理解省略号表示停顿和迟疑，并从中读出小男孩此刻的紧张、犹豫，体会到小男孩

所说的可能不是事实，小男孩有可能见过灰雀，灰雀的失踪也可能与小男孩有关。在课文第十自然段中，男孩肯定地说："一定会飞回来！"在读这句话时，笔者提示学生注意这里的感叹号，学生了解感叹号表示强烈的肯定，从中可以体会出男孩此时已下定决心，要把灰雀放回来。在这里，笔者提示学生关注前后标点符号的变化，从中体会小男孩心理活动的变化——从刚开始的撒谎到下定决心知错就改。在这里，笔者适时引申，也让学生进一步感受到了男孩知错就改的宝贵品质。

此外，在课文第九自然段中，列宁问男孩："会飞回来？"读到这句话时，笔者提示学生关注这里的问号，引导学生联系上文，理解列宁询问的原因。结合上文，学生能够理解，列宁此刻已经知道灰雀是被男孩捉走的，但列宁并没有选择直接批评、指责男孩，而是用试探的语气问男孩，体现出对男孩的尊重和爱护。在这里，笔者适时引申，使学生感悟到列宁尊重、爱护男孩的美好品质。

### （三）在阅读中抓关键提示词，分析人物心理

在《灰雀》一文的对话部分，有较多的关键提示词能够暗示人物心理活动。在阅读教学中，笔者有意识引导学生关注此类提示词，从而使学生更深入地把握人物心理活动。

例如，在课文第五自然段中，列宁对男孩说："一定是飞走了或者冻死了。"笔者在指导朗读时，引导学生对"一定"这一关键词进行思考：列宁为什么这么肯定呢？通过思辨，学生可以体会到，列宁知道灰雀并不是飞走了或冻死了，而是被男孩捉走了，但列宁看破不说破，故意说出这样的话，循循善诱，让男孩感受到自己的惋惜，激发男孩内心深处的善良。

在课文第七自然段中，列宁自言自语地说："多好的灰雀呀，可惜再也飞不回来了。"其中，"自言自语""多好"和"可惜"，都是关键提示词，需要提示学生进行重点关注。列宁此刻已经知道灰雀的失踪跟男孩有关，但他并没有直接批评指责男孩，而是自言自语地表达自己对灰雀失踪的惋惜和担忧，暗示男孩把灰雀给放回来。笔者通过引导学生品味这些关键词，使学生走进人物的内心世界。

在课文第八自然段和第十自然段中，男孩说了两次"一定会飞回来"，但第十自然段中，男孩是"肯定地说"。笔者抓住了"肯定"这一关键词，引导学生体会文中男孩的坚定、诚恳的态度，明白男孩已经下定决心把灰雀放

回来。

在阅读中，关键提示词对于学生而言是一个有效的抓手，教师有意识地引导学生关注此类提示词，可以帮助学生更好地体会人物心理活动。

**（四）文本补白，读写结合，尝试心理描写**

在《灰雀》这篇课文的教学中，笔者注重读写结合，让学生发挥想象力，对文本进行补白。

在读列宁和男孩的对话时，笔者设计了默读对话，批注人物想法的环节，要求学生在每一句人物语言描写旁边，用"想……"的形式，批注人物内心的想法。如，男孩嘴上说着"没……我没看见"，内心真正想的是："灰雀是被我捉走的，但我不能告诉你。"这一环节的设计，目的在于让学生体会到，人物的语言和想法可能并不一致，从而可以更深入地把握人物内心活动。

此外，在学完整篇课文后，笔者给学生布置了一个小练笔，要求为：课文中写了第一天列宁和男孩关于那只失踪了的灰雀的对话，紧接着直接写了第二天两人果然又看到那只灰雀的情景。这中间发生了什么事情？男孩想了些什么？做了些什么？请根据你的想象把它写下来。

这一环节的设计，一方面让学生通过练笔，对课文进行补白，想象小男孩为归还灰雀做的努力；另一方面也是学生尝试自己进行心理描写，学以致用的过程。

有同学写道：男孩回到家之后，看到笼中的灰雀无精打采地耷拉着脑袋，心里非常惭愧，又想起了列宁曾经说过的话："多好的灰雀呀，可惜再也飞不回来了。"心想："一定不能让那位叔叔失望呀！"于是，他坚定地走向鸟笼，毫不犹豫地打开笼子，把灰雀放了出来。其中，该同学运用了多种形式的心理描写，既有心理概述、内心独白等直接描写，又有行动、语言等间接描写。将学到的揣摩人物心理的方法加以整合、运用，体现了教学目标的落实，也是对文本的拓展和延伸。

# 四、结语

回顾这节课，笔者注重学生自身的阅读体验，课上有层次地指导学生朗读对话，同时，留给学生大量的自主阅读和小组交流的时间。在小组交流和全班反馈交流的过程中，引导学生感知课文内容，体会人物的心理活动，逐一落实教学目标，力求突出教学重点，突破教学难点，使学生体会人物心理，感受人物美好的品质。在课堂上读写结合，通过小练笔，给课文内容进行补白，与分析人物心理活动相结合。整个课堂教学也呈现流畅的态势。但在以下方面，笔者也发现了一定问题：

在教学目标的达成方面，部分孩子难以换位思考，无法区分"心里话"和"心情"，在批注人物想什么的时候，往往批注的是人物的心情。这一点可能与学生所处的发展阶段有关，需要在后续的课内、课外阅读中继续加强这方面的训练，引导学生练习揣摩人物心理，使用所习得的方法去分析文学作品中人物的心理活动。

在教学的过程中，笔者自觉还缺乏合理引导的手段，感觉教学评价语言贫乏，对于学生的精彩发言，没有及时地进行方法总结与提炼，需要在今后的教学中不断磨炼，进一步提高课堂驾驭能力。此外，小练笔的部分可以再多一些指导，启发学生们联系上文的内容，进行有根据的联想、想象，从而更好地补充故事情节，提高习作水平。

综上，在小学三年级阅读教学中，应依据小学中段儿童心理理论发展特点，适时引导学生感受课文中人物心理活动，让学生初步体会人物心里在想什么，有利于深入理解课文，感受人物思想品质，从而在阅读中实现情感态度与价值观的升华。具体方法有：首先，通过分角色朗读对话，指导学生读出语气，有利于学生揣摩人物心理；其次，引导学生抓住人物对话描写中特殊的标点符号，也能帮助学生感受人物心理活动的变化；再次，在文段阅读中，关注关键提示词，也是分析人物心理的有效手段；最后，通过读写结合，创设条件，让学生尝试进行心理描写，将如何揣摩人物心理的方法落实在写作上，可以学以致用，进一步感受人物心理。

# "双减"背景下的语文要素教学和实施路径
## ——以统编版教材四下第六单元为例

张小童

在"双减"背景下，课堂是第一战场。语文教学之中，牢牢把握语文要素的落实是提质增效的一味良药。面对教科书中的长文章，老师要根据学生的学习情况、认知水平和发展需要大胆取舍，把其中对学生来说最有价值的学习内容提炼出来，精准定位教学目标。统编版小学语文教科书四年级下册第六单元（以下简称四下第六单元）编排了三篇长课文，故事性强、表达形式丰富，虽都是长文章，但是每篇都被分成了几个部分，对于教师指导学生利用小标题的方式把握一部分乃至全篇文章的主要内容具有很高的适切性。本文便从立足语文要素、关照提质增效，把握语文要素、关注课堂实施，展望语文要素、关联阅读写作三个方面阐述笔者的相关实践与思考。

## 一、立足语文要素，关照提质增效

"双减"背景之下，牢牢把握语文要素在课堂中的落实，能够在不断提升课程教学质量的基础上全方位减轻学生的课业负担，进而促使学生在轻松的课堂学习环境中收获语文知识，形成良好的核心素养与综合能力，在价值观、情感态度、学习方法、合作交流等方法获得全面发展。首先在教学设计的阶段就要根据语文要素来进行教学设计，提升课堂效率。

四下第六单元的语文要素是"学习怎样把握长文章的主要内容"和"按一定顺序把事情的过程写清楚"，围绕"成长"的人文主题编排了四篇课文，分别是《文言文二则》《小英雄雨来（节选）》《我们家的男子汉》《芦花鞋》，展示了不同时代少年儿童成长的故事。四下六单元各篇课文的学习要求紧密联系，从模仿到改换，再到独立列小标题，整个单元的学习思路清晰，使学生可借由"小标题"这一支架把握长文章的主要内容。

在四下第六单元的教学中，第一篇精读课文《文言文二则》中虽然并未提出相关要求，但教师可通过《囊萤夜读》与《铁杵成针》两个凝练的题目，让学生初步感知列小标题的方法。借助注释，理解课文中每句话的意思，掌握文章的主要内容。

第二篇精读课文《小英雄雨来（节选）》是该单元语文要素学习的范例。在教学中将课文分成六个部分，指导学生进行小标题的概括，再串联起来概括本篇课文的主要内容。

而后，再让学生将习得的方法迁移运用到后面两篇略读课文的学习中，进一步巩固概括长文章主要内容的能力。另外，值得注意的是，两篇略读课文《我们家的男子汉》和《芦花鞋》在落实语文要素时也要呈现一定的层次性。比如，《我们家的男子汉》在编排时已经出现小标题，在教学过程中可要求学生尝试着改一改，再串联表达；《芦花鞋》的教学可以让学生在空白处为课文每个部分拟定小标题，再进行串联表达。

四下第六单元的第一篇略读课文《我们家的男子汉》是作家王安忆写孩子成长的一篇叙事散文，首发于 1984 年的《文汇报》，原文内容分五部分，分别为："他对食物的兴趣""他对父亲的崇拜""他的眼泪""他对独立的要求""他面对生活挑战的沉着"。本文选了其中三部分。课文用小标题的方式从不同角度写出了主人公是个"男子汉"——他对食物的兴趣，他对独立的要求，他对生活挑战的沉着。

四下第六单元的第二篇略读课文《芦花鞋》，选自曹文轩长篇小说《青铜葵花》，主要写了青铜一家人为了增加收入，一起动手编织芦花鞋，然后让青铜到油麻地镇上去卖芦花鞋的故事，刻画了勤劳、纯朴的少年形象。课文用空行的方式将其分为四个部分。

在完成课文的学习后，还要借助本单元"语文园地"中的交流平台，对"小标题概括主要内容的方法"进行总结与提炼，帮助学生强化认知，形成更加清晰的能力结构：发现（整体感知，明确学习任务）——学习（根据示范学习列小标题，连起来说说文章的主要内容）——练习（练习换小标题、补小标题）——迁移（列小标题记录信息，梳理过程）——整理（形成结构化经验）——拓展（实践经验）。

## 二、把握语文要素，关注课堂实施

概括需要用自己的语言把知识重新组织并表达出来，其本质是对大脑中已摄入的知识进行再加工的过程。这样的阅读大大超越了一般的文本理解，而进入信息加工、组合、转化的阅读层面。说其特殊，是因为概括恰好处于理解向运用、吸纳向倾吐转化的关键节点上，其意义不言而喻。

关于概括能力，《语文课程标准（2011年版）》第二学段提出："能初步把握文章的主要内容，体会文章表达的思想感情。"第三学段提出："阅读叙事性作品，了解事件梗概，能简单描述自己印象最深的场景、人物、细节，说出自己的喜爱、憎恶、崇敬、向往、同情等感受。"整个小学中高年级的阅读教学都对孩子的概括能力有清晰明了、螺旋上升的教学要求（见表1）。

表1 《语文课程标准（2011年版）》对小学中高年级阅读教学的要求

| 四上第四单元 | 了解故事的起因、经过、结果，学习把握文章的主要内容 |
| --- | --- |
| 四上第七单元 | 关注主要人物和事件，学习把握文章的主要内容 |
| 四下第六单元 | 学习怎样把握长文章的主要内容 |
| 五上第八单元 | 阅读时注意根据要求梳理信息，把握内容要求 |
| 五下第六单元 | 了解人物的思维过程，加深对课文内容的理解 |
| 六上第四单元 | 读小说，关注情节、环境，感受人物形象 |
| 六上第六单元 | 抓住关键句，把握文章的主要观点 |
| 六下第二单元 | 了解作品梗概，把握名著的主要内容，就印象深刻的人物和情节交流感受 |

《高效能人士的七个习惯》曾言："一开始就在头脑中想好结果和目标，这意味着你对自己的目的地有清晰的了解，这意味着你知道要去哪里，从而能够更好地知道你现在的位置以及如何走才能保证你一直朝着正确的方向前进。"明确教学目标才能保证课堂实施没有偏离语文要素的主线。同时"教—学—评"是三位一体的，因此下文笔者将依次阐述四下第六单元的教学目标、评价标准以及具体的教学过程。

四下第六单元的教学目标：

（1）有准备地进入课堂，明确单元学习"把握长文章的主要内容"的重点和难点。

（2）有方法地自主学习，能够借助列小标题的方法来概括主要内容。

（3）有自信地表达想法，能够运用所学方法尝试概括，在分享交流中提升自身的概括能力。

（4）有反思地倾听分享，听他人的观点，有问题及时请教或质疑，比较后选择最佳的内容。

（5）有选择地积累运用，记下本单元"把握长文章主要内容"的概括方法，并尝试运用到其他文章的学习之中。

四下第六单元的教师评价：

（1）是否具有概括性，将主要内容概括清楚。

（2）一组标题的列举角度尽量统一。

（3）小标题的语言要简洁，字数基本相当。

四下第六单元学生自我评价：

（1）练习概括故事内容

（2）利用自己的小标题，能按照故事的起因、经过、发展、高潮，概括故事的主要内容。

（3）在小组内练说，互相帮助，能注意语言的完整性与表达的流畅性。

四下六单元的教学过程：

本单元的教学范例《小英雄雨来（节选）》，文章虽长，但文有文眼，诗有诗眼。教师引导学生通过题眼准确地把握课文的主要内容，并以此为主线展开教学。

【教学片段】

师：请同学们用小标题的形式，说说课文的主要内容。

生：游泳本领高、上夜校读书、爸爸夜归、跟鬼子斗争、河沿上的枪声、雨来没有死。

师：你的语言很简洁。但我们书本上的范例均是以雨来为主题来说的，既然课文的主要人物是雨来，你们能不能以雨来为主人公来概括课文的主要内容呢？

生：把"爸爸夜归"这个小标题改为"掩护交通员李大叔"。

师：对的！这样，小标题就是围绕同一人物来概括了。再考考大家，语言能否再简明扼要些，试着用两个字来概括。

生：游泳、读书、掩护、斗争、枪声、脱险。

师：同学们真厉害！你们把3000多字的文章，通过小标题浓缩成了短短的 12 个字，真不简单！

学会了列小标题只是第一步。下一步要试着将六个小标题逐一相加，通过"试错"挑起矛盾点，通过"练说"寻找问题点，通过"范例"学习突破点，以此启发学生主动思考并发现：小标题相当于文本每部分的关键词或主要内容，它虽是了解长文章主要内容的重要步骤，但要想把长文章的内容说清楚，还要以小标题为基础，对语言进行适当的组织加工，对内容进行一定的调整梳理，如在情节和信息上适当补一补（如抗日战争的背景、接受爱国主义教育等），在转折等关联处连一连（如加上关联词、过渡语等）。

《我们家的男子汉》一课中可以进行"改中拓展"。首先，用文中小标题引发思维碰撞。课文每一部分都有小标题，作者加小标题的思路和《小英雄雨来》一课有什么不同？你能换一种思路给课文加小标题吗？引发学生讨论，激发思维火花。接着，小组合作给课文各部分换小标题，看看能有几种思路，选出最有特点的几种进行全班交流，说清楚是怎么想的。之后全班展示，相互赏析评价，总结加小标题的方法，如用自己的话概括、引用文中原话、提炼概括关键词等。

最后，《我们家的男子汉》课文中作者已经根据故事的主要内容列好了三个小故事的标题。其实这篇课文的原文一共有五个小故事，还有两个小故事分别是"他对父亲的崇拜"和"他的眼泪"。在教学时，教师相机补充原文中的两个小故事，但不出示小标题，让学生根据课文列小标题的方法，给另外两个故事提炼小标题。学生将故事的主要内容内化为自己的语言，并准确表达出来，就可以自然地提炼出小标题。

《芦花鞋》一课则可以进行"创中提升"，首先回忆列小标题的方法：可以用"谁干什么"这样的句式；可以用文中的关键语句；可以引用故事中人物的语言；可以用关键语句概括……选择自己喜欢的方式给课文每一部分加小标题。小组交流、全班展示，看看谁的思路最有创意，也注意纠正容易出现的问题，如小标题过长、偏离课文主要内容等，进一步提升策略感悟。

学生在教师的组织和引领下，开展小组讨论、大组交流、对比阅读等有意义的学习活动。学生在不断的读、议、辩、练过程中，其思维在碰撞、理解在深入、顿悟在闪现。这种环环相扣、层层推进的"教—学—扶—练—放"的编排体系，给教学指明了方向和路径，给学生提供了方法和策略，有利于学生学习知识，习得方法，提升能力。

学生可借用学生对前一课小标题的创作和改写情况，来反观其上一课的学习情况，并以此类推，再适时调整下一课时的学习内容与学习活动。以此做到"教—学—评"的循环推进，形成学习合力，从而保证单元整体目标的落实。

## 三、展望语文要素，关联阅读写作

统编版小学语文教科书主编陈先云认为："语文要素包括基本方法、基本能力、基本内容和学习习惯。"语文要素注重能力的培养，注重学习的迁移，能把所学的知识迁移到新的环境和挑战中，而不仅仅是知识的回忆和再现。叶圣陶也曾经指出："阅读一些文章，斟酌一些文章，都是实践。凡是能力，总要在反复实践中锻炼。"

列好小标题最重要的是准确把握文本中的关键信息。所谓关键信息，是指文本中出现频率较高的内容，或者文本的核心内容。也就是说，文本是围绕关键信息来展开的。在把握文本的关键信息时，学生要对文本内容进行恰当的取舍。文本的关键信息有时直接作为中心句出现，有时是出现频率较高的内容，有时则隐藏在文本的字里行间。学生需要通过深入的分析、思考，准确把握文本的关键信息。

四下第六单元的语文要素指向了培养学生的概括能力，引导学生通过分析、概括，学习从不同文体的材料中筛选信息、把握内容，从而逐步提高学生的阅读能力。概括能力是一项非常重要的阅读能力，它需要读者把阅读中获取的信息，用自己的语言进行重组，再简单地表达出来。既要求读者获取并理解信息，同时也要求主动地、有创造性地表达传递信息，在理解和表达之间，概括起到了一个桥梁的作用。

因此在"双减"背景下，要优化作业设计，适时推行"1+X"的群文阅读，培养孩子的概括能力。四下第六单元的教学实施中要提高课堂效率，节省出课堂时间来进行。拓展阅读可以选择和本单元的单元主题关联性比较强的篇目，比如《我们家的男子汉》未被选入课文的"他对父亲的崇拜""他的眼泪"这两个部分，再比如表现女生成长的《刘胡兰》《女生贾梅》的片段，等等。学生由此激发阅读兴趣，争相锻炼自己的概括能力，更进一步落实了本单元的语文要素，为五年级的古典名著阅读和六年级的外国文学名著阅读打下基础。

第六单元的作业环节相对多元：让学生复述故事的内容，展开小标题命名大赛，复述乃至表演自己印象深刻的故事内容……概括最终要为复述和表达服务。长长的故事，复杂的情节，纷繁的人物，只有通过概括，把握了主要内容，才能更好地讲给别人听。

至于写作，本单元关于写作的语文要素是"按一定顺序把事情的过程写清楚"。四上第五单元要求写一件事，按一定顺序把事情写清楚，学生要按起因、经过、结果写。四上第六单元《记一次游戏》，要求把游戏过程写清楚，学生要按游戏前、中、后的顺序写，写出感受，用修改符号改正错别字和不通顺的句子。四上第八单元要求学生写一件事，能写出自己的感受，具体要写清楚一件令你心儿怦怦跳的事的经过和感受，写完修改誊写。

四下第六单元《我学会了_____》，要求学生能按学习的顺序把自己学做事情的过程写清楚；能写出遇到的困难或有趣的经历，把心情变化写出来。在写作前就用小标题有序表达，弄明白如何写清过程以及如何表达自己的感受。这样，在写作之前头脑中已经有了一个比较完整的框架。

通过本单元的学习，相当一部分学生阅读长文章不再犯难，能够自然而然地运用习得的方法概括文章的大意。还有一些学生开始用小标题的方式给自己的习作分成几部分，一些标题还相当有风趣，比如"臭棋篓子""学棋小兵""下棋高手"等等。

本单元语文要素的教与学最终成果体现在平时的阅读和写作中，概括能力的提高也需要学生的亲身实践。不过亲身实践的前提是教师能够充分激发学生的阅读兴趣和实践欲望，因此教师的课堂设计要时时把握语文要素，牢记"双减"政策，让学生负担减轻，学有所获。

# 四、结语

"双减"背景下，重视语文教学中语文要素的落实，能够在不断丰富课程教学活动与内容、调动学生学习互动与探索学习积极性的过程中，促进学生学习能力与核心素养水平的不断提升。本次实践之中和之后，笔者都深深感受到一个单元中的语文要素落实，可以起步于第一篇课文，但绝不止于这篇课文，也不是一篇课文就能学会的，需要教师在整个单元的教学中懂得语文要素的训练重点。教师要对学生的认知水平和学习习惯有准确了解，知道语文要素的训练起点；对教学设计中的目标有科学的规则，确定语文要素的训练方向；对学生的学习过程进行指引点拨，实现学生语文素养的形成与发展。笔者在以后的教学实践中会继续立足语文要素，因"文"制宜，提质增效。

# 小学数学学习评价的探索与实践

高　祎

随着中共中央、国务院《深化新时代教育评价改革总体方案》、教育部等六部门《义务教育质量评价指南》等重要文件的发布，教育评价改革将持续深入进行。其中，中共中央、国务院《深化新时代教育评价改革总体方案》指出，为要完善立德树人体制机制，扭转不科学的教育评价导向，坚决克服唯分数、唯升学、唯文凭、唯论文、唯帽子的顽瘴痼疾，提高教育治理能力和水平，加快推进教育现代化、建设教育强国、办好人民满意的教育。因此，如何贯彻落实，教育评价改革的指导思想，如何实施发展性评价，成为新课程教育改革下的重要课题。

作为北京市正泽学校新入职的一名老师，秉承着李烈校长"双主体育人"的办学思路，贯彻落实李校长"以爱育爱"的教育理念，通过学习和研究，形成了一套较为切实有效的班级数学学习评价方案。这套评价方案涵盖了学生在校内及校外的各项表现的积分方案，以及通过积分抽奖搭配非物质奖励等行之有效的手段来更好地促进学生在数学学习中形成自控、自律、自主的良好学习习惯，配之学生日常测查以及期中期末考试的成绩，在学期末给予学生清晰详细的综合评价。

## 一、科学制定班级数学学习的积分方案

数学学科是一门需要严谨逻辑以及灵活思维的学科，与语文、英语学科相比较，数学问题答案的丰富性以及开放性有时会显得对于数学学科核心素养有待提高的学生而言不是十分友好。因此，一些学生对数学学习有些许畏难情绪，

在数学课堂上难以进行充分的信息接收、独立思考以及合理表达，久而久之导致数学学习的主动性不够高，只满足于完成老师课堂讲授的知识和布置的任务。

我们不应只关注学生最终的学业成绩，更多关注学生的学习过程，以及学生在过程中展现出的认知性和非认知性的发展，并依据学生整个学习过程的表现来进行阶段性评价。根据此原则，我们在实践中有两个关注点：一是关注学习的过程性，用学生在整个学习过程中的表现作为对其评价的依据；二是关注学生在这一过程中的全面发展，不仅有认知方面的发展，也要包括非认知方面的发展，不可偏废或缺失。

因此，我们制定了一套针对数学学习的量化积分方案，与此同时，通过鼓励学生进行精彩两分钟的展示，以此给学生搭建展示的平台，让所有学生都能在展示中学习到课内课外的数学知识，与此同时获得自信与成就感。而设置勤思题也为那些不满足于课堂知识难度的学生提供了更加丰富的且思维含量更高的问题，真正做到练习有梯度，有选择，有提高。乐学积分能够鼓励学生进行自主学习，培养学生对数学学习的主观能动性，真正做到自己做学习的主人。

对于数学学习的量化积分方案，应当依据学生的课堂表现、作业完成情况、课下自主学习成果，进行量化评定，并以此作为学生奖励和期末综合评价的重要依据（见表1）。积分方案具体如下。

**（一）课堂表现**

倾听：每次在同学发言时，能够认真倾听，并及时给予同学语言或小手势回应加1分。

发言：上课期间，每节课进行一次发言加1分，如果发言简洁扼要并具有清晰的数学思维或者从不同的角度思考问题则加2分，每节课发言积分最多3分。

精彩两分钟：学生在课上展示和数学学习内容相关的"精彩两分钟"，在展示之后由全班同学从0—5中打分，作为本次精彩两分钟展示的分数。

**（二）课堂情况**

高效：每天数学课会有15分钟的时间完成老师在课上布置的课堂练习，课上完成练习加1分。

质量：每次完成的课堂练习，如果字迹工整，并且全部正确则加1分。

改错：对于课堂练习中出现的错题，如果及时改正并且主动找老师批改加1分。

### （三）自主学习

勤思题：每周会布置两道需要学生勤思的数学题，学生可选择自主完成，完成一次加 1 分。

乐学：每周学生可针对自己需要提升的相关数学知识进行自主练习，以换取乐学积分，每一页习题加 1 分。

表 1　每周的量化积分表

| 序号 | 姓名 | 倾听 | 精彩两分钟 | 高效 | 质量 | 勤思题 | 乐学积分 | 总分 |
|---|---|---|---|---|---|---|---|---|
| 1 | | | | | | | | |
| 2 | | | | | | | | |
| 3 | | | | | | | | |

通过建立上述班级数学学习的积分方案，使得教师和学生能清晰明了地看到学生课堂上的表现、作业完成情况以及自主学习成果。量化的评价方案能够更为客观地展现学生的个性化学习情况，并从中反映出学生在学习中存在的主观能动性的问题，给教师和学生一个可供参考的资料，也是学生成长道路上的记录档案。

## 二、巧妙设立班级数学学习的奖励机制

为了打破应试教育影响下学生评价的甄别与选拔的功能导向，弱化横向竞争、奖优罚劣，通过更多积极的、鼓励性的方式，保护和激发个体的（尤其是相对较弱的学生）自信和内驱力，促进学生的自主发展，我们在学生数学学习评价中突出两点：一是评价的标准要具有挑战性，能代表个体在一定阶段所能达成的较高水平，对学生形成内在的激励性；二是评价的方式要强调学生的主体参与，支持和引导学生对照标准进行自我评价和自我目标设定，激发其自主发展的内驱力；三是评价结果的使用要体现对个体的尊重和对全面发展的关注，将竞争控制在合理的范围内，保护和发展学生的自尊与自信。

小学阶段，学生的学习积极性需要教师的引导与呵护，如果只能让学生看到自己的努力与勤奋，而不设立合适的奖惩制度，容易消耗学生的学习积极性。但批评不如表扬，惩罚不如奖励。与其惩罚在学习上存在各种问题的学生，不如设立奖励机制来对学生进行正面教育与引导。

然而，奖励机制的建立并不容易。如果只用单纯的物质奖励，不但无法根

据学生的喜好建立统一奖励标准，而且还会让学生对学习欲望与物质欲望相关联。本着增加学生积极性，并教育学生形成正确价值观的原则，积分的奖励变为了攒够50分抽一次奖，攒够100分可以自选奖品，而且奖品都是非物质奖励，其内容和校园文化以及学生兴趣息息相关。具体设置奖项如下：

（1）和老师合影：在校园中和一位喜爱的老师合影。

（2）和好朋友做邻居一节课：与自己的好朋友同桌一节课。

（3）口算剧透一周：和老师申请提前剧透下周口算练习。

（4）免写一次课堂练习：可申请免除一次课堂练习。

（5）和好朋友共进午餐一次：与好朋友在一张桌子上吃饭。

（6）数学小助教：可作为一次老师的小助手为大家进行服务。

（7）黑板涂鸦3分钟：限时3分钟，在黑板上自由涂鸦。

（8）免写一次常规小练：可申请免除一次常规小练。

（9）在老师的座位用餐一次：在老师的位置用一次早餐或午餐。

（10）白板涂鸦3分钟：限时3分钟，在白板上自由涂鸦。

（11）数学玩具带回家一周：将数学玩具带回家一周玩。

（12）校园景点单人留念：单人在校园任意一处景点照相留念。

（13）校园景点两人合影：两人在校园任意一处景点照相留念。

（14）校园景点三人合影：三人在校园任意一处景点照相留念。

（15）校园景点四人合影：四人在校园任意一处景点照相留念。

以上奖励并非物质奖励，但能达成许多教育目的，比如教育学生爱学校、爱老师，培养学生一双发现生活中美的眼睛，在寻找校园景点的过程中更好地感受学校文化。另外，其中和好朋友做邻居或一起吃饭，教育学生用正确的方式和同学交往，提升学生的人际交流能力；在老师位置吃饭以及当小助教，能够促使学生体会教师的辛苦，提升学生的共情能力，并培养对老师的感恩之情；黑板白板涂鸦可以培养学生的创造能力，并在一定程度上释放学生的压力，一举多得。学生在得到这些奖励之后，对数学学习的兴趣明显提升，学习积极性也大大提高。在使用这些奖票的过程中，学生脸上洋溢着幸福的微笑，深深体会着在学校学习、生活的快乐与幸福，对学生形成健全的人格和良好的心理状态有非常大的作用。

# 三、弹性化与多样化相结合对学生进行学期评价

对学生的评价要建立在充分尊重学生天赋、能力、个性等方面的差异基础上，突破单一的、标准化的评价方式，给学生的个性发展留出充足的空间，促进每一个学生个性化地成长。因此，我们在学生综合素质评价中强调两点：一是评价的标准要有弹性，既要允许学生在达成基础标准的过程中有不同的发展速度和发展路径，又要鼓励和支持学生充分地发展自身潜能，达到最大化的发展水平；二是评价的方法和手段要多样、开放，更多地采用表现性评价，让不同特点的学生采用自身最擅长或最独特的方式展现自身的发展。

根据以上的原则，在期末综合评价时，根据学生上课表现、作业完成情况、单元测查成绩、数学游戏感受、基本功和期末测查的情况，分别根据倾听、发言、作业、单元测查、数学游戏、基本功、期末测查等项目的分数，按照1:1:1:1:1:1:4的权重，得到学期末的总评，保证学生学期末评价的公平。尤其对于有些"学困生"，其单元测查成绩、基本功和期末测查结果都不很理想的情况下，期末评价并不"唯分数论"，测查成绩只占期末总评的少部分权重，学生的倾听、发言和作业态度会在很大程度决定期末总评的成绩。另外，考虑到学生对数学游戏的喜爱程度会让学生保持对数学学习的兴趣，所以数学游戏成绩也是"育人为本"理念的体现（见表2）。

表2　学生数学期末综合评价表

| 2020—2021学年度 第一学期 数学 成绩表（四年级 5班） | | | | | | | | |
|---|---|---|---|---|---|---|---|---|
| 学号 | 姓名 | 倾听 | 发言 | 作业 | 单元测查 | 数学游戏 | 基本功 | 期末测查 | 总评 |
| 1 | | | | | | | | | |
| 2 | | | | | | | | | |
| 3 | | | | | | | | | |

数学学期评价要注重科学性、针对性、有效性，学生发展质量评价还包括学生品德发展、学业发展、身心发展、审美素养、劳动与社会实践等五个方面的重点内容，旨在促进学生德智体美劳全面发展，培养适应终身发展和社会发展需要的正确价值观、必备品格和关键能力。这些要求和原则也在每个学期期末的评语中体现。期末评语不仅会针对学生的数学学习表现进行评价，更会针对学生本学期相较于上学期的提升与进步，结合学生品质、审美、劳动等方面进行更为详细有针对性的鼓励性评语。与此同时，也会委婉地提出教师对学生

的殷切期望，让学生由衷发现自己身上的闪光点的同时，用学生的长处带动学生的短板，以鼓励性评价和期盼性评语促进学生的长期发展和全面发展（见表3）。

表3　学生数学期末评语

| 四 年 5 班 | | 学科：数学 | 授课教师：高祎 |

| 学号 | 姓名 | 评　语 |
|---|---|---|
| 1 | a | a活泼可爱，上课认真听讲、积极互动，能够按时完成作业并主动改作业上的错题，老师希望你读题时更加耐心 |
| 2 | b | b的作业总是正确率那么高，字也写得漂亮工整，对老师来说，判你的作业是一种享受，希望你能够在课上更加 |
| 3 | c | c这学期的进步很大，在课上越来越愿意和大家分享你的看法和见解，作业完成的质量也提高了不少，老师希望 |
| 4 | d | d人如其名，是个儒雅稳重的男孩子，但在课堂上，昭儒总是能回答出关键的问题，真是名副其实的低调有内涵 |
| 5 | e | e是个活泼可爱的小姑娘，在课堂上认真思考，在课下认真完成作业，作业质量很高，老师希望你能在课堂上更 |
| 6 | f | f情商高、性格好，同时也是个十分聪明伶俐的男孩子，对于数学知识一点就透，老师希望你能在课堂上更加专 |

通过合理的积分方案、巧妙的奖励机制，以及弹性化和多样化的期末评价，不仅确保了学生的全面发展和长期发展，提高了学生的数学学习兴趣，调动了学生的学习积极性，保护了学生的自信心，激发了学生学习的自主性，使学生获得了大量的成长空间，而且随着探索的深入，我们也在逐渐形成自己对于数学学习评价的思考。

数学学习评价的出发点应始终建立在完成教育目标的基础之上，追求学生的全人发展。而评价的细则需要不断完善，不断随着教育改革而调整，以满足社会的需求和学生的变化。在教学教育中，过程有时比结果重要，学生在学习过程中产生的快乐体验，有助于形成自控自律自主的学习习惯与发展的积极趋势。因此，在对学生的数学学习评价中，可以再少些量化的评定和指标，多一些真实性评价，更多地关注学生的投入状态，让学生的发展真正成为一种令人幸福的体验。

教无定法，评无定标，只要以追求学生健康成长和谐发展为目的的合理教育教学评价，都应该在积极的探索中追寻更加细致、更加完善、更加合理的方案。我们也会不断探索不断实践，为培养德智体美劳全面发展的社会主义建设者和接班人而努力奋斗。

# 减负不减质，变革促发展

## ——小学数学绘本创编的实践研究

肖　雪　施银燕

# 一、研究背景

## （一）"双减"政策对新型学习任务与学习方式的呼唤

2021 年下半年，"双减"政策明确指出："坚持学生为本、遵循教育规律，着眼学生身心健康成长，保障学生休息权利，整体提升学校教育教学质量。"如果学生依然从事重复、无趣、低效的学习活动，减轻负担的同时提升教育教学质量就会成为一句空话。

"双减"政策的提出特别需要教师们精心设计学生的学习任务，让学生从重复、无趣、低效的学习活动中解放，转而从事一些感兴趣、有挑战、有创造、综合性的高阶思维活动。

## （二）数学绘本阅读微课录制的需求

恰逢正泽学校数学教师团队受新世纪小学数学教材组邀请，承担了中高年级的数学绘本阅读微课的录制任务。因此，我们对市面上现有的 600 多种数学绘本进行了整理和分析，也对数学绘本教学的相关研究进行了查阅和梳理。在这个过程中，我们发现了一些问题，例如：（1）很难找到合适的数学绘本开展绘本教学。首先，这些绘本多为欧美或日韩引进版，绝大部分面向低幼儿童，匹配中高年级学生的少之又少；其次，不同国家历史文化、生活习俗、风土人情等背景的差异，使得一些原本有助于学生理解的生动有趣的情境对于国内学生来说既不熟悉也不亲切，反而增加了干扰；最后，翻译引进的绘本中难免有一些西方价值观的渗透，不利于立德树人，建立文化自信。（2）现阶段数学绘本教学的开展并不理想。大部分关于数学绘本的研究都是在小学低年级开展，并且停留于数学绘本的相关理论、数学绘本的价值上。还有一些研究阐述了数学绘本教学的现状，关注了目前数学绘本教学中存在的问题。如刘超通过调查发现，教师们面临的最大困难是较难找到与学情、教学内容、教学目标相匹配的数学绘本，易导致目标定位不准确，难以与数学教学有效融合；邵婧还提到，很多数学绘本的知识点比较随意缺少系统性；薛丽花、邵灯玉提到，教师在教学过程中存在过分依赖数学绘本的情况，活动预设侧重于机械地"复制"与"照搬"，缺乏重点与创新；李瑛指出，现代绘本虽然在大陆风头渐旺，但也出现了很多问题，如粗制滥造、文图不符等等，最主要的是缺少本土绘本画家和画风的作品。因此研究、继承和发扬传统绘本中的优秀元素就显得十分必要。

综上可知，国内一线教师普遍能认识到数学绘本的价值，数学绘本阅读都在小学低年级进行，但大部分的实践都是即兴的尝试，仅关注学生的即时体验，缺少对绘本阅读教学效果的长期跟踪调研。数学绘本的创编研究还属空白。数学绘本教学面临的首要挑战是缺少合适的数学绘本以及与之相匹配的使用指导等。创编绘本迫在眉睫。

## 二、研究实践和阶段性成果

通过研究背景的分析并结合"双减"政策的理念，我们开始尝试数学绘本创编的实践研究，创编既与教材配套又紧密结合学生实际的小学数学绘本，解决国内数学原创绘本的短缺问题。在全人发展理论的指导下，我们在创编绘本时需要作出两个转变：从关注数学知识的获得转向数学素养的形成，从关注学科本身转向培养全面发展的人。

### （一）关注绘本创编中的数学核心素养

为了使绘本更好地服务于课堂，一方面，我们要以数学核心素养为统领，整体把握单元内容；另一方面，我们利用课堂观察、学生的作品分析或正式的学情调研，了解学生的思维痛点或认知难点。基于上述的认识和分析，我们确定绘本创作的主题和内容。例如，针对《小数除法》单元，我们创作了两个绘本，主题分别为"小数除法的意义"和"除不尽一定是循环小数的道理"。前者源于我们对教材内容的把握；后者则源于学生的真实问题。

　　小数除法单元的教材内容包含：小数除以整数、整数除以整数（商为小数）、除数是小数的除法、小数除法的应用（人民币兑换）、循环小数。明线是小数除法标准竖式的算理和算法。但实际上背后有一条更为重要但常常被忽视的暗线，即小数除法的意义。从整数除法到小数除法，运算的意义有了拓展。学生往往意识不到这一点。整数除法最初含义为"平均分"，具体而言有两种含义。例如："6÷2"，可以表示"把6平均分成2份，每份是多少？"也可以表示"6里有几个2"。而到小数除法如"0.6÷0.2"后，只能取后一种含义"0.6里有几个0.2"，无法用"0.6平均分成0.2份"来解释。此外，除法是乘法的逆运算，即已知两个因数的积与其中一个因数，求另一个因数。这一层意义可以借助两个基本模型"单价×数量＝总价""速度×时间＝路程"，从整数除法拓展到小数除法中。运算的意义是探索和理解算法的基础，也需要在大量不同的现实背景中获得丰富而深刻的理解。由此，我们将第一个数学绘本的重点打在小数除法的意义上。

　　而另一个绘本的主题"小数除法除不尽一定循环"，则是因为学生在课堂上提出的真实问题：小数除法，会不会得出一个像圆周率 $\pi=3.1415926\cdots\cdots$ 一样的无限不循环小数呢？我们在具体情境中，用简单易懂的语言，引入抽屉原理，帮助学生获得深入理解。

## （二）提升绘本创编中的故事吸引力

　　数学绘本不同于规定读物，其内容自身的吸引力就十分重要。因此，我们在创编时，始终把有趣、好玩放在非常重要的地位。我们通过课堂观察以及课后聊天，了解学生的性格特征、兴趣爱好、家庭背景、经历体验等，以寻找合适的情境和人物原型，在此基础上反复打磨故事，使之更有连贯性和逻辑性，促使学生的思维和情感与绘本中的人物产生共振，从而在不知不觉中学习和思考。

　　我们以正泽学校的校名，创设了两个与学生同龄又性格鲜明的人物——大正和小泽，所有绘本均围绕着发生在他们身上的故事展开。其中，绘本《小泽梦游智蚁国》分别用不公平的举重比赛、最快的高铁、胡搅蛮缠的冰激凌店老板、以假乱真的稻叶等四个引人入胜的故事，多个角度探讨小数除法的意义。另外，"稻""刻"等单位的产生也发生在这些故事中。我们还有意渗透了社会主义核心价值观的学习，以及虚心学习、以理服人、友好待人、自力更生等优秀品质的培养。绘本《除来除去的奥秘》则讲述了大正和小泽面对无意之中产生的疑问，历经艰辛探索，结果柳暗花明的故事。

### （三）注重绘本创编中的学生参与度

在绘本创编的过程中，我们利用一切机会，促进学生的参与。从一开始的面向学生的关于内容和情境的调查、试读征求意见等，到后来绘本的插画绘制、装帧设计、有声读物的录制、配乐等，从一开始的个别学生到后面数量可观的学生编创团队，发挥学生在数学、绘画、朗读、电脑技术、表演等各方面的特长，充分调动了学生的积极性。全人发展为了全人，同时也基于全人。在这个过程中，我们常常能收获意外的惊喜。

例如，五年级有一位学生喜欢画画，但数学学习不太好，且学习缺少动力。第一个绘本插画的任务，我们就找了她。在之后的数学课堂上面对一个颇有挑战、全班同学都无从下手的数学问题，她破天荒地给出了非常精彩的讲解。诚然，类似的问题在绘本中出现过，在绘制插画过程中，我们简单地交流了一下。但这一点不足以解释她的这一表现。答案应该是，为了让图画更好地帮助读者理解问题，她自己首先做了深入的思考。慢慢地，从她自己画，到后面成为插画小组的组长，她学习数学的信心和兴趣也越来越浓厚，且团队合作、组织领导能力也同步得到提高，驶入了良性发展的快车道。

通过数学绘本创编的实践研究，我们发现高质量的数学绘本读物，能真正激发学生兴趣，调动学生的积极性，引发学生的数学思考，鼓励学生的创造性思维，并使情感态度价值观得到潜移默化的熏陶。使学生用积极主动的阅读、思考与实践代替传统作业，实现减负不减质，创造性落实 2021 年全国教育工作会议提出的"小学阶段作业不出校门"的要求。此外，教师创编数学绘本，使教师从单纯的教学资源的使用者转变为教学资源的提供者和使用者，既增进了师生了解，又锻炼了教师的数学眼光，提高了教师自身的综合素养，为教师的专业发展之路提供了可供借鉴与参考的范例。

目前，"大正小泽学数学"系列的 12 个原创数学绘本，充满悬念的故事、生动的画面，让学生看的时候欲罢不能，浸润在故事中不知不觉地思考问题，学习数学。在此基础上录制的微课，在新世纪小学数学平台上面向全国公益播出，其点击量远高于其他现成绘本录制的微课，并受到教材编委会的高度好评。

# 三、研究展望和思考

从前期我们的尝试来看，数学绘本阅读和参与数学绘本的创编具有很大的价值，能够让教师和学生一起合作，从事一些感兴趣、有挑战、有创造、综合性的高阶思维活动。对于教师而言，创编的数学绘本既能够为教材内容的教学过程提供补充素材，更好地为教学活动服务，又能让教师在专业发展的道路上提升研究能力、实践能力、创造能力。对学生而言，绘本阅读替代了部分笔头形式的作业，真正起到了减负不减质的效果。参与数学绘本的创编更能让学生成为学习真正的主人，感受学习的主体地位，从根本上改变学生对待学习的态度。数学绘本的创编能够从教学形式、学习任务和学习形式等方面突破性地改革，真正实现"双减"要求的落地。

未来我们将进一步系统地思考和实践，创编出覆盖一至六年级全学段的数学绘本。数学绘本创编的主体是教师，根据我们前期的经验，学生适度参与效果会更好。为了使后期的实践研究更有效，我们也产出了一些思考。

## （一）教师层面

从绘本创编时选择内容的角度考虑，要更加深入学生的生活，从学生身边的故事中挑选素材，在创编中既能囊括与数学素养相关的知识内容，帮助学生解决数学学习中的困难，又能提升学生社会主义核心价值观，进而实现全人发展。方式方法上的一些思考：可以通过调查、访谈、自然观察、课余聊天、家访等多种方式，全面了解不同年级学生的学习、生活、兴趣、爱好、阅读、运动、课外活动、交友、家庭教养方式等，用数学的眼光审视，为数学绘本的创编提供适合该年段的人物和适切的情境，寻找有机融入数学要素的方式。

## （二）学生层面

学生参与创编的过程还有哪些更加开放的形式？可以在哪些环节参与？何时参与？以什么方式参与？不同年级、不同能力的学生之间有什么差异？是否可以从中提炼出一些普遍的原则？这些还可以在后续深入实践中回答。

# 以问促思

## ——小学英语绘本阅读教学中促进学生思维品质发展的提问策略研究

杜 蕾

## 一、通过英文绘本阅读提升学生思维品质的重要性

英语学科的核心素养主要由语言能力、思维品质、文化意识和学习能力四方面构成，其中思维品质被显性提出。因为语言是思维的外壳，没有发散、活跃、灵活的思维，就没有丰富、清晰的语言，所以提升思维品质对于语言学习起着关键作用。

英语学习分为三个层面，即语言层面、文化层面和思维模式层面。而目前大部分学生对英语的学习只是停留在语言层面，很少涉及思维层面，主要原因在于小学生学习英语的主要途径是通过教材，而教学环节中却很难通过阅读各种资料满足思维层面的培养。而英文绘本由于具有直观性、形象性、美观性，不仅可以激发学生的兴趣，助其提升语言能力，形成文化理解，而且更重要的是，在绘本教学中教师可以帮助学生对文本进行分析、提炼乃至点评，逐步形成自己的思想和观点，进而全方位提升外语阅读素养，提升审辩式思维，提高发现问题、分析问题并解决问题的思维能力。因此，通过英文绘本阅读可以弥补课堂教学缺乏思维培养的不足，充分挖掘学生的潜能，提升学生的思维品质，使阅读变成有意义、有思维、有收获的"悦读"活动。

## 二、英文绘本阅读教学中忽略思维品质培养现状述评

然而很多教师在绘本阅读教学过程中忽略了这一非常重要的环节，甚至是至关重要的教学目标，那就是培养并提升学生的思维品质。不少教师担心绘本教学过程中很难驾驭课堂或者担心学生英语水平的限制，都会针对故事内容的理解精心设计好每步教学环节，甚至设计的问题和活动更多的都是围绕故事理解层面而展开，没有能够让学生产生思考的问题，使学生很难真正融入故事本身，难以与故事发生对话，进而就没有自由表达的机会，无法提升思维品质。通过这样的绘本教学，教师并未真正将其所承载的培养、提升学生思维品质的作用发挥到极致，导致学生很难有效提升自己的思维品质。造成如此结果的原因主要在于教师没能抓住提升思维品质的核心，因此寻找绘本教学提升学生的思维品质的核心，便成为亟待解决的问题。

## 三、提问——英语绘本教学中提升思维品质的核心

杜威曾说过，"思维是探究、调查、熟思、探索和钻研，以求发现新事物或对已知事物有新的理解，总之思维就是疑问"。由此我们不难发现，"问"便是提升思维品质的切入点。课堂提问要以引起学生的学习动机、启发学生的思维为目的，要让学生学会积极思考，学会多角度、多方面认识问题、分析问题和解决问题，学会表达自己的想法，变被动学习为主动学习，从而使学生能够发展成为更为健全的个体，并为终身学习、终身发展打下良好的基础。提问是课堂教学的重要组成部分，是教师培养学生思维能力的重要手段，更是有效课堂教学的保障。提问最主要的目的就是培养学生的思维，提升学生的思维品质，因此英语课堂提问在培养学生思维品质方面起着至关重要的作用。英语绘本教学中的提问与学生的思维品质发展互相促进，呈螺旋上升态势。教师提出怎样的问题决定着学生的思维品质层级如何。那么教师如何设计问题、设计怎样的问题才能培养学生所需的思维品质呢？

### （一）布鲁姆"思维金字塔"

美国当代著名心理学家、教育家布鲁姆在1956年提出"认知目标分类法"，通常也被称为布鲁姆"思维金字塔"（见图1），将认知领域的教育目标从

低到高分为六个层次：知识、理解、应用、分析、综合、评价。Anderson2008
修订的布鲁姆目标分类体系揭示了对内容的不同教学阶段，具有不同认知
目标（见图2）。修订后的布鲁姆认知目标分类的六个层次为：记忆、理
解、应用、分析、评价和创造。其中记忆、理解和应用属于低阶思维技巧
（LowerOrderThinking Skills，简称 LOTS），而分析、评价和创造则属于高阶思
维技巧（Higher Order Thinking Skills，简称 HOTS）。

图 1　布鲁姆的教育目标分类图（1956）　图 2　布鲁姆的教育目标分类图（2008）

　　根据布鲁姆目标分类法中的不同思维层级，教师就有了一定的抓手。结合
英文绘本的特点，针对学生的不同思维层级，通过绘本阅读设计不同的问题，
来培养学生的 LOTS 和 HOTS，并且教师要有意识地设计能够提升学生高阶思
维品质的有效性问题。那么在绘本教学过程中，教师应该设计怎样的问题才能
更准确地提升学生相应的思维品质呢？接下来我们就针对每一层级的思维品质
的特点和内容，结合具体的案例，进行阐述和说明。

### （二）提问：拓展低阶思维品质发展

　　"记忆"是指通过识别或回溯事实性知识，记住某些内容。它包括：具体
的知识，即术语的知识和具体事实的知识，处理具体事物的方式方法的知识。
学习领域中的普通原理和抽象概念的知识，其所要求的心理过程主要是记忆。
那么教师可以提问一些例如 "Who？ When？ What？ Where？"等方面的问题，
也就是学生可以直接从绘本中找到相应答案的问题，可能通过看图或者阅读文
字就能够直接发现，而且是绘本中存在的事实性知识，无须判断或思考。

　　"理解"指理解所传授的知识和信息内涵的能力。那么教师可以提问例如
"Why？" "How？" "What's the main idea？" "What's the sequence？" "Order and

Match"这样的问题。针对这样的问题，学生无法从绘本中直接寻找到答案，而是要经过自己对绘本有了充分、准确的理解之后，才能发现的一些隐含的内容和信息。

"应用"是指对所学习的概念、法则、原理、思想的运用。学生不需要培养自己的抽象思维能力，只需初步地直接运用所学的知识。针对这样的思维能力，教师可以结合绘本的内容，设置这样的问题，如"What would you do in the same situation?"通过这样的问题，学生能够将从绘本中学到的知识、思想，结合自己的情况加以运用。

### （三）提问：提升高阶思维品质发展

"分析"是指将信息、概念分解为各个要素或组成部分，使各部分之间的层次更加分明，要素之间的关系更加明确。要进行分析，学生必须能够找出观点之间的关系，并建立起联系。绘本由于故事情节丰富，教师可以创设丰富的问题来提升学生这一层级的思维品质。如教师可以引导学生对人物进行分析、对故事情节进行关联性剖析。"Classify the characters.""Explain how different parts of the story relate to each other."学生在这样问题的引导下，要再次深入阅读绘本内容，并分析各个人物、环节之间的关系，发现其中的关联。并且教师要善于追问，如在提问"If you were the man, what would you do?"之后追问"Why?"，学生就会深入分析绘本，发现背后隐含的内容。

"评价"是指通过理性深刻地对信息、事物或思想的本质、价值作出自己的判断，进行评价，阐述观点和理由。同样，针对这一层级的思维品质，教师借助绘本丰富的人物、情节，依然可以大有作为，请学生澄清或说明自己观点。如"Which character do you like or don't you like? Why or why not?"在这些问题的激发下，学生需要对绘本充分理解透彻的基础上，融入自己的观点、见解，并能够自圆其说。

"创造"是认知领域里面教育目标的最高层次，是建立在具有独立判断的基础上，整合不同的组成部分形成一个新的知识体系。很多故事类绘本为学生提供了大量的创作空间，学生可以在原绘本的基础上，展开思考和创作，提升创造力。如教师可以引导学生"Make a new ending for the story.""Make a new title.""Continue to write the story."每个学生创编的内容多种多样、异彩纷呈。

## 四、绘本阅读教学中"以问促思"提问策略的实践案例

### （一）绘本内容介绍

本课的教学内容是攀登英语阅读系列第三级 *Grandpa, Grandson and Donkey*。故事讲述的是祖父和孙子带着一头驴去赶集，途中遇到了不同的人，对于祖孙二人产生怀疑，随后所引发主人公产生了一系列的矛盾心理，无论怎么做都会被别人质疑。由起初的牵着驴走，然后孙子骑驴走，到祖父骑驴走，再到祖孙二人一起骑驴走，最后无奈，祖孙二人想了个办法，采取抬驴走这一荒诞举动，却又招致更多的嘲笑，为故事增添了更多的趣味。由一系列因果关系所组成的故事脉络，以及主人公的一系列矛盾心理，都可以引发学生进行思考，有效培养学生的逻辑思维、批判性思维与创造性思维。

本课教学主要包括三大环节：

Pre-reading：谈话交流，激发兴趣；阅读封面，获取信息。

While-reading：借助导图，独立学习；大胆想象，预测故事结局。

Post-reading：回顾故事，梳理脉络，变式迁移，情感升华。

接下来，笔者将通过呈现本节线上绘本课教学，探讨如何巧妙设置一系列的开放性问题，对文本进行提炼与分析，使学生自由表达观点，有目的地培养学生的高阶思维，如分析、评价与创造思维能力；进而有效提升思维品质，逐步提高阅读能力和阅读素养。

### （二）"以问促思"的提问策略

1. 借"图"巧问，培养读图能力，提升观察力

在教授绘本 *Grandpa, Grandson and Donkey* 过程中，阅读前，笔者引导学生了解旧时人们经常以骑驴的方式出行，然后引出绘本故事，通过祖孙二人牵驴去赶集的页面，猜一猜"How do they go to the market？"引发学生表达不同意见："They ride the donkey.""They go to market on foot."当大家都沉浸在祖孙二人不是骑驴就是走路的时候，笔者出示他们"抬驴"的图片（见图 3），设置认知冲突，学生们阅读绘本的兴趣和欲望被最大限度地激发起来。使学生对祖孙抬驴产生怀疑，为培养思维能力做足铺垫。顺势教师引导学生找出"Who rode the Donkey？"并通过播放前期录制的小视频，摆放人物骑驴的卡片，整体呈现故事的发展进程，不仅有效避免了线上教学对故事理解产生的影响，突出了线

上故事教学的直观性，而且动态呈现故事，抓住了学生眼球。

图 3　祖孙抬驴

针对祖孙二人牵驴走路时碰到的女人所表现出的态度，笔者设置的问题是："Do they agree with them? "学生观察人物表情，培养读图能力。然后追问："Should they ride the donkey? "引发学生思考，并表达观点："Yes, they should ride the donkey.""No, they should walk."通过设置的一系列问题，引导学生去发现故事中"women"为什么会认为祖孙二人"silly"的原因，锻炼读图能力；同时激发学生的思考，在老师陪伴阅读的过程中运用思维导图梳理和提炼关键语言点，辨析祖孙到底该怎么办，培养分析能力，提升分析这一高阶思维品质（见图 4）。

图 4　问题设置引发思考，祖孙是否应该骑驴

此外，在思维导图的呈现和运用过程中，由于没有现场互动的直观性，因此，为了最大程度地帮助学生理解抽象的思维导图，教师对导图和故事语言中的每项内容做足动画效果，讲到语言中的某一点内容时，语言自动移动到导图的相应位置。恰恰是这个在现场课教学时不足以被称为困难的教学步骤，却是学生在网络环境学习中所遇到的难点。因此，巧妙借助 PPT 中的动画进行呈现，可以帮助学生更直观理解老师讲的内容，借助"生动的图"，侧面提升学

生的读图能力和观察能力，达到现事半功倍的效果。

2. 借"人"反问，培养分析能力，提升共情力

针对祖孙二人接受女人的建议之后，孙子骑上了驴，但是后来为什么爷爷又骑上了驴？祖孙二人为何一起骑驴？通过独立阅读，运用思维导图梳理语言信息，理解故事的发展脉络和因果关系。然后教师提出问题："If you were grandpa and grandson，who would ride the donkey? Why?"引发学生的思考和争论："Grandpa would ride the donkey，because grandpa is old.""Grandson would ride the donkey，because grandson is little."此环节围绕人物角色的行为展开提问，引导学生换位思考，提升学生的共情能力，引发学生自由表达观点，不仅锻炼了语言能力，同时引导学生深挖文本，培养了学生的逻辑推理能力，使学生充分表达自己的想法（见图5），进一步提升了学生的思维品质。

图5 分析祖孙二人到底谁应该骑驴及原因

在分析祖孙二人为何面面相觑时，引导学生观察图片中人物的表情，在培养读图能力的基础上，笔者设置的问题是："What should they do? Why?"学生纷纷表达自己的观点："Grandson should ride the donkey，because...．""Grandpa should ride the donkey，because...．"" They should walk，because...．""Grandpa ride for a while and then grandson ride，because...．"紧接着追问学生："Why are there so many suggestions?"（见图6）。这样的不断追问，可以引导学生在读图的基础上，能够换位思考，理解祖孙二人的矛盾心理，进一步深化提升共情力；并且学生能够用批判性的眼光来看待祖孙二人将如何做，在表达自己见解的同时，能理解不同人对同一件事会有不同看法，培养了学生善于分析这一多元化高阶思维。

图 6  体会祖孙矛盾心理，表达自己的见解

3. 借"果"追问，培养问题解决能力，提升创造力

线上故事阅读教学之后，大家都已经明白了为什么祖孙二人会抬驴，因此，笔者为学生设置了一系列的问题，引导学生在线下巩固复习故事的同时，将自己的想法通过英文记录下来，并能够在班级内与大家进行分享与交流。目的在于激发学生的思维，促进学生各抒己见，提升思维品质的同时提高语言输出能力。

笔者设置的问题便是："Can you give some suggestions to grandpa and grandson with 'why not'?"学生提出了很多合理受用的建议："Why not walk to the market?""Why not believe yourselves?""Why not change to ride the donkey?""Why not think about the suggestions?"通过设置这样的开放性问题，培养了学生通过批判性思维去理解和领会故事所蕴含的深意，融入自己评价的能力，提升了"评价"这一高阶思维品质。同时，不仅更好地拓宽了学生对绘本的理解，而且会对学生的日常生活与思维方式产生一定的影响，提升解决问题的能力。

此外，笔者还设置了问题："What do you think of the people in the story?""Can you give a new title for this book?"学生自由谈论对故事中人物的见解和看法，同时可以根据自己的看法给故事起个新名字（见图7）。通过这样的问题，学生学会通过批判性的眼光去看待并评价人物，培养评价和创造性思维。有的同学会说："I don't like the women, farmers and the old woman. They are so rude. When they give suggestions, they should be polite.""I don't like grandpa and grandson. They never believe themselves. They never think twice."学生给出的题目也是有自己独到的见解："Stupid grandpa and grandson.""Carry the donkey.""Who should ride the donkey?"" Poor donkey!"线下教学环节的问题设置充分

吻合布鲁姆目标分类法中评价和创造这两大高阶思维发展的要求，提升了学生的评价能力，培养了创造性思维。

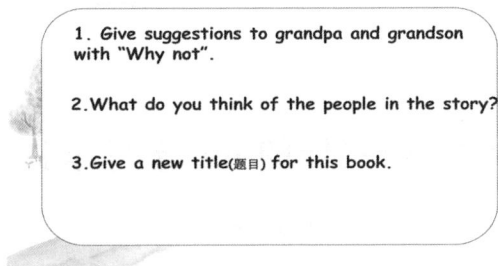

1. Give suggestions to grandpa and grandson with "Why not".

2. What do you think of the people in the story?

3. Give a new title(题目) for this book.

图 7　读后思考

# 五、结语

综上所述，在小学绘本教学过程中，教师可以从以下维度进行有效"提问"：首先，借"图"巧问，培养学生的读图能力，提升观察力；其次，借"人"反问，培养学生的分析能力和逻辑推理能力，引导学生运用批判性思维，提升共情力；再次，借"果"追问，培养问题解决能力和评价能力，提升创造力。由本文分析可以看出，通过孩子们喜欢的英文绘本阅读，的确是一条有效且值得探寻的路径，这需要教师不断拓宽知识广度和思维深度，为学生寻找适合的绘本资源，了解学生发展所需的思维目标，抓住绘本的"图片""人物"和"结果"，巧妙设置具有思维深度的问题，给予学生更多自主表达的机会并与绘本产生对话，通过"悦读"最终提升学生的高阶思维和创造力。

培养学生的创造性思维并非一朝一夕之事，这是一个长期的、循序渐进的过程。那么在特殊时期，绘本教学也面临着一些新的挑战。因此，在未来的研究道路中，我们要兼顾线上、线下教学，充分发挥二者的最大优势，探索一条更加适合新时代的绘本教学道路。相信只要不懈努力，勇于创新，学生的创造性思维一定会在英文绘本的沃土中、在思维问题的浇灌下不断破土萌芽、茁壮长大！

# 小学英语写作的分层教学实践

马利红

## 一、主题背景

在教育理论研究领域，分层教学法已经有 100 多年的历史。在 20 世纪初，国外就有了相关的理论研究和实践，经过实践、评价、反思、改进，不断发展出新的理论。国内的分层教学概念是从 20 世纪 80 年代开始的，多应用于英语和数学两科。其中有成功的案例，也有失败的案例。分层教学让相同层次的学生接受相同的教学，对于学生的学习和教师的教学都更加简捷有效，但其缺点也是显而易见：学生间的分层，容易让"优秀"学生产生优越感，"后进"学生产生自卑感，让他们学习更没有信心，容易自暴自弃。

笔者认为，分层教学法按照学生知识和能力水平的差异，将学生分为不同组别，教师可以依据各组水平制定教学内容，确定与各组水平相关的合适教学目标，既能降低"后进"学生的学习难度，又能满足"优秀"学生的学习欲望。

经过查阅资料、论文，笔者发现在教学实践中，分层教学分为分层走班模式和班内分层模式：走班制让学生的"被分层感"更为明显，分层教学法的缺点就更为凸显，失败的案例较多；而班内分层模式，如果掌握好分组技巧，在内容和目标制定方面合理组织，就可以弥补这个缺点，让全体学生都找到适合自己能力水平的学习目标，从而更好地发挥学习兴趣，提高学习质量。

依照这个想法，在一次英语写作课堂上，按照班内学生的英语知识能力水平不同，将他们分成不同小组，进行相应引导，为每个小组制定了不同的写作目标。同学们积极参与，课堂气氛热烈，圆满完成了写作任务，取得了较好的教学效果。

## 二、情境描述

本课堂为小学五年级下半学期的一次英语写作课堂。教学目标是使学生通过学习过去时态表达自己和他人过去发生的事情，可以通过讲述简单的故事，并用完整连贯的语句写出图片所要表达的内容。课程重点是如何在小学高年级阶段进行故事过程性写作。

五年级的学生已经能够认识和掌握一定的英语语言规则，练习故事写作，不仅能让学生更好地掌握过去时态，也能锻炼学生的英语表达能力。

日常教学中，笔者发现由于方方面面的原因，班里学生的学习水平不在同一条水平线上，差别甚至很大。有的学生学习能力强、理解能力好，很容易就能完成写作；但也有的学生基础薄弱，跟不上节奏，心里产生了压力。倘若用同一种写作评分标准去要求他们，既不能达到想要的教学效果，也可能导致"能力好的学生更好，能力弱的学生更弱"，严重者会对英语写作产生厌烦情绪。如果对于相对能力较弱的学生，适当降低目标要求，慢慢提升他们的学习兴趣，他们就能更快速地得到提高。

## 三、问题探究

### （一）差异分组及目标

针对学生的差异问题，笔者经过反复的斟酌与思考，最终依据学生不同的能力知识水平划分出三个标准，将学生分为三个不同的学习小组，对不同组别采用不同的写作引导并提出个性化的写作目标要求。但同时要有一个共同的基点：依据思维导图和词汇支撑，架构起故事的模型。

新课改要求："一生一策，为每个学生提供适合的教育；体现共性，挖掘个例当中的共性价值。"在这次课堂上，一方面，"一生一策"指的是学生能力水平不同分组不同。在不同的组，老师会设置适合本组的问题，使学生达到适合自己的语言和能力目标。另一方面，"体现共性"指的是写作方法和技巧都是思维导图架构，词汇填充整理完成写作。

为各组制定的写作要求和目标如下：

Group A：依据思维导图和关键词汇支撑，能够使用最简单的连词 "and" 把故事串起来，能够使用连贯的语句写出 30—35 个词的小故事。

Group B：依据思维导图和关键词汇支撑，尽自己所能进行发挥，并使用连词 "and" 和 "when" 把故事串起来，能够用简单、连贯的语句写出 40—45 个词的小故事。

Group C：依据思维导图和关键词汇支撑，充分发挥写作优势，并使用 "and，but，that，when" 等连词把故事串起来，能够写出 50—60 词左右的小故事。

## （二）分层教学过程

首先，1 分钟问候、导入环节。用英文歌曲创造氛围，用图片导入故事。

其次，5 分钟预备写作和分组环节。老师先提出问题："How do you write a story？""How many parts are there in a story？"尽量鼓励 A、B 组学生积极回答。然后引出故事写作中的 "Characters，Settings，Plot，Conclusion" 几部分内容，提醒学生在写作过程中注意 "Handwriting，Ideas，Words，and Grammar" 等细节。表示要分组竞赛，看哪一组写得更精彩更完美，在无形中将 "分层感" 降到最低。让各组围绕 "wh-" 词自由讨论："who、where、when、why、what、how"，带领学生们再次复习回顾各个故事环节，这个过程充分发挥学生的自主性与创造性。

再次，14 分钟的写作过程：依据分组进行故事写作。在学生动笔之前，对每个小组分配不同时间进行指导：A 组，6 分钟。帮助指导薄弱学生组织语言写作，一起讨论故事："You can use these phrases and sentences to help you. If you use 'and'，your story will look better."B 组，5 分钟，先检查学生进行到了哪个层次，邀请学生朗读已完成的部分："Who can read the characters and setting you wrote？"并纠正学生的错误点。再与学生进一步讨论故事的其他部分："Plot，Conclusion。"并提醒学生使用所给关键词和连词："You can use the words to help you. If you use 'when' and 'but'，your story will look better."C 组，3 分钟。与学生讨论故事情节和故事结局，提醒学生使用一些连词。邀请学生朗读所写内容，指出细节问题，并帮助学生改正。提前完成写作的学生进行自查或请同伴检查，请同伴用红笔画出好词好句。

最后，12 分钟的展示环节：Presentation。第一步，各小组成员先读自己所写的故事并检查错误，再读同伴写的故事，并将精彩的语句用红线画出来。每组学生都十分积极地展示自己所写的故事。其他同学给出评价并打分。评价标准围绕"Handwriting, Ideas, Words, and Grammar"四个方面进行，写作程度不同，同学们所给的星星数量也不同，12颗星星为最高分，详细标准如图1。

第二步，展示者选出一个最高分和一个最低分，请给出最高分和最低分的同学说说为什么会给出这样的分数。给出评分的同学，根据标准说出评分理由。

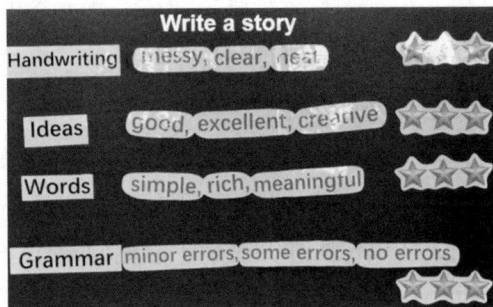

图1　学生英文写作评价标准

第三步，学生对自己的写作进行自我评估。Do you think you did a good job today？ What did you do well in？ What did you not do well in？ Can you give any suggestions to improve your writing？

第四步，笔者对学生的整体表现做反馈，并对突出的个体进行点评。从开始环节强调的"Characters, Settings, Plot, Conclusion"几方面，重点点评"Handwriting, Ideas, Words, and Grammar"等细节。在这个环节，对于每个组都找出一两个闪光点进行鼓励表扬，对 A、B 组进行多角度鼓励。

整个课程环节设计中，注重学生的主观能动性，分层分组调动了全体学生的参与性和主动性，大大提升了课堂效率，达到了教学目标。

（三）关键问题的解决

第一，如何消弭学生的"被分层感"问题。根据学生的听说读写水平，在备课的时候就把班内的分组名单做好，上课实施分组时尽量没有选择读名单分组，而是提出"写故事比赛"的方式实施分组。但同学们经过多年共同学习，对于自己和同学们英语水平大概都有了解，部分同学已经感觉到"优秀生"一组、"后进生"一组了，如果在分组时多方考察学生的听说读写四个方面的水平，进行各方面组合分组，说优写差的同学尽量同组，说差写优的同学尽量同组，形成互补，互相帮助，既能增加组内互动，学生的"被分层感"也会淡化。

第二，实施多元性评价问题。实施多元评价也是淡化分层、给学生带来信心、引导学生积极面对问题，从而实现学生全面发展和持续进步的有效手段。在这次课堂中，笔者会给予 A 组学生最频繁的激励与评价，鼓励他们的每一次小进步，特别选出作文中时态、结构良好的句子读给全班听，作出表扬；给予 B 组学生适当的表扬，提醒他们现在的成绩不是终点，要继续往前奔跑，追求更高的目标；而对 C 组学生，相较于鼓励性评价，笔者会更多地给出建议，让过于自信的学生稍加沉稳，让容易产生焦虑情绪的学生调整好心态。

第三，知识与能力水平评价问题。应该认识到，学生之间智力和能力客观上的确存在着很大差异，从而导致学生的基础知识和学习兴趣有很大差异，这也是素质教育观里学生具有独特性的具体表现。所以，最终的知识与能力水平评价也一定要客观真实，所以优秀作文展示不能偏向于任何一组，不挫伤优秀同学积极性的同时，也让全体同学有学习的榜样和目标。

# 四、结语

在这次写作学习中，同学们积极参与，用思维导图构建出模型，用词汇填充连接，种出了枝繁叶茂、饱满精彩的故事树。在批阅学生作文时，从同学们作文里的精彩语句中，笔者能够读出学生清晰的写作思路和层出不穷的写作灵感，以及他们课堂上积极主动的愉悦情绪。

从好的方面来看，本次课堂采用了班内分层教学法，为不同知识能力水平的同学制定适合他们的写作目标，并给予不同的指导和评价。分层教学为不同水平的学生提供了适合他们水平发挥的平台，做到了一定程度的"因材施教"，使他们觉得虽然每组的目标不同，但对于全体学生来说英语故事写作都是稍加努力就能达到的目标，异中有同。因此，同学们参与性很强，课堂气氛良好，取得了较好的教学效果。

不足之处主要有两点：第一，学生的能力与知识评测还不够完善。对于分层教学来说，关键之处在于真实掌握学生的真实情况，包括其学习兴趣点。本次课堂，教师只是通过平时的测试与日常课堂表现进行了粗测，所以在分组方面还存在不太客观之处。第二，学生的评价多元性还有待提升。不同的学生在听说读写方面优势各有不同，对学生进行多元性评价，在分组时充分考量，尽量在组内能够取长补短，互帮互助，不但能够提升学生的学习效果，而且能促进良好的团结互助的班风建设。

不管是国内还是国外，分层教学法至今还在发展之中。本次英语写作课堂是笔者的一次小实践，经过总结反思，班内分层教学如果能够在形成科学的学生能力与知识评测系统的前提下，客观真实地掌握学生水平，分组时多方兼顾，能够形成互帮互助的组内互动氛围，那么也不失为提高教学质量的良好手段。

# 单元主题教学视角下小学英语作业设计

## ——以一起新标准第十二册 Module 7 How can I become SHE or HE？为例

### 石芸淇

《普通高中英语课程标准（2017 年版 2020 年修订）》（以下简称课标）强调单元是承载主题意义的基本单位，单元教学目标要以发展英语学科核心素养为宗旨，围绕主题引领，按照学习理解、应用实践、迁移创新三个递进层面整体设计具有综合性、关联性、实践性特点的学习活动，使学生能够表达个人观点、意图、和情感态度，分析中外文化异同，发展多元思维和批判性思维，提高英语学习能力和运用能力。指向核心素养的单元作业设计，依托单元教学目标，强调作业的综合性、开放性、结构性等特征。

## 一、单元主题作业的内涵

单元作业设计是指教师以单元为基本单位，依据单元目标，以选择重组、改编完善或自主开发等多种形式形成作业的过程，能较好地实现作业的目标性、结构性、针对性、科学性、多样性和纵向性。在这个过程中，教师不仅要具备有计划、有目的地设计好单元作业的能力，还要根据本班学生的实际情况，临时补充、删减、调整部分作业，以适应不同学生的差异。

## 二、单元主题作业的意义

作业能直接反映教师的教育导向，是评价教师教学工作的一种方式和载体。单元主题作业有助于增强同一单元不同课时作业之间的结构性和递进性；

有助于加强同一单元下各个课时作业目标、作业内容、作业类型、作业时间、作业难度等的整体设计与统筹分配；有助于从单元整体视角，将单元整体培养目标、教学、评价、作业、资源等进行系统思考；有助于在提升作业设计整体质量的同时，培养教师对学科课程的整体把握和系统设计能力，从而更好地发挥作业对学生的发展作用。

作业应是有意义、多样化的，有针对性的，更应是具有挑战性的，同时，作业是培养学生创新精神和实践能力的载体，培养学生收集信息、创造信息、分析和思考，团结协作的重要途径。教师通过作业体现新课标的落实和评价制度的完善，才能够更好地促使学生个性化的发展和能力的增强，从而使学生的核心素养得到充分提高。

# 三、单元主题作业的实践

## （一）建立递进式设计策略，提升作业联动性和系统性

课标强调整体设计目标，充分考虑语言学习的渐进性和持续性。因此，作业设计要避免彼此孤立，应以大单元主题为线索，贯彻整体设计思想，设计指向主题意义生成的递进式主题作业。

本课教材内容选自外研社《新标准英语》（一年级起点）第十二册第七模块。本模块包含两个单元："My father flew into space in Shenzhou V"和"She couldn't see or hear"。由于两篇课文都围绕"名人事迹"展开，因此本模块的主题为"How can I become SHE or HE？"文本讲述了"中国航天员杨利伟"和"历史著名人物海伦·凯勒"的事迹。语言结构为使用过去式描述过去发生的人物与事情。意在引导学生了解名人事迹以及感知名人的性格特点，并引发对自己成长的思考。

本次大单元主题教学设计共四课时（见图1）。第一课时完成第七模块第一单元教学内容，即了解和介绍"中国航天员杨利伟"的事迹；第二课时完成第七模块第二单元教学内容，即了解和介绍"历史著名人物海伦·凯勒"的事迹；第三课时为第七模块的拓展课一，梳理两位人物的共性与差异；第四课时为第七模块的拓展课二，借助两位人物的共性与差异，结合学生个人生活实际，思考对自己的启发，并在课堂中将启发借助写作大纲呈现。

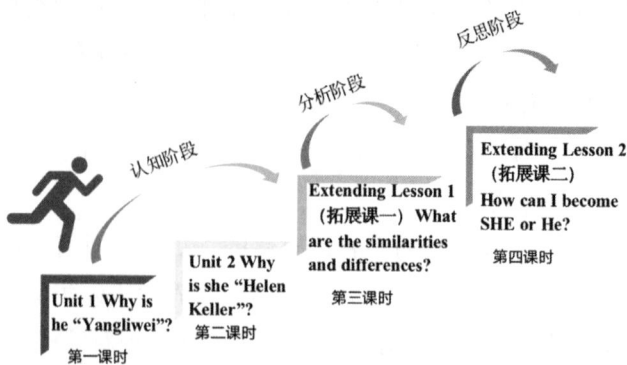

图 1 大单元主题教学设计

　　本单元主题下，作业设计分为三个系统性逐层递进阶段：认知阶段、分析阶段、反思阶段。具体来说，第一阶段为认知阶段，即第七模块第一单元第一课时与第二单元第一课时学习，学生通过课上梳理、整合杨利伟和海伦·凯勒的事迹，结合课后作业，通过多样的学习策略，对两个人物多角度进行充分了解，感知他们成功的因素；第二阶段为分析阶段，即第七模块拓展课一，学生借助课后作业，使用图表，对两个名人的性格特点和成名事迹进行共性与差异的对比和分析；第三阶段为反思阶段，即拓展课二，依据对名人的了解及分析，学生在课后联系个人实际情况，谈论名人对自己思想、心灵和成长的启发。在单元主题的引领下，通过有层次的、系统性的、递进式的作业设计，提升了学生的思维品格——首先发散学生思维，到归纳与总结，再到聚焦思考，使学生融入语言环境，从而达到思维训练的目的（见表 1）。

表 1 单元作业设计

| Unit 1 Who are Yangliwei and Hellen Keller?（课前作业设计） | | | | | |
| --- | --- | --- | --- | --- | --- |
| 作业目标 | 作业内容 | 作业类型 | 资料来源 | 作业时长 | 作业难度 |
| 提高搜集所需内容的学习能力。（完成单元作业目标1） | 通过翻阅书籍、网络检索等方式了解名人事迹并整理、记录。 | 资料检索 | 网络、书籍、谈论 | 15分钟 | 简单 |
| Unit 1 Why is he "Yangliwei"?（第一课时作业设计） | | | | | |
| 作业目标 | 作业内容 | 作业类型 | 资料来源 | 作业时长 | 作业难度 |

| 提升写作水平。（完成单元作业目标 2） | 1. 认读单词 flew, spent, video, someday, 及 Part 2 课文。<br>2. 运用过去式时态对名人"宇航员杨利伟"进行描述。<br>分层选择：<br>信息卡<br>段落描述（3~5 句话）<br>3. 篇幅（5 句以上） | 书面写作方式 | 课堂小组活动内容 | 15 分钟 | 中等 |
|---|---|---|---|---|---|

| Unit 2 Why is she "Helen Keller"?（第二课时作业设计） | | | | | |
|---|---|---|---|---|---|
| 作业目标 | 作业内容 | 作业类型 | 资料来源 | 作业时长 | 作业难度 |
| 提升写作水平。 | 1. 认读单词及短语 born, illness, round, all over the world, 及 Part 2 课文。<br>2. 运用过去式时态对名人"历史著名人物海伦·凯勒"进行描述。<br>分层选择：<br>1. 信息卡<br>2. 段落描述（3~5 句话）<br>3. 篇幅（5 句以上） | 书面写作方式 | 课堂小组活动内容 | 15 分钟 | 中等 |

| Extending Lesson 1 What are the similarities and differences?（拓展课一） | | | | | |
|---|---|---|---|---|---|
| 作业目标 | 作业内容 | 作业类型 | 资料来源 | 作业时长 | 作业难度 |
| 提升批判性的思维能力、分析能力。（完成单元作业目标 3） | 通过以小组为单位，绘制维恩图表或其他导图所呈现名人共性与差异。 | 图表绘制 | 课堂小组活动内容 | 15 分钟 | 中等 |

| Extending Lesson 2 How can I become SHE or He?（拓展课二） | | | | | |
|---|---|---|---|---|---|
| 作业目标 | 作业内容 | 作业类型 | 资料来源 | 作业时长 | 作业难度 |
| 提升逻辑语言表达能力和写作水平。（完成单元作业目标 4） | 结合图表，联系个人情况，思考对自己的启发，借助课上大纲，依据一定写作手法进行书面写作。<br>分层选择：<br>1. 4~6 句<br>2. 7~10 句<br>3. 10 句以上 | 书面写作方式 | 课堂小组活动内容 | 15 分钟 | 中等 |

## （二）设计以学生为本的差异性作业，尊重学生自主选择权

自主性原则体现在作业差异性。学生之间的个体差异是客观存在的，为了遵循学生的个体认知发展，获得成功的体验，从布置作业的角度，避免"一刀切"，采取了"分层""自主选择"的策略。例如在第一课时及第二课时（见图

2），针对于介绍名人，将第二项作业设计成难易不同的 A、B、C 三个层次：A 层要求学生能够使用信息卡，简单描述名人信息；B 层要求学生运用 3—5 句话的段落描述名人；C 层要求学生运用 5 句以上的篇幅描述名人。这种只限主题、不限形式的作业使得学生能够充分地自由发挥，主动学习，拥有更好的作业体验。

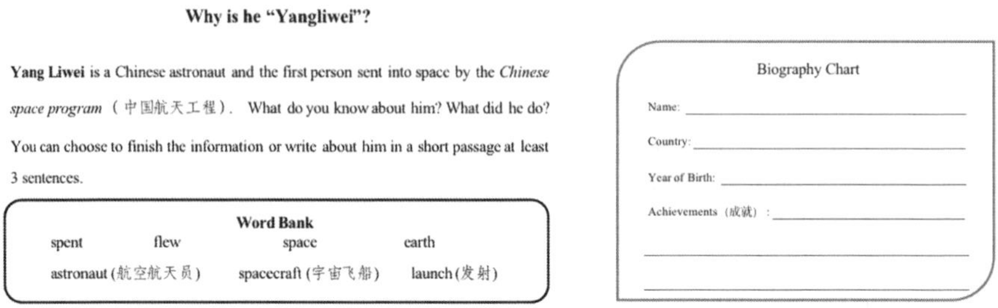

**Why is he "Yangliwei"?**

**Yang Liwei** is a Chinese astronaut and the first person sent into space by the *Chinese space program*（中国航天工程）. What do you know about him? What did he do?

You can choose to finish the information or write about him in a short passage at least 3 sentences.

**Word Bank**

| spent | flew | space | earth |
|---|---|---|---|
| astronaut (航空航天员) | | spacecraft (宇宙飞船) | launch (发射) |

**Biography Chart**

Name: _____

Country: _____

Year of Birth: _____

Achievements（成就）: _____

图 2　第一课时作业设计

### （三）建立课后作业与课堂教学交互体，课堂教学内容与作业内容有机融合

作业是对课堂所学知识的复习和巩固，是课堂教学的重要组成部分。同时，作业应该是课堂动态的生长性延伸，是学生自我建构知识的过程。本单元主题下，将作业设计进行巧妙的整合，融合课内课外，使英语课堂和课后作业融为一体。

第一单元第一课时与第二单元第一课时均为自选分层作业对名人进行描述（见图 3），这两项作业的布置，关键在于利用拓展课一的课堂教学，即将第一单元第一课时与第二单元第一课时的作业进行分享与展示，使学生从更多的同伴中得到更多的有关名人的信息和思考。

### Why is he "Yangliwei"?

**Yang Liwei** is a Chinese astronaut and the first person sent into space by the *Chinese space program* (中国航天工程). What do you know about him? What did he do? You can choose to finish the information or write about him in a short passage at least 3 sentences.

**Word Bank**

| | | | |
|---|---|---|---|
| spent | flew | space | earth |
| astronaut(航空航天员) | spacecraft(宇宙飞船) | launch(发射) | |

**Biography Chart**

Name: _____

Country: _____

Year of Birth: _____

Achievements (成就): _____

### Why is she "Helen Keller"?

**Helen Keller** is a famous American woman writer, educator, *philanthropist* (慈善家) and *social activist* (社会活动家) although she is blind. What do you know about her? What did she do? You can choose to finish the information or write about her in a short passage at least 3 sentences.

**Word Bank**

| | | | | |
|---|---|---|---|---|
| illness | see | hear | difficult | clever |
| blind | helped | famous | | |

**Biography Chart**

Name: _____

Country: _____

Year of Birth: _____

Achievements (成就): _____

图 3 自选分层作业

在此基础上落实拓展课一作业（见图 4），即为借助图表，找出人物的共性与差异。

Module 7 拓展课一

Name: _____ Class: _____

作业目标：
通过绘制维恩图表所呈现名人共性与差异，提升学生总结归纳能力，思维逻辑性性。

**What are the similarities and differences?**

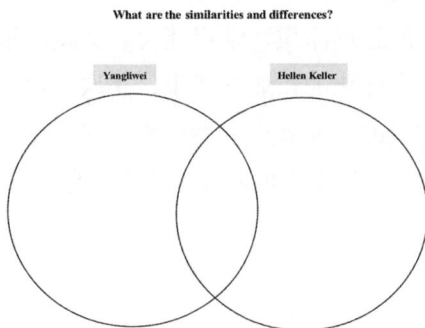

图 4 拓展课作业设计

同时，利用拓展课一的课后作业，在拓展课二的课堂上进行图表的分享与展示，引导学生在课上完善图表，引发有关思考，通过课上讨论，完成大纲，课后完成第四课时作业（见图 5）。

Module 7 拓展 课二

Name: _____ Class: _____

作业目标：

联系个人情况，思考对自己的启发，依据一定写作手法进行书面写作，提升批判性的思维能力、分析能力和逻辑语言表达能力，提高写作水平。

具体作业内容：

**How can I become SHE or He?**

We have learnt some stories about Helen Keller and Yang Liwei. We have also found their *similarities*（相似点）and differences between them. For example, although they were from different countries, they both *overcame*（克服）the difficulties and achieved success. Based on their experiences, what do you think of them? How can they *relate*（联系）to your past experiences? Or how can they help your future studies?

Please write:

1. an *outline*（大纲）

2. a short passage in at least 4 sentences

1. Outline

_____
_____
_____
_____
_____

2.
Title:
_____
_____
_____
_____
_____
_____
_____

图 5　第四课时作业

从作业到课堂，再回归到作业，教师既能够更快地了解学生获取知识的程度、掌握技能的水平和运用所学知识解决问题的能力，更使学生更多地发现，作业与课堂学习是紧密结合的，更努力、更认真地完成作业，是为了在课上更进一步地学习和探究，从而发挥作业更大的价值和时效性。

基于核心素养下的小学英语作业设计，不仅要注重激励学生积极完成作业，更要重视培养学生的思维品质、学习能力、文化品格和语言能力，引导学生从系统的、连贯的、多样化的作业形式中，获取知识、运用知识，从而激发和培养学生学习英语的兴趣，发展创造性思维，养成良好的学习习惯，形成一定的英语综合运用能力，使学生更加愉快地去完成作业。

# 基于项目式学习的小学科学跨学科教学实践

## ——以《巧用比例，科学认识太阳系》为例

乔　辰

随着新课改的深入，以及"双减"政策的落地，真实、高效的融合性课程设计越来越受到教育者的认同。其中基于项目式的学习策略以及 STEM 教育理念成了当今小学科学课程教学中非常重要的组成部分。

PBL（Project-Based Learning）是一种教学方法论，中文译为"基于项目的学习"。PBL 教学方式是将教学内容与实践经验所碰到的问题或挑战整合起来，而这些实践主要聚焦于学校环境或者日常生活。PBL 课程特点主要有：以真实的项目（问题）为学习的起点；学习过程以学生为中心；旨在培养学生的"4C"能力等。

STEM 理念强调将科学（Science）、技术（Technology）、工程（Engineering）、数学（Mathematics）内容整合，并使学生全体参与。科学素养主要指运用科学知识和过程（如物理、化学、生物科学和地球空间科学）理解自然界并参与影响自然界的有关决策。技术素养是指使用、管理、理解与评价技术的能力。学生应当知道如何使用技术，了解技术的发展过程，具备分析新技术如何影响自己、国家乃至整个世界的能力。技术是对自然环境的革新与改造，以满足人们的现实需要。工程素养是指对技术的工程设计与开发过程的理解。工程课程基于项目，整合了多门学科的知识，使得难以理解的概念与学生生活密切相关，激发学生解决问题的兴趣。工程设计是把科学与数学原理系统地、创造性地用于实践的结果。数学素养指学生在发现、表达、解释和解决多种情境下的数学问题时进行分析、推断和有效交流思想的能力。

小学科学课程以全面提高学生的科学素养为核心，而 STEM 教育理念着眼

复合型、创新型人才的培养和劳动力水平的提高。因此，在教学人教版小学科学六年级下册《探索宇宙》单元中，笔者尝试用 STEM 理念设计教学方案，结合正泽学校校园文化建设——建立太阳系模型景观，创造性地以双师课堂的形式共同引导学生进行相关领域的项目实践与数学建模。

## 一、源于问题

本单元的主要教学内容是知道有关太阳系的相关知识，如太阳系由恒星太阳、八大行星及其卫星、小行星、彗星、流星等不同天体组成。这些概念与知识将为后面认识银河系和宇宙空间等内容做准备。六年级的学生有一定的科学素养，对太阳系有一些了解，他们可能会说出太阳是恒星，能说出太阳系的几大行星，甚至个别学生还能说出更多的知识。但大多数学生对太阳系的认识是模糊的，缺少直观经验的。对太阳系其他天体的组成，行星的大小、距离关系等他们知之甚少，缺少具象化的理解概念。因此，本次项目式学习的主要目的是让学生建立对太阳系的完整认识，并在建模过程中认识太阳系和宇宙的浩瀚。

## 二、着眼实践

基于以上分析，结合正泽学校新校区的校园文化布置工作，笔者将本项目的研究主题设立为"为新校址献礼——制作太阳系模型景观"。主要教学目标设计为：

科学概念：认识太阳系由恒星太阳、八大行星及其卫星、小行星、彗星、流星等不同天体组成。利用比例尺了解八大行星的大小关系与距日远近顺序。

过程与方法：能对数据、信息按需求进行整理，并在此基础上用一定的材料来制作太阳系行星模型。

情感、态度与价值观：通过数据分析与比例模型感受宇宙的无垠，并且能认识到收集、整理和交流资料是科学学习的一种重要方式；学会与他人合作，并在合作中发挥自己的作用。

考虑到教学内容和学生的认知发展水平，本项目安排为四课时。第一课时：结合教材、书籍以及互联网，查询有关太阳系的相关知识并利用橡皮泥、泡面塑料球等材料初步建立太阳系模型小样。第二课时：结合比例尺关系，了解太阳系行星大小关系以及距日远近顺序，进而优化模型方案。第三课时：展示交流，结合行星特征，思考材料设计与制作方法，继续优化项目方案。第四课时：聚焦最佳方案，动手制作景观模型。本课聚焦的是第二课时，即分享交流模型样品，聚焦行星大小与距离关系，优化项目方案（见图 1）。

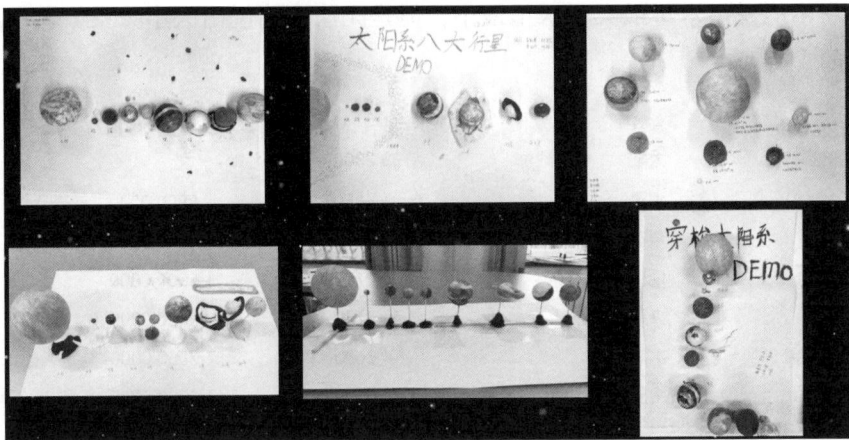

图 1　学生制作的太阳系模型 DEMO

## 三、基于实践

经过第一课时的头脑风暴以及信息检索，学生结合教材以及电脑查询了有关太阳系的相关知识。然后利用泡沫塑料、橡皮泥、丙烯颜料等工具材料建立了属于自己的模型方案。但在小组分享交流后学生发现自己制作的模型方案有一些问题，需要一些科学与数学领域的专业指导。因此，在本堂课中，笔者还请来了数学老师与同学们共同研究。如以下教学片段：

科技老师：怎么样能使我们的模型方案更科学？

学生互动交流后聚焦于三个方面：太阳系的组成、天体的大小关系以及天体间的距离。

科技老师：结合同学们所搜集到的资料以及自己动手制作的模型，我们可以看出太阳系不仅仅由太阳以及八大行星组成，还包括这些行星的卫星以及小行星、流星、彗星，等等。这些天体共同构成了庞大的太阳系。那这些天体距离太阳的顺序是什么样子的？

学生利用互动白板调整行星位置。

科技老师：那现在我们的模型方案就科学了吗？

学生发现星球的大小关系不对。

科技老师：太阳系中除了太阳哪颗星球最大？哪颗最小？有多大？有多小？

学生能说出木星最大，水星最小，但是无法准确说出大小关系，发现缺少数据的支持。

| 天体名称 | 赤道直径/千米 | 与太阳的平均距离/千米 |
|---|---|---|
| 太阳 | 139 2000 | |
| 水星 | 4850 | 5800 0000 |
| 金星 | 1 2120 | 1 0800 0000 |
| 地球 | 1 2756 | 1 5000 0000 |
| 火星 | 6760 | 2 2800 0000 |
| 木星 | 14 2600 | 7 7800 0000 |
| 土星 | 12 0200 | 14 2900 0000 |
| 天王星 | 5 2300 | 28 7100 0000 |
| 海王星 | 4 9750 | 45 0400 0000 |

图 2　太阳系行星大小与距离

数学老师：结合这张太阳系行星大小数据表，我们能建立一个等大的模型吗？如何建立一个缩小的模型呢？需要考虑哪些限制因素？

学生通过分析数据发现，需要对天体大小进行缩小，但在缩小的过程中还要考虑既能看得见又能放得下（预施工场地尺寸为 15×40 米）的问题。

数学老师：那我们是不是可以利用之前学习过的比例尺方法等比例缩小这些数据？你打算缩小的比例是多少？理由是什么？请你利用计算器完成相应的任务单。

学生结合数据信息先独立思考，然后进行小组交流与分享，最终确定比例尺关系。

科技老师：感谢数学老师的专业指导，那我们现在的模型方案就够科学了吗？这些模型摆得开吗？（出示各大行星距离太阳的距离数据，见图 2）

学生利用刚才的比例关系，缩小距离数据后发现，哪怕地球缩小到了一厘米，最近的水星可能就已经约 45 米外了，根本无法满足实际场地要求。

科技老师：如果行星的大小和距离按同样的比例进行缩小，会出现怎样的场景呢？我们结合地图看一看。（教师利用计算机以学校所在地按比例展示各大行星在实际地图当中的位置，学生发现最远的海王星已经快放到 3000 米外的地方了，而且大小也仅仅只有豌豆那么大。）摆不开怎么办？

学生猜测是否可以进一步缩小或者尝试将大小和距离按照不同的比例关系进行缩放，并再一次求助数学老师。

数学老师：在很多施工图纸中也存在这种"多种比例尺"关系的设计，例如放样（见图 3）。

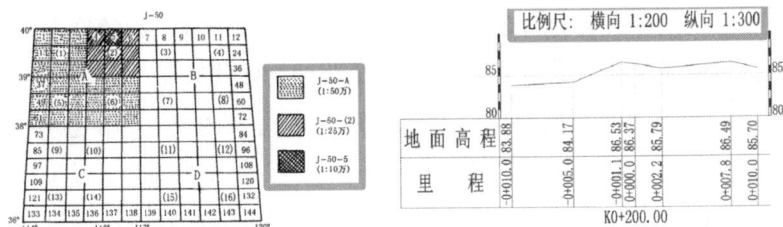

图 3　"放样"图例

科技老师：为了更直观地感受天体的大小与距离的比例关系，请同学们先通过计算选定合适的比例关系，制作八大行星的平面图形，然后再选定合适的距离比例将这些图形准确地码放在实际场地中。

学生通过计算以及小组交流，先后确定大小与距离的不同比例关系，尽量保证既能看得见，又能摆得开。

## 四、结语

回顾本次项目式学习过程，基本达成了之前预设的教学目标。学生在探究实践的过程中，积累了有关天文的知识，并且感受到了一个项目的实施需要多方配合，多学科综合应用。通过本次教学活动，笔者也产生了如下几点思考。

### （一）高效课堂的前提是学生为主体

减负增效离不开对学生自主学习动力的调动。本次项目的主题就是"为新校址献礼"，这个与学生密切相关的实际问题成了后续学生自主学习的内驱力。学生渴望通过自身所学亲手为学校"添砖加瓦"。教师在"勇敢地退"的同时，还要"适时地进"。在初期学生自主利用书籍和互联网搜索信息的过程中，教师会有意引导学生思考这些信息对于后续设计和制作有哪些影响。同时，教师会用提问的方式进一步了解学生关于太阳系知识的掌握情况。这样就保证了对学生已有知识了解的全面性，并且不至于偏离主题。由此可见，教师的引导在研究性学习中十分重要。所以，我们在进行研究性学习的时候，要避免认为教师只需要给学生布置任务就足够了的问题。在整个研究性学习过程中，教师要对学生的探究活动进行指导，不能放任自流，这样才能高效地按计划实施项目过程。

### （二）注重发展学生的多元智能

根据加德纳的多元智能理论，应该同时培养学生语言、数学推理和人际交往等能力。学生通过向大家解释为什么选择某种物体代表某个行星以及如何确定某个行星与太阳间的距离，可以有效地锻炼口头表达观点和信息整合能力。由于本案例中学生是以小组的形式进行研究性学习的，所以在学习过程中，小组成员互相协作，有助于培养学生的人际交往能力。与此同时，通过本次项目式学习，学生发现数学作为工具学科的重要性以及实践性；体会到了科学探究方法对于思考问题以及开展研究的重要作用。

### （三）个体评价与方案评估

虽然本次活动体现出了全体学生的广泛参与，但是在小组合作学习的过程中还是反映出了一些学生实践参与度较低、自主思考空间不足的问题。笔者认为，一个有效的评价量规对于研究性的学习至关重要。因为研究性学习评价不同于传统学科评价，它不是简单地要求学生给出问题的答案，而是重视的是学生的学习过程，所以评价量规是否合理直接影响着评价的有效性。为此，在后续的教学研究中将不断完善教学评价形式，增加动态评价机制，进一步激发不同学情学生的自主学习兴趣。

综上所述，在 STEM 理念指导下设计课程，有利于提高学生解决实际问题的能力。通过创设跨学科、多体验的情境，学生能更好地利用科学、工程、技术、数学等知识分析并解决问题。在这一过程中，学生获得了知识，锻炼了能力，意识到尊重科学规律的重要性，并激发了他们学习科学的兴趣和团队协作能力。

# 开卷有益，闭户自精
## ——北京市正泽学校科技课程线上学习案例分享

乔　辰　唐　迪

受新冠肺炎疫情影响，正泽学校结合实际教学情况，开展了一系列"开卷有益，闭户自精"的延学课程。为充分挖掘学科核心价值，结合疫情时事，各教学组开展了相关的课程设计。

其中正泽科技课程在进行线上学习课程设计时，主要突出了激发学生科技探索欲望、培养学生科学探究习惯，让兴趣成为最好的老师。

## 一、课程设计背景

线上教育不仅在本次疫情防控期间被广泛关注，而且在平时的教育教学活动中，很多教育工作者都对线上教育可以有效规划学生的"碎片学习"时间，以及能更加灵活多样地进行多媒体教育非常感兴趣。但是线上教育的一个短板在于对学生的自律能力要求非常高。为此，正泽学校针对学生实际情况（年龄偏小，一至四年级授课）以及学生居家学习条件，进行了有针对性的课程设计。由于孩子的自主学习能力和自律意识仍处在发展阶段，如何激发学生学习的原动力成了我们本次备课的重点。

本次科技延学课程主要围绕的是"兴趣"二字，通过一系列互动性强、知识内容丰富的科技话题引导学生进行可持续性的科技探索。在亲子互动的同时，培养学生科学有效地观察自然、解释自然的能力。

# 二、科技课程线上学习形式

## （一）教学资源自主选择

每周我们都会为各年级的学生准备多种不同形式的科技内容供学生以及家长进行自主选择。例如有老师独立制作的结合"防疫科学"的科普小课堂、简单而又充满科技感的"家中玩科学"小实验以及动手制作类的工程挑战玩具等等。另外，在每周一教师都会以语音或视频的形式对本周的延学资源进行导读，对北京市以及西城区的优秀课例进行推荐。在明确学习目标后，帮助学生根据居家环境进行自主选择。

## （二）学校网络学习平台的搭建

考虑到学生年龄特点以及家长使用电子产品的习惯，我们不仅通过微信进行内容分享，而且结合学校数字校园平台进行多终端一体化的资源分享。家长可以通过手机应用程序直接在线进行各类"资源学习包"的浏览与下载，便于家长随时随地进行查看与分享。希望通过这种较为简单便捷的方式为所有在校生提供线上学习的可能。

# 三、科技课程线上学习内容

结合学生年龄特点，为培养自律高效的学习方式，激发学生学习兴趣，本次延学课程中所有的科技问题均来自学生可以"接触"到的生活实例，所有的实验材料也都基本出自家中的"厨房"与"书包"。延学资源包中的内容可以分为两大类："疫情中的科学"以及"家中玩科学"。

## （一）疫情中的科学

多角度挖掘疫情防控期间的科学知识，结合疫情背景和社会热点话题，以科普讲座或探究性学习的形式向学生渗透防疫相关知识以及自我保护的方法。例如：

1."保护野生动物"主题

结合新冠肺炎疫情，带领学生了解野生动物的概念，认识濒临灭绝的野生动物，如大熊猫、白鱀豚、扬子鳄等。分析造成野生动物濒危的原因，如人类破坏动物栖息地、污染环境、乱捕滥杀。通过真实案例让学生体会到保护野生动物的重要性，并让学生知道野生动物身上携带病毒，食用野味会产生严重的后果。结合当下社会热点，在了解国家对保护野生动物采取的举措外，呼吁学生从自己做起，保护野生动物，热爱大自然。

具体教学流程：

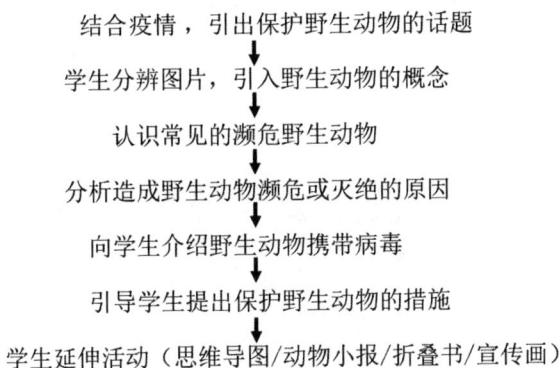

结合疫情，引出保护野生动物的话题

↓

学生分辨图片，引入野生动物的概念

↓

认识常见的濒危野生动物

↓

分析造成野生动物濒危或灭绝的原因

↓

向学生介绍野生动物携带病毒

↓

引导学生提出保护野生动物的措施

↓

学生延伸活动（思维导图/动物小报/折叠书/宣传画）

不同年龄段的学生以不同的形式归纳总结自己的学习心得，如：一二年级的学生主要以宣传画或折叠书的方式，三四年级的学生多以思维导图或图文并茂的动物小报方式，并且能够自主查阅更多的资料，把"保护野生动物"这一主题补充得更加完善。家长也反映，在学习过程中孩子认识到了爱护大自然和保护动物的重要性（见图1、图2）。

图1 学生制作的手抄报（一）

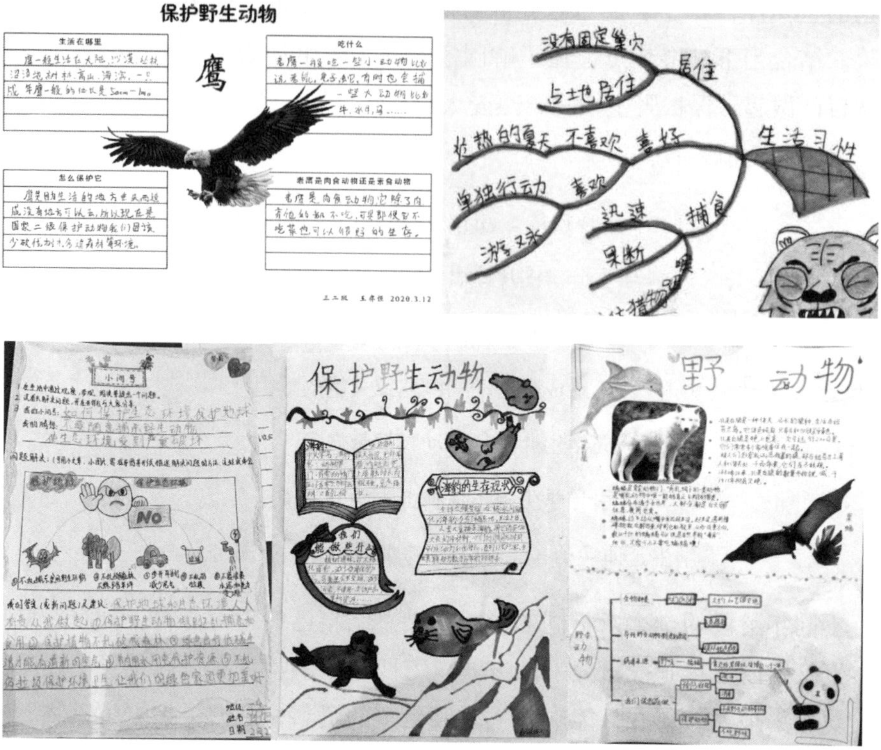

图2 学生制作的手抄报（二）

2."为什么要勤洗手？"主题

在防疫期间，"勤洗手"成了人们基本防疫手段中最为重要的一环。但是对于学龄儿童而言，对于"看不见，摸不到"的细菌和病毒，孩子很难产生直观体验，也不禁会追问为什么要勤洗手，以及到底应该如何正确洗手才能有效避免细菌和病毒的传播。为了让孩子能直观体会正确洗手的必要性，教师通过微课的形式带领学生开展了一组面包观察实验（见图3）。实验的方法非常简单易操作：利用面包设计几组不同的对比实验，如新鲜的面包、接触过脏手的面包、洗手后接触的面包和接触过手机屏幕的面包等，学生通过长时间持续观察不同条件下面包上细菌的出现情况，从而体会勤洗手避免细菌、病毒感染的重要性。而学生在这样的实验参与过程中，不仅复习巩固了对比实验这种方法，同时也通过一段长时间的观察不断激发学习动力，保持对科学探究的新鲜感。

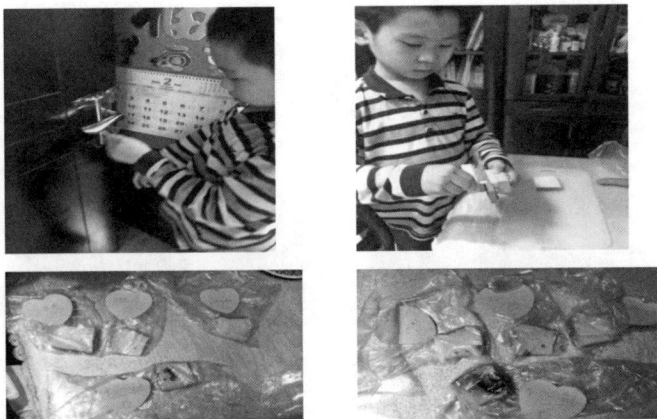

图3　面包观察实验

3. "防疫中的伪科学与真知识"主题

随着疫情的蔓延，网络中也涌现出了一些"谣言"与"偏方"。为了帮助学生建立正确严谨的科学探究态度，教师带领学生共同总结归纳了疫情防控期间的各种真知识和伪科学。学生在学习思考后能够联系自己的生活经验和前期知识，分辨疫情防控期间流传的各种说法的真假。在思考的过程中，教师给学生以正向的引导，培养学生实事求是的科学态度和敢于质疑的精神。

**（二）"家中玩科学"**

为激发学生的学习兴趣，丰富学生的延学生活，老师们每周都设计了一系列趣味性强的"在家玩科学"小实验。同时也考虑到学生的家庭情况不同，为了不给家长增添额外的负担，此类实验具有以下几个特点：

（1）实验材料简单易得，基本都为家中现有物品，在足不出户的同时就能让学生体验到科学的乐趣。

（2）实验过程简便易操作，且安全性高，学生能够独立完成。

（3）在活动过程中欢迎家长的参与，部分内容可进行亲子互动。

实验内容基本上都取材于生活中"力、热、声、光、电"问题，针对不同年龄的学生，教师设计了有梯度的挑战问题，不仅有对已有知识的补充也有一些科普常识的渗透。为了更好地拉近与学生的距离，所有的小实验都是以微课的形式进行讲解，便于学生重复性观看与总结（见图4）。

图 4　学生在家中玩科学（一）

　　在与学生和家长进行沟通的过程中，很多家长都反映学生对每周的小实验特别感兴趣，家长也表示能陪伴孩子共同成长非常有意义。随着实验的积累，很多学生做起了小主播，在爸爸妈妈的帮助下把小实验的过程用镜头记录下来，自己像小老师一样边操作边讲解。很多在校期间沉默寡言的学生也在延学期间找到了属于自己的舞台，不仅积累了知识还锻炼了自己的语言表达能力（见图 5、图 6）。

图 5　学生在家中玩科学（二）

图 6　学生在家中玩科学（三）

# 四、科技课程线上学习反馈

## （一）家校互动全员参与

在本次延学活动期间，全校所有老师都参与到了家校互动的行动中。学校为每个班级都设立了专供交流分享的微信群。所有的资源学习内容都会通过本群进行集中收发，而所有的科任老师也都会在群中第一时间结合学生分享进行有针对性的评价和指导。

另外，在与班主任协调过程中，各班还针对学生的居家学习条件进行了专项调查。对于学有不便的学生家庭，老师会定期"视频走访"与学生伴读，分享学习心得。

## （二）个性辅导深入浅出

除了面向全体的活动导读与综合评价以外，在本次延学期间科技老师们也主动接受了来自学生和家长方方面面的科技小问号与收获分享。通过与学生的直接沟通，不仅可以更直观有效地查看学生的学习成果，更能为不同学习水平的学生提供个性化的学习延展。比如有一名四年级的学生在进行电解盐水的实验中就对实验中所产生的气泡非常感兴趣。在实验的过程中他就对气泡的组成以及气泡多少的影响因素产生了自己的推测。在和老师交流的过程中，教师通过一系列的引导性问题以及科普视频启发学生深入研究。在发现实验中所产生的气体是有毒性的氯气后，该同学又和其他同样对此感兴趣的学生结成网络小组，对家中消毒安全进行了更加深入的课题研究。在此过程中，其他学科老师也相继介入，形成了 STEM 式的线上学习氛围。截至目前，曾经至少一次与科技教师进行过个性化评价和问题引导的学生约占比总在校生人数的 30%。随着延学的不断展开，老师们会继续周期性地与更多的学生建立师生学习机制，争取做到百分之百的覆盖。

# 五、结语

本次延学期间的线上教育为后续信息时代下的"无围墙式"的学习形式提供了技术支持与家校合作基础。随着互联网技术的不断发展，网络教学很有可能发挥越来越积极的实践作用。无论是电子化留痕，还是大数据支持下的个性化学习辅导，都将成为未来教育者必须要重视的教学资源。

但通过本次线上教育的实践，也发现了其中的一些不足和短板，比如学生的用眼安全问题。电子化课本的优势在于多媒体的声情并茂，但是这无形中加剧了孩子用眼的时间，也成了很多家长不太能完全接受线上教育的主要矛盾。为了应对这个问题，我们在后续的教学资源编排中有意增加了更多可以打印或学生手抄报的形式进行知识分享与整理，通过语音的形式与学生进行直接沟通，尽可能减少学生对电子产品的使用。另外一个问题就在于学生的自律与家长的监管。虽然科技课程从内容和形式上不断推陈出新，激发学生自主学习兴趣，但是孩子毕竟处于习惯养成阶段，随着延学时间的推移，学生难免会出现惰性，而这种惰性往往会抵消之前的正向积累。而随着家长的先后复工，学生的监管和伴读也成了这种"思维惰性"的催化剂。所以我们在充分肯定线上教育优势的同时，也必须正视其所带来的一些弊端。如何高效合理地利用这些信息技术手段是当下每一名教师的必修课。

# 让古典名著绽放在戏剧课堂

李可心

## 一、背景

美育教学是当今校园中不可或缺的内容。落实立德树人，大力弘扬中华美育精神，不断引领学生们树立正确的审美观念、陶冶高尚的道德情操、塑造健康优美的心灵，是美育教学的根本任务。教育戏剧作为一种新的教育教学方式，是对学生美育教学的一种新尝试。

教育戏剧将戏剧元素应用在教学活动中，让学生在戏剧实践中达到学习目标和目的。教育戏剧的重点在于学生们的参与，让学生们从编创、排演、赏评的过程中领略戏剧独特的意蕴，从相互交流中发现更多可能性、创造新意义。

将戏剧融入教学起源于法国思想家卢梭的两个教育理念：在实践中学习和在戏剧实践中学习。而戏剧课程恰恰以排练和演出的实践为课程主体，同时在践行传统教育戏剧理念中不断创新。教育戏剧的魅力在于，它不以学习戏剧知识和表演技能为目的，而是运用戏剧的元素设计各种体验渗透到教育中，让身边的每一个地方都成为一个小小"舞台"，让每一个孩子都能成为自己心目中的小小"编剧""导演""演员"。通过角色扮演、虚拟情境等戏剧方式，让孩子们在其中学会自信，增强表达能力与沟通协作能力，学会控制，独立思考，以更好的状态应对每一天。

在小学校园开展戏剧课程，应考虑不同学段学生的特征及兴趣点。可以从学生的生活体验、阅读、爱好等角度出发，探索适宜的戏剧课堂主题。正泽学校五年级的同学们在第二学期第二单元的语文教学中，学习了四大名著里的经典故事，并在课下对名著故事进行了拓展阅读。四大古典名著是中国文学史中的经典作品，是世界宝贵的文化遗产。此四部巨著都有着极高的文学水平和艺术成就，细致的刻画和所蕴含的深刻思想都为历代读者所称道，其中的故事、场景、人物已经深深地影响了中国人的思想观念、价值取向，可谓中国文学史上的四座伟大丰碑。

笔者观察到，《三国演义》《西游记》等书目已成了学校"大书吧"的热门借阅书目，课间也常常能听到同学们探讨《空城计》《反间计》等故事，中国古典名著成了学生们的兴趣点。如何让这一优秀的传统文化内容更加立体、生动地呈现在孩子们的眼前？戏剧课堂或许就是最好的舞台。

## 二、做法

在找到了学生们的兴趣点后，笔者开始逐步将演绎古典名著的主题引入戏剧课堂中。本着"全员参与"的理念，我们开启了"小组合作、综合展现"的课堂模式。

### （一）通过综合展现、小组合作、搭建平台等多种手段探究名著的舞台呈现

戏剧的创编、排演、赏评是一个多维度、全方位的综合展现过程，每一个同学都可以根据自己的感兴趣点与擅长点选择自己参与的小组模块，再通过小组之间的相互配合共同完成全部的戏剧课程环节。小组包括：剧本创编组、舞台美术组、音乐音响组、道具组、演员组、小导演组。不仅有最后的合作舞台展示，更通过在课堂中分小组展示的方式，提升学生们的课堂参与度。戏剧课堂的综合展现、小组合作、搭建平台等教学方式，保证每一个学生都参与到戏剧的创编、排演、赏评中来，努力使每个学生都能绽放独属于自己的色彩。

五年级两个班级的同学不约而同地将目光锁定到了古典名著《三国演义》上，他们希望通过创新改编表演的方式，将优秀的古典名著呈现在戏剧舞台上。编剧小组的同学们通过课堂头脑风暴的方式商讨出了他们的剧目，分别是《赔了夫人又折兵》（见图1）和《空城计》（见图2）。很快，他们的剧本便完成了。

赔了夫人又折兵

人物：

孙权、孙尚香、诸葛亮、周瑜、刘备、关羽、吴国太、士兵们、乔国老、赵云、贾华、吕范、刀斧手们、丁盛、徐奉、黄忠

主要内容：根据《三国演义》"赔了夫人又折兵"改编

一、

【孙权上

孙权："我，一个失败的人，为了国家，我失去了我的妹妹和母亲。"

【孙权下，周瑜上

周瑜："我，一个同样失败的人，为什么我比不过诸葛亮？为什么?!"

【周瑜下，刘备、诸葛亮上，道具上

刘备："这次，他们让我过去成亲，应该是有计谋的吧。"

诸葛亮："我想也是。"

【诸葛亮想来想去

诸葛亮："主公，我有一计。"

【诸葛亮在刘备耳边说悄悄话

刘备："好，听你的！

【诸葛亮、刘备下，道具下，孙权、周瑜上，道具上

周瑜："我这个计谋，就算诸葛亮再牛，刘备他也逃不出去！"

孙权："到时候荆州，就是我们的了！"

周瑜、孙权："哈哈哈……"

孙权："吕范，去荆州去叫刘备来成亲！哈哈哈。"

吕范："是。"

【吕范单膝跪地

【全下，刘备、吕范、诸葛亮上，道具上

诸葛亮："吕范这次来一定是周瑜计策的一部分，主公先和他谈，我在屏风后听着。"

刘备："好。"

吕范："我主公有一个妹妹，又美又贤惠，如果皇叔要能让她做您的夫人，曹操就不敢轻视我们了。

共 页 第 页

1 一个信使匆匆忙忙地跑进来，向诸葛亮报告街亭失守，孔明思索一番后，决定大开城门，叫百姓在街上洒扫。

信使（匆忙跑进来，风风火火地）：丞相，街亭失守了，司马懿大军顷刻就到！

孔明（思索一番）：大势已去，这是我的过失！这样吧，我们大开城门，让百姓上街洒扫，假装城里无人。

文官1（大惊失色）：丞相不能这样啊！岂不是相当于投降了吗。

文官2：是啊，如果司马大军一进城，我们肯定没有生路。您好好考虑考虑吧！

孔明（胸有成竹）：没关系，司马懿生性多疑，他不会进来的。百姓1-5，快去街上洒扫，文官1-3，快去打开城门，

百姓1-5，文官1-3：是！

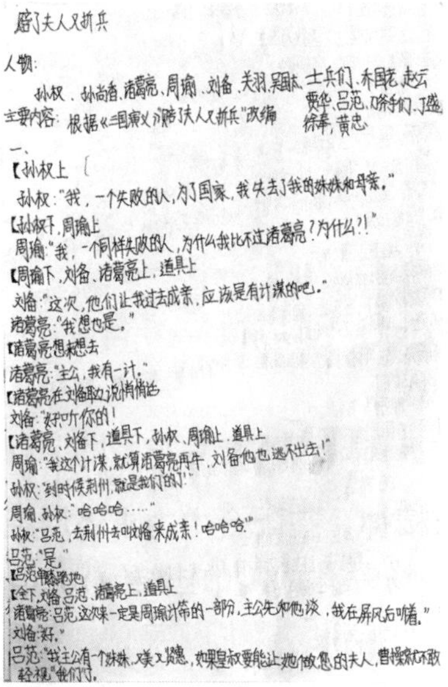

图 1　编剧小组同学们手写剧本《赔了夫人又折兵》图 2　编剧小组同学们手写剧本《空城计》

有了剧本后，其他各个小组的同学们也纷纷行动起来。比如音乐音效小组的同学们开始为剧目配乐、配音效；道具小组的同学们开始动手制作一些道具，如屏风、信封等；美术小组的同学们开始根据剧本不同的场景绘制背景图片及海报（见图 3、图 4）；演员小组和导演小组的同学们也开始练习台词、表演，进行舞台排练（见图 5）。

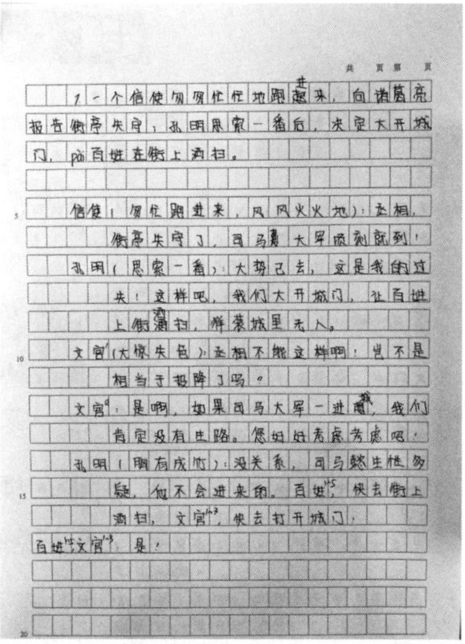

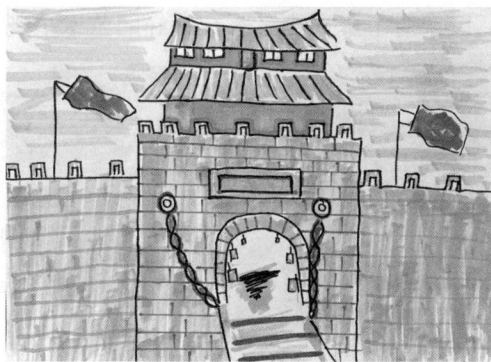

图 3　美术小组同学绘制的《空城计》背景图片

图4　美术小组同学绘制的《赔了夫人又折兵》背景图片　　图5　演员小组进行排练

**（二）渗透贯穿戏剧的"一棵菜"精神，在配合中力求还原经典**

"一棵菜"本是戏曲行话，说的是一场完美的演出应该给观众呈现出完整的艺术效果，就像一棵完整的菜。白菜，由菜根、菜帮、菜心、菜叶等部分组成，缺一不可。在演出中，无论主角、配角，还是导演、编剧、音乐、音响、舞台美术等其他工作人员，都需要相互配合、协调一致，最终达到所期望的艺术效果。在戏剧课程中强调"一棵菜"精神，能够增强学生们沟通交流能力及团结协作精神，实现学生自编、自导、自演，自备道具，自主完成舞台美术、音乐设计等多方面戏剧元素的综合性展现。

在各个小组分工完成任务的同时，我们始终坚持着戏剧"一棵菜"的精神，为综合展现进行着准备。小组之间充分进行沟通交流，每一次课堂后各组都会继续落实改进，以求对中华古典名著有更好的艺术呈现效果（见图6）。

图6　各小组相互配合进行排练

**（三）讲礼仪，互赏评，在良好的氛围中欣赏名著作品**

戏剧作为一种高雅的艺术形式，在演出和观剧的过程中，都需要遵守戏剧独有的文明礼仪。培养出懂戏剧文明、讲戏剧礼仪的学生，应该是戏剧课程的责任。作为观众，文明观剧是基本要求；作为戏剧演出人员，文明守则更应该遵守。戏剧课将通过多元立体的方式带领学生学习戏剧的基本礼仪，并以戏剧礼仪为学科内涵，以互赏互评为手段，激发学生兴趣，增长见识，提高水平。

正式演出中，学生们倾情投入。欣赏的小观众们为名著改编短剧送上了热烈的掌声，也提出了建议。观众们在舞台上看到了古典名著的还原，更看到了同学们对古典名著的新思考、新呈现。比如，《赔了夫人又折兵》编剧小组的同学们为了突出周瑜的性格，而将周瑜设置成了整个故事的串讲人（见图7）。《空城计》剧组的同学们，不仅真的在舞台上还原了"诸葛亮城楼抚琴"的画面，还将司马懿多疑的性格通过夸张演绎的方式淋漓尽致地展现了出来（见图8）。

图 7　作品《赔了夫人又折兵》剧照

图 8　作品《空城计》剧照

## 三、成效

通过这一次戏剧课堂上的经典名著改编展演，同学们对感兴趣的名著内容进行了还原与创新，在合作的氛围中将经典名著故事搬上了舞台。在这一过程中，学生们对古典名著更加喜爱了，他们开始更加主动地阅读，梳理名著中的故事脉络，分析名著中的人物性格，探究名著中的故事细节。他们能够从文学、美术、音乐、戏剧等多个角度对中华优秀传统文化进行思考，如古代城门如何绘制？古典音乐常用哪些乐器进行演奏？古代服饰如何穿着？古代人物如何进行对话？而通过戏剧的形式，他们能够更好地将自己探究的内容进行呈现、还原、传播，让更多观众都能感受到古典名著的魅力！

而从戏剧课程的角度看，同学们能够拓宽阅读、打开创意思维，也能够扩展戏剧视野，进一步提升编创能力、合作能力，在演与评的过程中不断提升思维能力。探究古典名著的过程，更是探究戏剧的过程。

戏剧课程一直在探索着美育教学的创新。如何能够让学生更好地认识美、体验美、感受美、欣赏美和创造美，一直是戏剧课程的追求。这一次的创新实践，既是对中华民族优秀传统文化的传承，更是对美育教学的创新探索。

# 四、结语

## （一）拓阔思路，在戏剧课堂上继承更多优秀传统文化

在这一次的活动中，学生们更多地将目光锁定了在古典名著中的《三国演义》上面，而《西游记》《水浒传》《红楼梦》中也有很多值得同学们深入思考探究，能够呈现在舞台之上的精彩故事。不仅是四大名著，中华民族优秀的文学作品灿如星海，在今后的戏剧课堂上，我们会沿着这一主题继续前进，同时拓宽思路，力争将更多的中华优秀文学作品通过戏剧的方式呈现出来！

## （二）多种学科融合，探索更加多元的戏剧课堂

戏剧是一门课程，更是一种多元化的教学手段。戏剧与其他的学科融合、碰撞，能产生一加一大于二的教学效果。如戏剧学科与科学融合排演科普剧，能让同学们在编创、探究的过程中了解科学原理，也能丰富戏剧的表达方式；戏剧与体育融合，能带领同学们探究运动员们背后动人的体育故事，感受顽强拼搏的体育精神与坚持不懈的品质；戏剧与语文融合，与同学们的阅读融合，能将语文课本中的故事搬上舞台，排演课本剧，让同学们打开创意思维，扩展戏剧视野，进一步提升编创能力。戏剧的课堂更加多元丰富，才能够始终保持课堂活力，提升课堂效果。

# 从动作发展角度看学生的运动技能提升

## ——以正泽学校 2019 级部分学生跑的技能为例

王　虎　赵宇航　高　悦　张跃滨　汪　洋

人的动作是以身体的各项基础动作为基础的，具有复杂性和多样性的特点。动作发展的水平与其所处环境、所受教育以及其身体、智力和行为的发展水平息息相关。而我们体育教学中的"以学生为本"的教育理念，不能仅从学生层次出发，一切以学生兴趣为主，更不能违背学生身心发展和动作发展的规律，而应当在了解人的一生的动作发展规律的基础上，对当前学生所处学龄段的适宜身体活动加以确定，既可以承接上一学龄段的动作发展进程，也为后一学龄段的动作发展提供保障，并进一步为将来其"终身体育"的身体践行和生活方式打下基础。

"全人发展，首选体育"，一年级作为承接学前教育与义务教育阶段的重要时期，更是学生首次接触系统化的体育教育的重要阶段。只有从一开始就接受科学的、遵循身体动作发展规律的体育教学，才能让学生获得良好的运动技能的提升和身体素质的全面发展，真正实现"以人为本"的体育教学理念。

本文将从运动发展的角度对正泽学校 2019 级部分学生快速跑的运动技能提升方面进行分析。

## 一、什么是动作发展

动作发展是指人们一生中所体验到的动作行为的变化，即所有人都经历的一个过程。通过全面理解人在某个阶段的动作典型展特征，可以采用最有效的方式来提高教育教学的能力，使学生得到最精确的指导。同时了解动作发展的顺序规律，可以帮助教师以此为基础进行课程和活动的准备工作，推动学生高效地、系统性地进行动作学习。

## 二、熟练跑步者的动作特征及跑步动作的整体发展序列

跑是位移技能的一种，是学生喜闻乐见的运动项目，并广泛运用于各项体育游戏与体育运动中，同时也是《国家学生体质健康标准》的重要测试项目，对学生的体能发展和运动参与起着重要的作用。学生运用的跑步动作技能对于跑步成绩有着非常重要的影响，在动作发展阶段的影响可以使男生跑步速度的差异达到19%，而对于同年龄段的女生的差异则可达到29%（Fountain，Ulrich，Haubenstricker &Seefeldt，1981）。

本文引用《人类动作发展概述》一书中对熟练跑步者的动作特征总结、跑步动作的整体发展序列（Seefeldt，Reuschlein &Vogel，1972）、跑的部分发展序列（Roberton&Halverson，1984），对正泽学校2019级部分学生第一学期入学初与学期末的动作进行分析对比（见表1、表2、表3）。

表1　熟练跑步者的动作特征

| 动作阶段 | 动作特征 |
|---|---|
| 力的产生 | 上体前倾 |
| | 在蹬离地面时，腿伸展成180度 |
| | 摆动腿屈膝前摆 |
| | 曲臂且与同侧腿反向用力 |
| 摆动阶段 | 双脚离地的空中阶段 |
| | 离地后摆动腿弯曲以缩短腿的摆动力矩，从而再尽快变为支撑腿 |
| 支撑阶段 | 从脚跟过渡至脚趾，或前脚掌着地 |

表2　跑的技能整体发展序列描述

| 第一阶段 | 第二阶段 | 第三阶段 | 第四阶段 |
|---|---|---|---|
| 高位保护跑<br>手臂——高位保护<br>脚扁平着地<br>小步子<br>两脚与肩同宽 | 中位保护跑<br>手臂——中位保护<br>身体直立<br>腿接近完全伸展 | 脚跟——脚趾手臂伸展<br>手臂——低保护<br>手臂反向摆动<br>肘关节几乎完全伸展<br>脚跟——脚趾着地 | 手臂有力摆动<br>脚跟——脚趾着地（快速跑时是前脚掌——脚跟着地）<br>手臂与腿反向摆动<br>肘关节弯曲 |

表 3　跑的部分发展序列

| 各部分动作 | 发展序列及特征 |
|---|---|
| 腿的分解动作 | L1：极小的腾空，全脚掌着地，脚外展，摆动腿外展。<br>L2：腾空时间增加，经常出现全脚掌着地，步幅加大，膝关节折叠至少成90度，大腿有侧摆，导致摆动腿的脚越过身体中线置于身体后侧。<br>L3：腾空时支撑腿完全伸展，脚跟或脚前掌着地，摆动腿脚踝放松，膝关节提升前摆。 |
| 手臂分解动作 | A1：手臂高位保护或中位保护，对跑动无作用。<br>A2：摆动的方向与同侧髋部和腿的动作相反。<br>A3：摆动方向与同侧腿的动作方向相反，但越过身体中线，肘关节在前摆时弯曲，后摆时伸展。<br>A4：摆动方向与腿的动作方向相反，手臂前后摆动，肘关节弯曲。 |

# 三、2019 级学生入学时分析

正泽学校 2019 级学生入校后，各班级体育教师对所教班级进行了运动能力的摸底调查。调查采用三名教师同时观察记录，依据表 2 对学生跑的能力进行阶段划分。人数如表 4 所示。

表 4　2019 级学生跑的整体发展序列统计

| 阶段 | 第一阶段 | 第二阶段 | 第三阶段 | 第四阶段 |
|---|---|---|---|---|
| 人数（个） | 4 | 15 | 166 | 23 |
| 百分比（%） | 1.92 | 7.21 | 79.81 | 11.06 |

从表 4 中可以看出，大部分学生在入学时其跑的技能已进入第三阶段及第四阶段，但仍有 2 名学生处于动作发展的第一阶段，17 名学生处于第二阶段。根据研究表明（Seefeldt&Haubenstricker，1982），在 48 月龄时，应有 60% 以上的男生达到跑的第四阶段，在 60 月龄时，有 60% 以上的女生达到跑的第四阶段。所以入学时在 72 月龄（6 周岁）以上仍处于跑的第一、第二阶段的学生应当引起体育教师的重视，对其进行具体分析、追踪与特别辅导。因此针对第一阶段和第二阶段的 19 名学生，依据表 3 对其进行进一步的动作分析，如表 5 所示。

表5 2019级部分学生跑的部分发展序列统计（学期初）

| | 阶段 | 人数（个） | 百分比（%） |
|---|---|---|---|
| 腿的分解动作 | L1 | 6 | 31.58 |
| | L2 | 11 | 68.42 |
| | L3 | 0 | 0 |
| 手臂分解动作 | A1 | 4 | 21.05 |
| | A2 | 9 | 47.37 |
| | A3 | 6 | 31.58 |
| | A4 | 0 | 0 |

从表5可以看出，对19名学生的动作进行分析，其中手臂分解动作处于较高阶段的有6人，腿的动作发展处于较高发展阶段的有11人，但从整体上看依然处于跑的技能整体发展的第二阶段。其原因是部分学生的腿部动作和手臂动作发展不一致，有的学生手臂摆动较好但腿部动作较差，有的学生手臂摆动较差腿部动作较好，造成其跑步过程中动作不协调、跑的速度偏慢的情况发生。

# 四、对策与方法

针对该19名在跑的能力上较差的学生，一年级体育组教师群策群力，一方面在课上、课余时间对其进行针对性的动作纠正与指导，引导其向正确的跑的动作方向发展；另一方面及时与家长进行联系沟通，了解学生在幼儿时期的成长发育情况及运动参与情况，方便教师针对学生的具体情况具体对待，力争能够在最短时间内纠正其跑步姿势。

## （一）课上采取的措施

（1）根据人教版《体育与健康》（一年级至二年级）教材中跑的部分易犯错误及纠正方法，在学生练习时对其错误的手臂动作和腿的动作加以提示和纠正。

（2）教师不断以标准的跑步姿势加以示范。

（3）对于手臂动作，通过原地的摆臂练习强化其正确的摆臂姿势，要求肘关节内收靠近腰侧，前摆时手不超过身体中心线；通过由慢走、快走、慢跑过渡至快速跑的方式，固定学生在移动中的正确摆臂姿势。

（4）对于腿部动作，通过原地快速小碎步练习强化学生使用前脚掌着地、发力的意识，并纠正双脚外展的错误动作；通过后踢腿跑练习强化学生主动折叠小腿的意识；通过原地高抬腿练习锻炼学生核心力量，提高跑动中的抬腿幅度，纠正跑动中腿外摆的错误动作。

（5）在室内课时，通过挂图与绘图详细说明跑步过程中各个环节的正确身体姿态。

（6）向学生清楚说明跑的部分发展序列的各个阶段，让学生做到心中有数，对自己当前的水平及将要达到的水平有着良好的心理预期。

### （二）课下采取的措施

（1）发起早锻炼活动，组织 19 名学生在到校后进行跑的专门练习。

（2）针对个别学生，及时与家长沟通联系，了解其在幼儿时期的具体成长情况，并根据其具体情况制定特殊运动"处方"。

## 五、2019 级部分学生学期末跑的动作情况分析

在 11 月中旬进行 50 米快速跑测试时，我们针对 19 名学生的动作情况再次进行分析（见表 6、表 7）。

表 6　2019 级部分学生跑的整体发展序列统计

| 阶段 | 第一阶段 | 第二阶段 | 第三阶段 | 第四阶段 |
|---|---|---|---|---|
| 人数（个） | 0 | 1 | 16 | 2 |
| 百分比（%） | 0 | 5.26 | 84.21 | 10.53 |

如表 6 所示，经过一个学期的动作纠正与练习，除 1 名学生外，其余 18 名学生均提升到第三阶段及以上，与学期初相比进步较大。

表 7　2019 级部分学生跑的部分发展序列统计（学期末）

| | 阶段 | 人数（个） | 百分比（%） |
|---|---|---|---|
| 腿的分解动作 | L1 | 1 | 5.26 |
| | L2 | 16 | 84.21 |
| | L3 | 2 | 10.53 |
| 手臂分解动作 | A1 | 0 | 0 |
| | A2 | 1 | 5.26 |
| | A3 | 3 | 15.79 |
| | A4 | 15 | 78.95 |

如表 7 所示，腿的动作发展与学期初相比，处于 L1 阶段的由学期初的 6 人降至 1 人，L2 阶段由学期初的 11 人提升至 16 人，L3 阶段由学期初的 0 人提升至 2 人；相对于腿的动作提升来说，手臂动作的提升更加明显，A1 阶段从学期初的 4 人降至 0 人，A2 阶段从学期初的 9 人下降至 1 人，A3 阶段从学期初的 6 人降至 3 人，A4 阶段数量从学期初的 0 人提升至学期末的 15 人。

对数据进行分析得知，此年龄段学生在跑的技能练习时，其手臂的动作进步程度远大于腿部的动作进步程度。其原因可能为此年龄段学生的下肢力量不足，不具备在推动身体向前和向上运动的同时保持身体动态平衡的能力；同时还有可能其协调性不足，无法保持双腿的连续稳定步伐。相对而言，跑步动作中对手臂的力量要求较小，经多次的提醒与纠正后，大部分学生都能掌握正确的摆臂动作。

# 六、结语

针对正泽学校 2019 级部分学生跑的能力稍弱的问题，我们从动作发展的角度对其进行了具体的分析，与以往的方式相比更加具体，更有针对性，使学生能够更为高效和系统地对跑的动作的不足进行纠正。并且更能有效地找出根本原因，如下肢力量不足等，并在接下来的教学和课程中对其进行进一步的针对性练习，有效提升其跑的技能。